〈教育〉を社会学する

北澤 毅 編

学文社

執筆者

山本　雄二	関西大学社会学部教授	［第１章］
油布　佐和子	早稲田大学教育・総合科学学術院教授	［第２章］
片岡　栄美	駒澤大学文学部教授	［第３章］
間山　広朗	神奈川大学人間科学部准教授	［第４章］
古賀　正義	中央大学文学部教授	［第５章］
越智　康詞	信州大学教育学部教授	［第６章］
稲垣　恭子	京都大学大学院教育学研究科教授	［第７章］
*北澤　毅	立教大学文学部教授	［まえがき、第８章］
清矢　良崇	教育学博士	［第９章］

（*印は編者／執筆順）

まえがき――〈教育〉を社会学する、とはどういうことか

『鈴木先生』というテレビドラマをご存知だろうか（テレビ東京、2011年4月25日～6月27日放映、全10回。原作漫画は武富健治『鈴木先生』双葉社、全11巻だが、ここではテレビドラマに限定しての話である）。4月のドラマ開始時点では原作漫画の存在を知らなかったので、とりあえずという軽い気持ちで初回を見たように思う。中学2年生の担任となった鈴木先生の学級で勃発するさまざまなトラブルをめぐる鈴木先生と生徒たちとのやりとりを中心としつつ、教師間の葛藤も描いていく学園ドラマである。初回では二つのトラブルが同時進行していくが、ここではメインとなるレイプ疑惑事件を紹介したい。鈴木先生のクラスの生徒に小学4年の娘がレイプされたという訴えが保護者からあり、鈴木先生たちが対応することになる。そして、加害者として訴えられた生徒と保護者の息子（2人は同級生で友人）、保護者である母親、体育教師と鈴木先生という5者間での話し合いの場が設定され、そこを中心にドラマが展開していく。初回から、いきなり中学2年生のレイプ疑惑というきわどい状況設定であり、視聴者は気楽に見ることを拒絶される。話し合いの前半でレイプ疑惑は解消され、問題の中心は中学2年生と小学4年生が性関係をもつことの是非へと移行していく。保護者から、「小4の娘になんてことをしたのか」と、年齢を根拠とした抗議を受けることになるが、訴えられた生徒ばかりか保護者の息子も一緒になって、

小学4年生では早すぎるというなら何歳なら良いのかと反論し、保護者も体育教師も言葉に詰まり年齢基準が根拠の危ういものであることがあらわとなる。そこで鈴木先生が、性関係が許されるのは実年齢よりも精神年齢ではないかと提案し同意を取りつけたうえで、誰もが予想しなかった見事な論理を駆使することで全員が納得する着地点へと導いていく。その詳細は省略するが、初回を見て思ったことは、このドラマのコンセプトは、教育言説につきまとう情緒性を断ち切り、徹底的に「論理」で勝負しようとすることかもしれないということであった。

『3年B組金八先生』をはじめとした多くの学園ドラマの場合、生徒たちが関わるほとんどのトラブルは、教師のカリスマ性、誠実性、熱意などを資源として、きわめて情緒的に、あるいは正当化された権力（トラブルの「事実性」を確定させる力）を行使することで解決されることが多く、そうすることで感情共同体としてのクラスの一体感や教師―生徒間の信頼関係が再確認され感動の結末を迎えるというお決まりのパターンが存在する。もちろん、近年の学園ドラマには複雑な仕掛けがなされることもあるが、これほどまでに論理的な言葉を駆使することで生徒と対峙しようとする教師にはお目にかかったことがないし（「中学生を侮るな」が鈴木先生の教育方針である）、最初は「普通」の中学生に見えていた生徒たちが徐々に論理を語りだし、最終的に「鈴木裁判」といわれるクラス討議で議論を戦わせる展開は見事であった。

ところが、ドラマ終了後の7月初旬にウィキペディアで調べたところ、毎回の平均視聴率が2％前後（関東地区・ビデオリサーチ社調べ）であったことを知り、あまりの低さに驚いたものである。他方、原作漫画に対する評価は高く売れ行きも好調のようであり（第1巻は15刷に達している。奥付：2011年4月22

日）、ドラマ放映後の動画配信でもアクセス数が順調に伸びているという。ここにギャップがあると指摘する声もあるが、そう言えるかどうかを判断するためにも視聴率の実態を知る必要がある。ビデオリサーチ社のHPによれば、関東圏で視聴率1％とは、およそ17万7千世帯で視聴していると推計されるという。つまり視聴率2％とは、関東圏のおよそ35万世帯で視聴されていたことを意味する（実際には全国ネットなので50万世帯以上と思われる）。この数字が書籍販売部数なら好調と判断されるだろうが、テレビ的には完全な失敗と見なされる。実際、テレビ東京は、月曜午後10時のドラマ枠を廃止することに決定したというが、ここにこそテレビメディアの特性が如実に現れているように思われる。

テレビを見るという行為は、もっぱら自宅という私的空間で誰からの制約もなく、その時の気分や好みに応じてチャンネル選択が可能（＝変更可能）であることを大きな特徴としている。そして、そうであるからこそ視聴者全体（＝日本人）の嗜好が色濃く反映されるといってもよい。それに対して、書籍はもとより漫画や動画配信の場合、自らの判断で作品を選択し金銭コストを支払ったうえで読む（見る）という、より主体的で負荷のかかった選択行動となっている点が、テレビを見る行為と決定的に異なっており、両者の間には、単純な比較を拒む異質性が存在する。またこのことは、テレビメディアが、誰に向かってメッセージを発信しているかを示すものであり、視聴率2％とは、日本人として括れる人々が「この種のテレビドラマは消えても良い」と判断したことになる。その意味で『鈴木先生』は、「日本人」の嗜好を観察するリトマス試験紙として充分な役割を果たしたといえるだろう。

全体を通して性問題を中心に据えたドラマ展開や、教育をめぐる正義の言説を俎上に載せその欺瞞性を徹底的に暴いてみせるやり方は、視聴者が安心して見られる学園ドラマからは大きく逸脱しており、通俗的な意味での感動や涙に誘うこともない。その意味でこのドラマは、視聴者の気持ちを不安にさせざわつかせる。

そしてまた社会学も、私たちの日常生活を支えている自明性に切り込み揺るがし、人々の気持ちを不安にさせざわつかせることから始めることを特徴としている（それは始まりであり、決して目的でも着地点でもないが）。実際、社会学に初めて出会った学生の典型的な反応パターンは、「目から鱗で面白い」か「皮肉っぽくて嫌い」のどちらかであるように思う。学生がこのように反応してくれればとりあえずは成功と言ってよいかも知れないが、「自明性を問う」というやり方にもさまざまなレベルがあるということこそが重要である。

デュルケムは、社会学の研究対象は社会的事実であると主張し、『自殺論』において各国の自殺率をその国固有の社会的事実ととらえそのなかに規則性を見いだし、なぜそうした規則性が存在するかを説明してみせた。その独創性溢れる社会の読み方が、その後、社会学の研究方法の主流を形成していくことになる。例えば、現代日本の大学の理学部に男子学生が多く教育学部に女子学生が多いという統計的事実はとても偶然とは思えないし、そこに規則性が存在することは誰もが認めるだろう。つまり、受験生一人一人は自分なりの動機で学部を選択しているとしても、学部ごとの性別比率を見ると、個人的な事情を越えた規則性が観察可能になるということだ。そうだとすれば、自分の意思で選んだと思っていた行為が、わたしの意思とは別次元の社会の見えざる力の影響を受けているということになるのだろうか。こうした規則性への気づきは、私たちの生活実感からすれば意外なものであるばかりか、個人の主体性を否定しかねず抵抗を覚えるかも知れない。しかしいずれにせよ、この「意外性」こそが重要だ。

マートンは「潜在的機能」概念を定式化したが、潜在的機能という視点からみれば、犯罪は社会の「健康」にとって不可欠であり、有害コミックは性犯罪を誘発するどころか抑止する機能をもつかもしれないということになり、社会の常識や良識と真っ向から対立することになる。しかし、常識や良識を逆撫でするという意味で「意外性」をもつことだけが社会学の特徴というわけではない。

私たちは、いつの間にか日本語を話せるようになるし、「彼はいじめられている」などと言いあったりしている。しかし、日本語文法など誰かに教えてもらったわけでもないのに、どうして規則に従った話し方ができるようになるのだろうか。あるいは、この世に「同じ」行為は二度と生起しないのに、なぜ昨日のあの振る舞いと今日のこの振る舞いとを、同じ「いじめ」という言葉で理解できるのだろうか。そのような、ある意味「素朴」な疑問を突きつけられたとして、私たちはうまく説明できるだろうか。もしかしたら、そんな当たり前で些細なことをなぜ尋ねるのだと苛つき訝しげに思いつつ、うまく説明できない自分にもどかしさを感じるかも知れない。

実際、こうした問いに答えることは意外なほど難しく、ここにこそ社会的行為をめぐる独特の困難がある。つまり、誰もが何の問題もなく実践できてしまうことを、なぜそうできるのかを記述したり説明したりすることが困難であるという、いわば、「実践の容易さ、記述・説明の困難」という難問が存在する。こうした難問は、社会（人間）現象の本質を構成する特性とも考えられるが、例えばエスノメソドロジーは、日常生活のなかで無自覚のうちに「やり方」を実践することで人々は会話を達成しているのだととらえ、その「やり方」を記述していくが、会話に規則性（＝やり方）があるなどと言われれば、そこに驚きを覚えたとしても不思議ではない。

このように、なぜある考え方が常識として流通しているのか、私たちはどのようにして会話を成り立たせているのか、なぜあれもこれも「いじめ」と理解できるのかと問い返すところから社会学的思考が駆動しはじめることになる。と同時に重要なことは、そうした思考には到達すべき「正解」があるわけではなく、絶えず世界に対する見方を更新し続けていくこと自体が目指されているということである。その意味で、自明性を問い直し意外性を見いだしていく社会学的営みは常に現在進行形であり、だからこそ私たちの営みを「社会学する」と動詞形で表現したいのである。これこそが、「〈教育〉を社会学する」という題名に込めたねらいである。

編者　北澤　毅

目次

第2部 〈人間形成〉を社会学する——教育社会の「成立」

第1部　〈教育問題〉を社会学する——教育社会の「現在」

第1章　「教育と暴力」再考(1)——デュルケムとの対話を通して

山本　雄二

1　問題の設定

ある出来事が、のちに振り返ってみると時代の変化を象徴するものであったと気づくことは少なくない。しかも、渦中にあってその象徴的な意味合いが自覚されることはまれで、大衆やメディアの反応はときに熱狂的な称賛であったり、逆に猛烈なバッシングであったり、ただ困惑であったりする。1970年代後半から80年代前半にかけてメディアを賑わしたヨットスクールを巡る一連の騒動は、まさしくそのような出来事の一つであったといえる。

この論考は、当時から30年余りたった現在の視点から、騒動の中心にあったTヨットスクールの「教育論」をあらためて検討し、変化のただ中にあってとまどいを隠せなかった時代における、その象徴的な意味について考察しようとするものである。その際、20世紀初頭に書かれたÉ・デュルケムの『道徳教育論』を導きの糸として、ときにその著者と対話しながら考察を進めてゆくことにしたい。そのようにする理由の一つは、現代の現象といえどもなんらの理論的手がかりなしに考察を進めることはむずかしいという現実的理由であり、もう一つはデュルケムのような古典的理論家の仕事を古典の領域にただ押しとどめておくのではなく、現代的現象の理解にも貢献することのできる現代社会理論として読み直したいという筆者自身の教育社会学的関心によるものである。

デュルケムの『道徳教育論』は、社会秩序・道徳・教育という市民社会の基礎的構成を考える上で、現在なお参照されるべき重要な著作の一つである。とはいえ、われわれが目にしている現象はデュルケムの時代には予想もできなかったものばかりである。とくに1970年代から80年代にかけての日本の教育状況は、人々に教育の危機を感じさせるのに十分なほどの荒れようであった。象徴的なのは校内暴力・不登校現象・家庭内暴力である。デュルケムの『道徳教育論』においては、いわゆる学級崩壊状態のような事態は想定されているが、社会における規律を唯一身をもって教えることのできる場とされた学校に子どもが行かないなどという事態は想定されていないし、まして子どもが教師や自分の親やきょうだいに危害を加えて、日常的に学校や家族の存在を危機にさらすような事態は想定されていない。もちろん例外的な事例としては、そのような「事件」も観察されたに違いないが、それは家庭や本人の事情や病の問題であったり、警察が扱うべき問題であったりする以上のものではなかった。

そうした教育の危機的状態に直面しなければならなかった時代に、まったく独特の手法で立ち向かおうとしたのがTヨットスクール、および主催者のT氏であった。T氏は非行、家庭内暴力、登校拒否、無気力などをひとまとめに「情緒障害」と呼び、厳しいヨット訓練によって立ち直らせることができるとして、一躍、時の人としてもてはやされたのだが、まさにその手法によって起きた生徒の死亡事件をきっかけに一転して猛烈なバッシングを浴びることにもなったのだった。

2　Tヨットスクールを必要とした時代

(1)　Tヨットスクールの登場

ヨット界ではすでにその名を知らない人のなかったT氏の名を一般にも広く知らしめたのは沖縄国際海洋博覧会協会主催の単独太平洋横断ヨットレースであった。レースはサンフランシスコから沖縄海洋博覧会場までの航程1万2000kmを舞台に、現地時間の1975年9月21日13時55分にスタートした。参加艇は、堀江謙一のマーメイド号や小林則子のリブ号を含む8艇で、そのうち3艇は外国艇であった。レースは1週間後に優勝候補のフランス艇がトラブルで棄権するほど過酷なものであったが、その時にトップを走っていたのがT氏のウィング・オブ・ヤマハであり、T艇はその後一度も首位を奪われることなく、最後は独走状態で41日14時間28分のタイムでゴールインする。この記録はおそらくは世界最高レベルの快挙であった。

そのT氏が次にマスコミに登場するのは、レースから2年後のことである。沖縄海洋博記念レースから1年後の1976年10月、ヤマハからヨット30隻を無期限・無償で借り受けたT氏は、11月に子どもを主な対象者とする「Tヨットスクール」を全国12カ所に開設する。半年後の5月、たまたま一人の登校拒否児童が入ってきた。小学校6年生から登校拒否が始まり、カウンセリングにも通ったがいっこうに直る気配もなく、中学2年生になってしまったのだという。その子どもが「スクールに来て、たった一日ヨットをやっただけで学校に行き出した。……その後、口コミでそういったタイプの子供たちが少しずつ入り始めたのですが、その子たちもみんな直ってしまった」（T 2003、16頁）ことから様子が少しずつ変わってゆく。

専門家ができなかったことを素人の自分が簡単にできてしまった。しかし問題児童を扱うことがスクールの目的ではないから、「自分のやり方を参考にしてもらおうと思い」（同書）、T氏は児童相談所をはじめ、問題児を扱う精神科の医者や心理学者などに体験を話して回ったという。ところが誰も耳を貸さない。それどころか逆に、暴力的なしごき訓練に対する非難の声ばかりが返ってくる。専門家に失望したT氏は、「彼らでは問題児童は直せない」と自ら積極的に問題児を受け入れ、ヨットスクールを矯正の場として運営するようになる。

沖縄海洋博記念レースで実証した不屈の精神力と超一流の技術を合わせ持ったヨットマンが、その本領であるヨット訓練によって問題児を矯正しているというのだからマスコミが注目するのも当然であるし、T氏自身もテレビを含めたマスメディアに積極的に登場して、その体験と教育論を説き始めた。それはまた、当時の子どもたちに対する不安を募らせていた人々の漠然とした英雄待望論を背景にしてもいた。

(2) 子ども不安の時代

当時、教育界では不登校（当時はまだ登校拒否と呼ばれ、主に心的な病が原因と考えられていた）や校内暴力、さらには家庭内暴力が社会問題化し始めていた。データを見れば、中学生の不登校は1975年以降急激に増加傾向を示しており、校内暴力の典型である対教師暴力で警察に補導される中学生も1973年あたりから徐々に増え始め、79年以降に急増する。
教師に対する暴力の多発は人々に「世の中がおかしくなっている」と思わせるに十分な出来事であるが、子どもが親に暴力をふるい、傷害を負わせ、家庭内の器物を破損する家庭内暴力が広まりつつあるとの認識はそれ以上に社会の危機感を募らせる事態であった。ちなみに『青少年白書』を見ると、「家庭内暴力」の記述が項目として登場するのは1981年版であり、1993年版まで続いている。データとして扱っているのは、1980年から1992年までの統計である。だから『白書』ではそれまでの経緯がわからない。しかし、まったく事情がわからないわけではない。その事情は、家庭内暴力が項目として初めて取り上げられた1981年版の「概況」の記述からうかがい知ることができる。そこには次のように書かれている。

「最近、子供が親に対して殴る蹴る等の乱暴を振るうケースが目立ち、社会問題となっている。……家庭内暴力は、家庭内で暴力を振るう高校生を父親が絞殺した事件（昭和五三年十月）、祖母を殺害した後自殺した高校生の事件（五四年一月）、金属バットにより両親を撲殺した予備校生の事件（五五年十一月）等のセンセーショナルな事件が続発し、大きな社会問題となり、最近になって、にわかに注目されるようになったが、警察等の少年相談や病院には、既に昭和四〇年代の初めから子供が家庭内で異常な暴力を振るうケースが持ち込まれ始めていたといわれる。」（205〜206頁）

要するに『青少年白書』としては1981（昭和56）年版から項目としてあげることにしたが、家庭内暴力自体は社会現象としてかなり前から問題であることを認識していた。そこへ近年、センセーショナルな事件が相次いで起こり、世間の耳目を集めることになったので、『白書』としても取り上げることにしたというのである。その数値を見ると、「少年相談や少年の補導活動を通じて警察が把握した」家庭内暴力の件数は、１９８０年から84年までの５年間はおよそ１０００件から１３００件の間で推移し、そのうち不登校を伴うケースはいずれの年も約30％であり、また約60％が母親を暴力の主な対象としている。

学校で教師に暴力をふるう、授業妨害をする、登校拒否になる、ここまでならまだ学校との相性の悪さや最後の砦としての家庭があると気休めに考えることもできた。しかし、直接間接に警察が関与するような暴力が、家庭内で、しかも母親を主な攻撃対象とするようなかたちで発生しているとなると安閑とはしていられない。だれも有効な手だてを見つけられないまま、「子どもたちが壊れている」といった印象だけが広まりつつあった。そして、具体的に問題を抱える家族にとっては、東京家庭裁判所調査官の寺尾史子や教育法学者の今橋盛勝が言うように、どこにも救済を求められないような状況であった。「変動した社会と家族のなかでの子どもの問題行動を解決していくためには公的機関の関与が不可欠です。関係するものとしては学校がありますね、それから児童相談所がある、それから医療機関がある、それから家庭裁判所がある、警察が関係する、それから児童相談所側の問題では、児童養護施設があり、家裁関係では教護院とか少年院とか、少年鑑別所というような諸機関があります。しかし、一人の子どもにとって具体的に問題が発生したときに、それらの公的機関はうまく連動して子どもの生存、成長、発達を保障したり、親の苦悩を救済するようなかたちで、なかなか機能できないという状況もまた存在します」（安藤ほか（１９８３）における今橋の発言）。そのような状況のなかで登場したのがＴヨットスクールだった。

(3) マスメディアの困惑

一方、大衆やマスメディアがTヨットスクールの出現を諸手を挙げて称賛したのかといえばそうともいえない。その態度には常にある種の困惑が透けて見えていた。一例を朝日新聞に見ると、朝日はまず1977年11月22日に「ひと」欄で取り上げ、「情緒障害児のヨット療法と取り組む」と題して、T校長の教育論を簡単に紹介している。無気力かつ傲慢な子どもをヨットに乗せ、転覆させては突き放すことを何度も繰り返すと子どもの様子が変わってくるという訓練プロセスを記述したあとで、T校長自身に教育哲学を語らせる。「昔は遊ぶにも、大将に頭を下げたりの努力が要った。いまはテレビさえ見ていればすむ。わがままで弱い。(A)多かれ少なかれ情緒障害児です。……海では自分以外に頼るものがない。やらねば死ぬのを本能的に知る。……変になる子は決まって長男で目がやさしい。過保護とぜいたくのせいです。ヨットはその逆の環境にしてくれる。困難、辛抱、独立、工夫、根気……」(傍点および記号は引用者)といった具合である。

続く12月6日の家庭面では「快走続ける〝弱虫ヨット〟」と題して事例をより詳しく紹介している。ここでも訓練の様子と子どもの変化を記述した上で、記者は次のようにまとめる。「(B)『本当に死ぬかもしれない』――そんな極限状態に置いて初めて子どもらは目覚め、自分の力だけを頼りにする。ただ、この〝T氏方式〟が通用するのは小学生までで、中学生くらいになると、生命にかかわるような危険にさらすわけはない、必ず救助してくれる、という〝知恵〟が働いて本気にならない。タカをくっている子どもには(C)進歩はない。」(傍点および記号は引用者)

ここで注目しておきたいのは、このような短い二つの紹介記事のなかにも、T氏の主張と記事の論調との間に微妙なずれが見て取れる点である。端的に言えば、Tヨットスクールを紹介する記事はどこか腰が引けている。傍点部（A）「多かれ少なかれ情緒障害児です」とT氏が言うとき、彼はヨットスクールに来た子どものみならず、現代の子ども全体のことを言っている。つまり、T氏のことばが戦後教育の全面的批判に連なるものとしてあるのに対して、記事はT氏の主張を（C）のようにヨットスクールでの成長（つまり精神力と技術力の向上）に押し込めようとしている姿が見て取れるのである。

また、傍点（B）の部分はTヨットスクールの訓練の根幹をなす考え方を現しているが、こういうやり方を基本とするかぎり、いつかは極限状態の向こう側に落ちる生徒が出てくる可能性があることは容易に想像できる。まして、結局は助けてくれるとなめてかかっている中学生以上の者を本気にさせるには、実際に「生命にかかわるような危険」のなかに子どもを放り出し、生存本能が働くところまで追いつめる必要があることを考えれば、この危険性はさらに大きくなる。Tヨットスクールにおける「生命の危機」は、訓練にともなう危険性がたまたま過剰になった結果としてあるのではなく、人間のつくり替えプロセスの根幹をなすものとして位置づけられているのである。

子どもを生命の危機に直面させることを基本とするTヨットスクールの発想とやり方が、非暴力を基本とする戦後教育の理念と抵触するのは明らかである。抵触しているにもかかわらず、現に「情緒障害」児が立ち直っているとして、T氏を一種の救世主として報じるマスメディアは、自らの報道姿勢のなかにアンビバレントな性質を抱え込まざるをえない。また、こうしたアンビバレントな態度は、報道に接する多くの読者の態度でもあったろう。

(4) 事件としてのヨットスクール

マスメディアがTヨットスクールを再び報じるのはこの記事から5年後のことである。ただし3度目は戦後教育理念の破壊者として、かつ刑事事件の容疑者としてであった。例として、再び朝日新聞の見出しをざっとあげれば次の通りである。

「洋上で2生徒不明　Tヨットスクール　訓練嫌って脱出か」(1982・8・16)
「しごき?また死者　藤沢の中学生打撲傷跡」(1982・12・13)
「校長から事情聴取へ　中学生変死　船室に閉じこめる　Tヨットスクール」(同右)
「体罰は特色承知のはず　T校長」(同右)
「外傷性原因のショック死?　Tヨット訓練生変死」(1982・12・14)
「Tスクールを強制捜査　中学生変死」(1982・12・15)
「暴走族にも〝スパルタ〟　Tヨットスクール　4人を縛り、さらす　コーチ数人　殴り頭を刈った後で」(1983・4・25)
「Tスクール手入れ　暴力コーチ六人を逮捕」(1983・5・26)など。

その後、1983年6月13日にこの中学生に対する傷害致死容疑でT氏とコーチ2名が逮捕され、それを契機に1979年2月に13歳の男子中学生が訓練中に死亡したケースと1980年12月に21歳の訓練生が死亡したケースについてもあらためて捜査し直されることになった。マスコミは一連の出来事を報道するとともに、元訓練生の意見を掲載したり、「文化面」でTヨットスクールに批判的な識者のコメントや逆に支持者の声を載せたりもして、1982年から83年の間、Tヨットスクールは常にホットな話題であり続けた。

週刊誌の『サンデー毎日』が25週にわたって猛烈な反・Tヨットスクール・キャンペーンを張ったのも１９８３年３月27日号から10月９日号までのことであった。このキャンペーンで繰り返されたのは、心理学者や精神医学者による「恐怖で人間は立ち直らない」との主張であり、Tヨットスクールにおける「しごき」の非人道性、暴力の恣意性に対する告発と糾弾であった。ところが、心理学者や精神医学者の主張は、実績に自信をもつT氏にとっては理論かぶれの空論にすぎなかったし、メディアが糾弾する「しごき」の非人道性については、はじめから暴力を教育方針とするTヨットスクールにとっては何の批判にもなりえなかった。したがって、批判が批判として成り立つかどうかは、生徒にふるわれる暴力がT氏やコーチの個人的感情にまかせたものであったかどうかの点にかかっていた。じっさい、後の裁判でもT氏やコーチが有罪とされたのが、教育行為中の事故とみなす業務上過失致死傷ではなく、傷害および傷害致死による罪であったことを考え合わせれば、この点はまちがいなく重要な争点であった(2)。

暴力が教育理論に基づくものであるのか、個人的感情に基づく恣意的なものであるのかは、法廷ではもちろん事件の性質を決める重要な岐路であり、スクール側もその点を争った。しかし、T氏の教育論にははじめから恣意的暴力＝悪、教育理論に基づく暴力＝善といったような区別がなされていないどころか、暴力が恣意的で理不尽であることがやり直し教育にとっては重要な要素であると考えられてもいた節もある。司法的な善悪の判断をいったん脇に置いて、ここではTヨットスクールの矯正教育においてはどのような意味で暴力の恣意性＝理不尽さが必要と考えられていたのかに焦点を当ててみたい。

3　Tヨットスクールの矯正論

(1)　世界の限界とことばの回復

「情緒障害児」の訓練法　「ヨット・トレーニングではなるべく冬期を選ぶようにしている。その時期のほうが海は冷たく効果があるからだ。もちろん、ウェットスーツとライフジャケット（浮力が七キログラムある）を着ているので、おぼれて死ぬことはありえない。このスクールの一人用ヨットは子供向きに特別設計したもので、転覆しやすく帆走もテクニックを要する。／当然すぐひっくり返るが、コーチたちは助けることはしない。自力でヨットを起こすまで『一度、教えたじゃないか！』としかりつける。それでも起こさないときはエンジン付きのボートでヨットに体当たりする。子供たちは、ヨットで生きるためのコーチの指導を聞くふりして聞いていなかったのである。ずるく育ってきている。コーチたちはそれを十分知っているから逆手にとっているのである。一度倒れたヨットは、はじめての子供にとって起こすことはなかなか難しい。／海の中でじっとしていれば手足がしびれるように冷たく感じる。そこで子供はみじめになり、どうしてこんな苦労をしなければならないのだろう、と考えはじめ、コーチに哀願する。／この辺で子供は完全に虚栄心がつぶれ、素直になってくる。それから『なぜやらぬ』『わからないからです』『教えたじゃないか』『聞いていませんでした』『だれが悪い』『僕です』。これで十分である。／子供をコーチ艇に引き上げ、ヨットを引っ張って岸へ帰り、たき火にあたらせ休ませた後でもう一度教えると、子供は必死になって聞く。聞く必然性ができたからである。」（T　1983a、227～228頁）

この一節はヨットスクールの指導方針を説明する際にT氏が好んで引き合いに出す例である。この例のなかにはT氏の矯正論のエッセンスが含まれているだけでなく、社会学的観点から見ても重要な二つのことが含意されている。すなわち、世界の限界を知ることとことばの復権である。

T氏によれば、「情緒障害」児とは生まれたときから親に甘やかされ、過度に保護され、自分でできないことも親に言えば実現するような環境で育ち、それができなければ泣いてみせ、それでもだめなら「死んでやる」と言って親を困らせるか暴れてみせれば何とかなる、そのような世界観をもったままある年齢に達してしまった子どもたちである。そういった子どもたちは、T氏流に言えば「世の中をなめている」のであり、デュルケムのことばを借りれば、いまだに「全能感」(Durkheim 1925＝1964、〈1〉78頁)から抜け出せていない状態にある。

デュルケムの人間形成論　ここでデュルケムの人間形成論を簡単に振り返っておきたい。デュルケムにとって、人間は個人的存在と社会的存在の両存在からなるものであり、前者は個人の肉体的諸条件やわれわれの個人的生活に関連するかぎりでの精神状態を意味し、後者は宗教的信仰、道徳的信念、社会的慣行や職業的伝統など諸々の集団の観念や感情、習慣を意味している。そして、「この社会的存在は、人間の本能の中に既製品として与えられていないばかりか、この本性の自発的発達によってもたらされるものでもない。人間は、政治的権威に服従したり、道徳的規律を尊重したり、身を捧げたり、己れを犠牲にしたりする傾向を、自発的にはもち合わせていない」(同書、23頁)。だから、この社会的存在を個人の内部につくり上げるのが社会が個人に対して行う教育の究極的目標となる。

デュルケムの考える社会的存在の第一のものは規律への服従であり、規律とは行為を前もって規定する規則の体系である。それだけではない。その規則には権威が付随しているのでなくてはならない。ある特定の人たちだけが従い、他の人たちは従わなくてもよいというのでは権威の感覚は生まれない。その社会の人々が等しく規則に服従し、服従することをよいこととして受け入れるとき、はじめて権威は規則に内在することができる。そして、そのような規則を受け入れ、自己の欲求を抑制しえる能力を獲得したとき、人は社会の成員として認められるのであり、社会における自由（自由とは社会的なものである！）を獲得するのである。

ここでデュルケムは俗説を批判するために、ベンサムを仮想敵として登場させ、次のように反論させる。規律とは人間の活動を制限し、欲求を押さえつけ、要するに人間性を束縛して、阻害するものではないのか。「もし生が善であるなら、それを抑圧し、拘束し、これに超え難い限界を設けることが、いかにして善でありうるだろうか。……あらゆる拘束は、事物の自然を破壊する暴力ではないだろうか」（同書、69頁）。これに対して、デュルケムが与えた回答が「全能感」に関する有名な次の台詞である。すなわち、「絶対的全能などというものは、全面的不能の別名にすぎない」（同書、78頁）。もし、欲求や欲望になんの規制も拘束も与えられていないとしたら、もはやその欲求や欲望は何の特定の目的にも結びついておらず、そのため満足がえられることは決してなく、そのような欲望をもつことは、人間にとっては絶え間ない苦しみ以外の何物でもない。「じつに規律とは広大なる禁止の体系」（同書、76頁）なのであり、「自己をせばめる限界の実在」（同書、79頁）を感じ取ってはじめて人は社会にとっても自分にとっても意味のある活動ができるようになるのであり、自分という存在もまた意味のあるものになる。これがデュルケムの基本的スタンスであった。

世界の限界　ヨットスクールに連れてこられた子どもたちの多くは、T氏の目には、規律を押しつける社会との接触を避け、家族という私的空間の中で方向性をもたない欲望を膨らませてきた結果、外にあっては無気力、内にあっては傍若無人といった、社会的人間としての根幹を欠いた欠陥品と映ったにちがいない。そうした子どもたちには、自分の生きている世の中が「広大なる禁止の体系」であることなど思いもよらないことであろうし、「自己をせばめる限界の実在」を感じ、そのなかで自分の行動を律するなどということとは無縁の存在に見えたことであろう。

そこでT氏がヨットスクールでまず行ったのは、「自己をせばめる限界の実在」を肉体で感じ取らせることであった。T氏のような超一流のヨットマンをすら遭難させ、場合によっては命をも奪う危険性を常にはらんでいるのが海であり、海の猛々しさに対しては人間の力など無にも等しい。「限界の実在」とは命の限界地点でもある。T氏にとって、海こそは人間が生きている世界がどのようなものであるかを知らしめるための恰好の道場であり、社会のメタファーになるはずのものであった。

この節の冒頭に引用したように、寒く波立つ冬の海にディンギ（一人乗りの小型ヨット）に乗せた子どもを連れ出し放ってくる。うまく操れないからすぐに転覆する。転覆したまま沖へと流されて行く。それでも放っておく。放っておかれた子どもの体は次第に体温を失い、危機は現実のものになる。しかし、それだけでは子どもが命の限界地点を見たことにならない。海が真に命の限界地点であるためには、これまで保護膜のように自分と外界の脅威とを隔ててくれていた親や周りの大人が、いまや保護膜であることをやめ、コーチが自分を見捨てたと確信したとき、危機感はほんものになり、T氏の言う「生存本能を刺激する」ことができるようになる。

「生存本能」といっても生物学的な本能だけを表現しているのではない。もしそうならば、子どもの本能は冬の海で生き残る術をもち合わせてはおらず、状況は死に直結する。そうではなく、子どもに期待されているのは次の二つのことを第二の本能＝社会的本能として身体に刻み込むことである。

ことばの復権　実際、子どもたちが生命の危機に直面してまず行うのはコーチに助けを求めることである。ここで頼りになるのはことばだけである。助けを得るためにはことばによって二つのことを実現しなければならない。

一つは、ことばによって自分がそれまでの態度を反省しており、改めることをコーチに納得してもらわなければならない。基本的に自分のことをどうでもよいと考えている相手を動かさなくてはならないのだから、ただ必死になるだけでは不十分である。何を言えば相手を納得させられるか、相手の世界に踏み込んで考える必要がある。もう一つは、コーチのことばだけを頼りに、ディンギの操縦方法を習得しなければならない。これは他人のことばを頼りに行動を起こし、点検し、再調整するプロセスのなかに自分を置くことを意味している。この二つを実現しない限り、子どもは何度でも「命の限界地点」に連れて行かれることになるから、ことばのもつ重要性はこれまでとは比較にならないくらい大きい。とくにコーチのことばがもつ力は大きい。これまで親や教師のことばが力を発揮できなかった子どもに対して、コーチのことばが力をもちうるのは、海の脅威を背景に、それを乗り切る技術をコーチがもっているからである。コーチのことばを記憶し、反芻しながら目の前のディンギと自分との関係をコントロールできなければ危機を脱することはできない。この危機の実在性と技術への信頼がことばに力を与えていることをここでは確認しておきたい。

(2) 社会への回帰

海から社会へ　子どもたちにとってT氏やコーチのことばは海の規律を表現するものである。海にあっては、無際限の欲望をもつことはそもそも不可能であるし、振る舞いは制約されるだけでなく、ヨットの操縦のために特化されなければたちまち危機に見舞われる。そのかわり規律に従い、規律が命じるように振る舞えば、危機をもたらした自然の脅威は航行のための動力となり、それを利用して自分の好きな方向にボートを移動させることができる。海の上の自由はこうしてやってくる。

問題は、いかにして「海の規律」を受け入れることが同時に「社会の規律」を受け入れることでもあるような状況をつくりうるかである。この点はTヨットスクール最大の理論的・実践的難所である。そもそもTヨットスクールの子どもたちの多くはヨットの操縦訓練を第一義の目標として連れてこられたわけではない。家族の手に負えない、目に余る振る舞いや非行などで、助けを求めてやむにやまれぬ思いで子どもをTヨットスクールに預けた親は少なくない。家族と相談の上、深夜にコーチたちが拉致同然に連行してきたケースもある（上之郷 1982）。そのような子どもたちの「（社会的な）情緒障害」をどうやって矯正するのか。言いかえれば、ヨット訓練をどのようにして社会訓練に接続するのか、あるいは社会のメタファーとしての海をどのようにして社会そのものへと置き換えることができるかのかが問題なのである。実際、コーチのことばが力をもちえたのも海の脅威を背景にしてのことであった。だが、社会は海ではない。海の脅威という背景なしに、どのようにしてことばに力をもたせることができるのだろうか。

権威の由来　この点をデュルケムに問えば、おそらくその答えはかなり否定的である。デュルケムにとっては、海の脅威を背景に構成された権威は、権威それ自体への尊敬のほかに「功利的な」計算によって支えられている部分が大きく、そのような権威をいくら強調しても、それが発展して道徳の権威になるというようなことはありえないからである。道徳以外の権威を考えてみればわかるように、われわれが特定の権威に頼るのは、そうすることが「有益な結果を約束し、反面、違反行為は有害な結果をもたらすからである。例えば、病に冒されたとき、われわれが医師の命ずるところに従って療養するのは、単に医師の権威にたいして抱く尊敬のためばかりではなく、さらに、そうすることによって病気から回復することを期待するからである」(Durkheim 1925＝1964、〈1〉64頁)。しかし、こうした特定の結果を期待して従われる権威は道徳の権威に較べるとはるかに不安定である。なぜなら、そのような権威は期待通りの結果が得られなければたちまち信頼を失ってしまうからである。言いかえれば、功利的な期待によって支えられている権威は、功利的要素を失うと同時に権威を失う危険性をはらんでいるのである。だから道徳が道徳としての権威をもち続けるためには、利害関係や特定の結果を期待するがゆえに従われるような功利的要素に依存していてはダメなのだ。デュルケムに言わせれば、「行為がしかるべき行為となり、規則がしかるべく従われるには、われわれが不快な結果を避けたり、物的、精神的な懲罰をのがれたり、あるいは褒賞を得たりするために、これに服するのであってはならない。行動のいっさいの結果を別にして、われわれは従わねばならぬが故に従い、服せねばならぬが故に服するのでなければならない。道徳律にたいする尊敬だけが、それに服従する唯一の理由でなければならないのである」(同書、65頁)。

デフォルメされた社会　デュルケムの考えはまさにその通りであろう。しかし、問題はどのようにしてそのような状態に到達させることができるかである。そもそもTヨットスクールの生徒たちは道徳律に対する尊敬の念を抱かせることに失敗したとみなされている者たちである。その者たちに「従わねばならぬが故に従い、服せねばならぬが故に服する」という道徳の強制力をいかに体感させ、世界観の変更を成し遂げさせることができるのか。

Tヨットスクールがとった方針は、子どもたちをもう一度、今度は親という庇護膜なしで、生き直しをさせることであった。社会は海と同様、個人の力ではどうにもならない圧倒的な強制力をもって個人にただ適応を迫るものとして存在することを体感させる。社会は理屈で成り立っているのでもなく、子どもを中心に回っているわけでもない。そのことを体にわからせる。「私たちのおこなっている教育は、徹底した差別であり、不公平であり、理不尽で不条理という、およそ現在の公教育がおこなっていることと正反対の内容である」（T 1983b、26頁）、あるいは「『社会とは理不尽で不条理なものだ』ということを、ここで身をもって体験させる」（同書、204頁）と、挑発的ともいえる言い方でT氏が表現したかったのはそういうことであったろう。

もちろん個人の運営するヨットスクールがそのままのかたちで社会であることはできない。そこで彼はヨットスクールでの生活を極限にまでデフォルメし、ただ二つの性質だけを突出させることで、スクールを「異形の社会」に仕立て上げた。

性質の一つめは外部の抹消。人は社会のなかで人になるよりほかになく、基本的に社会の外部に出ることができないという意味で、人は常に社会内存在である。子どもたちにとってヨットスクールが社会であるためには、スクールは外部のない唯一絶対の空間でなければならない。子どもの誕生が子ども自身の意思によるのでなく、またいったん生まれ落ちたら社会の外部に出ることは死を意味するのと同じように、成長のやり直しのためにむりやり連れてこられた子どもたちにとって、ヨットスクールは外部のない、ただ受け入れるよりほかに選択肢のない空間でなければならない。そのためにTヨットスクールは徹底した脱走防止策を採った。押し入れを鍵のかかる檻に仕立てて、脱走の可能性のある者をここに入れる。脱走を企てた者はただちに探し出し、連れ戻して制裁を加える。家族に対しても全面的な協力を約束させて、家族が避難所となる道を絶った。こうして子どもたちは、外部のないスクールでの生活に適応することを余儀なくされた。

デフォルメされた性質の二つめは暴力である。「社会とは理不尽で不条理なものだ」ということを子どもたちに身をもって体験させるには、Tヨットスクールが海と同様に理屈で成り立っているのでもなく、子どもを中心に回っているわけでもないことを示してやる必要がある。肉体的・精神的・技術的に必要な力を獲得しない限り、海は個人の命を容赦なく危機に陥れる。それと同じように、日々の生活においてコーチたちは、肉体的・精神的・技術的に向上への意欲を見せない者には容赦なく暴力を加える。『サンデー毎日』のバッシング記事を引用すれば、「コーチたちは……棒が折れると新しいのを拾い、抵抗できない少年たちを打った。一六、七歳の女子訓練生にも蹴りを入れた。訓練生の体をサンドバッグに見立ててか、ボクシングスタイルでこづくコーチもいた。少なくとも傍から見る限り、その〝体罰〟には明確な理由がなかった。気まぐれに殴っているように見える。〝罰〟に先行する〝罪〟がない」(1983・5・22号、160頁)。記事は、コーチたちの暴力がいかに理由のない、恣意的なものであるかを強調して非難するのであるが、Tヨットスクールにとって訓練生たちははじめから罰せれるべき存在としてスクールに来ている。だからいまある自分を否定すべきものとみなして変化への姿勢を見せない限り、スクール生の存在自体がすでに罰の対象なのである。社会とはそういうものだとスクールは子どもたちの体にたたき込もうとした。

方法としての理不尽　閉鎖性と暴力とに彩られた「異形の社会」は戦後教育の理念からすればたしかに「理不尽で不条理なもの」であるに違いないし、場合によっては犯罪ですらありうる。罰として与えられる暴力が、逸脱的な「行為」を前提とするという図式からは明らかにスクールの暴力は恣意的で、理不尽である。しかし、Tヨットスクールがヨット技術の訓練所から「生き直し」の場へと比重を移したとき、スクールの権威もまたデュルケムのいう「功利的な権威」から「道徳的な権威」へと昇華しなければならなかった。そもそも海の脅威を背景にしたスクールの権威が、海を離れてなお権威であろうとすれば、スクールの指導者たちは自分たち自身が社会の絶対的なエネルギーに突き動かされてスクール生たちに立ち向かっていることを示す必要があるし、じっさい、コーチたちはそのようにした。コーチたちはスクール生のいちいちの行動に怒りを感じているのではない。スクール生たちの存在自体に怒りを感じているのだ。その意味でTヨットスクールは「異形」ではあるかもしれないが、たしかに社会であろうとしたといえる。

じっさい、このような規律観はデュルケムの規律の観念にきわめて近い。社会の規律を植え付ける機関としての学校の規則についてデュルケムが次のように書くとき、それはまるでT氏の規律観を代弁しているかのような印象すら受ける。「大切なのは、子どもがこの規則の中に、あたかも自然の法にも等しい仮借なき必然性を感じとることである。こうしてこそ子どもは、みずから従うべきもの、すなわち、有無をいわせずに己れの意志に命令を下し、異議を唱えたり、逃げ道を講じたりする余地を与えないもの、そして別な意味であるが、自然の力と同じくらい峻厳なものとして義務を表象する習慣を身につけることができるのである」(Durkheim 1925＝1964、〈2〉85〜86頁)。

4 「騒動」が提起した問題

(1) 家族批判とその前提

マスメディア・心理学者・精神医学者たちの非難はTヨットスクールのみならず、スクールに子どもを託した親たちにも向けられた。Tヨットスクール批判の先鋒を担った週刊誌の表現をざっと拾ってみると「子どもの人間性はどうなる　親の事情で『T』に入れていいのか!」(『サンデー毎日』1983・8・14号)「親って何だ!? 『T』を頼った安易な選択」「お金を出せば何とかなると……」(8・28号)、「わが子に百万円もの金をつけてTに放り込む親の無責任ぶり」(9・18号)といった具合で、要するに親たちはわが子ときちんと向き合わずに、Tヨットスクールに任せればことがすむと考えて、子どもの教育を放棄した無責任な人間であるというわけである。

こうした非難が前提としているのは、子どもの教育の最終責任は親にあり、また親が愛情をもって接し、問題にもきちんと向き合えば、子どもを社会の成員＝市民として成長させることができるはずだという教育観(＝信念)である。しかし、この教育観が教育の社会的次元を無視した非現実的な家族幻想に由来していることは明らかである。なぜなら、家族の人間関係はその根本において個別的・情緒的・受容的であり、社会の規律がもつ命令的・強制的性格を子どもに浸透させることにははじめから不向きだからである。社会の規律は私的な情愛関係とは独立に存在するものであり、規律ある身体をもつ市民へと子どもを教育するのに、身体的強制（＝暴力）なしにこれを実現できるとは考えられない。家族にはそれができないのである。

(2) 体罰の起源と意味

世間にはこの点を誤解している人も多い。「体罰の擁護者たち」の主張でさえ多くは誤解に基づいているとして、デュルケムはその例を示している。すなわち、「体罰は家庭教育の中で正当な権利をもっている……そして、自分の子どもを学校に通わせている父親は、己れの代理者たる教師にこの権利を委ねている」（Durkheim 1925＝1964、〈2〉70頁）というものである。つまり、子どもに対する教育の責任は第一義的には家庭にあり、そのため家庭における体罰は正当なものとして社会的にも認められてきた。学校が体罰をもちいることができるのは親が学校に教育の一部を委託し、同時に体罰の権利を委託したからだというのである(3)。しかし、デュルケムが調べたかぎりでは、「学校における体罰にたいしてなされるこのような説明や正当化は、そのいずれをとってみても、歴史的根拠を欠いている」（同右）。たしかに教育が家庭の内部に限られていたときにも体罰はあったろうが、それは家庭の権利というようなものではなく、単に孤立した現象として生起していたにすぎない。俗説とは反対に、研究が明らかにするのは「体罰は、学校が出現してはじめて常規となり、訓練法の基礎になったのであって、数世紀にわたって体罰は学校と共に発展していった」（同右）ということであり、学校がいっそう役割を重く担い、複雑化し、組織化されるにしたがって、体罰の内容もよりいっそう豊かになり、ますます激しく用いられるようになったという事実である(4)。

そして、そうした現象の背景には、単に家族が不向きだということと併行して、発展し、複雑化する社会にとっての必然性があるとデュルケムは言う。すこし長くなるが引用する。

「人類によって獲得された精神的、道徳的文化が複雑化し、共同生活全体の中で重要な役割を演ずるようになるや、これをひとつの世代から次の世代に伝達するにも、もはや自然の成り行きに任せておくわけにはいかなくなる。真の意味の教育が開始されるのはじつにこの時である。……生活がもたらす教訓によって、子どもが自然のままに教育されるのを待つのではなく、われわれが自分の手で子どもを教育するのである。ところでこのような働きかけは、必然的に何らかの強制的、労役的な性格をもたざるをえなくなる。なぜならそれは、子どもにたいして子どもらしさを捨て去ることを強要するからだ。……文明というものは、子どもの天真爛漫な生活の上に必ずや幾分なりとも暗い影を投ずることになるのである。他方、歴史のかかる局面においては、暴力に訴えるという方法が恒例であり、またそれが子どもの心を破壊するどころか、かえって未完成の性質の上に働きかけるために必要な唯一の効力をもっていることを考えれば、文化の始源が体罰の出現によって特徴づけられたということは、容易に理解できる。」(Durkheim 1925 =1964、〈2〉71〜72頁)

ただし、学校が行使する暴力を無条件に肯定しているわけではない。すぐその後で、学校の暴力が孕む二つの危険性について彼は慎重に考察を行っている。

学校の暴力が孕む危険性の一つめは、暴力の暴走である。教師と生徒のように、はじめから優位と劣位が明確であり、文化への精通と無知との差が歴然としている二つの集団が対面する場面では、生徒のささいな反抗や逸脱が教師の優位性や権威に対する冒涜であるかのように受け止められる可能性が高く、それがきっかけとなって暴力が暴走する可能性がつねに存在する。しかも「暴力が何か有効だというわけではなく、まして、それに身を委ねる当人の上に必ずや大きな危機をもたらし、恐ろしい報復を招かずにはおかないのに、この暴力はほとんど不可避的に爆発する」(同書、74頁)と言う。要するに暴力の暴走とは、目的を見失い、またその結果も顧みないような事態、すなわち暴力が自己目的化している状態である。それはすでに道徳教育の根源たる怒りにさえ基づいておらず、暴力のための暴力に成り下がっている。これが教育と無縁であることは論を待たない。

(3) システム化の陥穽

学校の暴力が孕む危険性の二つめは、暴走に対する歯止めとしてのシステム化にある。デュルケムによれば、暴力の暴走に対して歯止めをかけるのは「道徳的与論」(同書、77頁)よりほかにはなく、また「道徳的与論」が歯止めとして機能するためには、罰の与え方自体の可視性を高める必要がある。現代的な言い方をすれば、説明可能性を高めることであり、そのために罰の与え方についてもよりシステマティックな方法を採用する必要があるとして、そのいくつかを例示する。この例示をデュルケムよりもはるかにダイナミックな仕方でM・フーコー(Foucault 1975＝1977)が規律訓練型権力の系譜を描いてくれたおかげで、デュルケムの考えるシステマティックな方法がじっさいにどのようなかたちで実現されてきたかをわれわれはその具体的イメージとともに思い浮かべることができる。それはすでに現代の学校教育の常態ともなっている事態であり、学校の子どもに対する強制・命令・罰は教師による大仰でこれ見よがしな暴力から、日常化し、空間をあまねく覆い尽くすような微細な暴力へと変化し、定着している。歩くときの手の振り方、足のあげ方、ペンの持ち方、着席時の姿勢、お辞儀の角度、手のあげ方、ことば使い、時間への服従、服装や髪型、身長による配列、成績記録による個人管理など、要するに日常の空間・時間の中に埋め込まれた微細な暴力の中で、子どもは絶え間なく強制され、命令され、管理される仕組みである。つまり、社会は教育を教師個人によるものからシステムによるものへと移行させることで、暴力の暴走をくいとめ、同時に教育をカリスマ的な個人に依存することなしに行えるようにしてきたわけである。

だが、デュルケムの慧眼はこのようなシステマティックな教育に、暴力の暴走以上に重大な危険性を見る。システムによる教育はそれ自身が暴力であると意識されることがほとんどなく、そのために学校や教師、「道徳的与論」までもが、教育は否応なく暴力であるという事実を忘れてしまう危険性である。たしかに「怒りに駆られて罰してはならない、とはよく言われてきたことだ」と巷の教説をあげた後で、デュルケムはただちにこれに反論する。「罰からすべての感情を抜去ってしまえば、罰は道徳的な内容をすべて喪失する」(Durkheim 1925 = 1964、〈2〉 84頁)。そして、すべてが自動的に片づけられていくようなかたちでのしつけは「なるほど子どもを仕込むことはできるかもしれない。だがそれは子どもを教育することはできない。なぜなら、それは人間の内面にたいする働きかけを欠いているから」(同書、84頁)であるという。デュルケムにとって、過剰な暴力は教育する意思がもたらす厄災であるのに対し、教育が暴力であることの忘却は教育の源泉たる「怒り」の欠如、言いかえれば教育する意思そのものの欠如にも等しいという意味で後者の危険性は前者よりはるかに重大である。

(4) 「騒動」とその反応から見えてくること

さて、こうした観点から見ると、週刊誌メディアをはじめ、その他の「識者」に見られる通俗的教育論はデュルケムのいう誤解の構図そのものであり、二重の意味で、デュルケムの危惧する教育の危機が現実のものになっている可能性を示しているように思われる。

第一に、親の子どもに対する関係が個別的・情緒的・受容的な関係であり、その根本において怒りを期待することのできない、したがって社会的規律を身体化させるための源泉を欠いている家族になお期待をかけ、結果として教育を達成できないことの責任をあくまで家族に負わせようとするのは、教育の主体が社会にあるという教育の本質を見失っている。そもそも家族が子どもの教育の最終責任者なら、その家族が教育を外部に委託することに第三者が口を挟む筋合いのものではないはずである。Tヨットスクールの教育方針を問題とみなし、そこに子どもを預けることを問題とみなす観点は、家族による子どもの教育が社会からの委託事業であることを忘れている。もしその点に想いを馳せることができたなら、なんらかの事情で子どもの教育が家族の手に負えなくなったときに、委託された教育の一部または全部をもう一度社会に返還する体制がほとんど整っていないことに心を痛め、その不備をわが国の重要な教育問題として議論することもできたのではなかろうか。

第二に、メディア・教育関係者・心理学者などはTヨットスクールでの訓練を暴力の暴走＝自己目的化した暴力とみなし、俗流教育論に浸透する反暴力志向を背景にこれを非難したのだが、そうすることによって教育へのエネルギー源である怒りを忘れ、褒賞も罰も一定の基準にしたがって自動的に片づけられるような「教育」をいつのまにか「よい教育」だと錯覚する風潮をいっそう助長したのではないだろうか。怒りを忘れた教育は「よい教育」どころか、「教育」の本質をも忘れた単なる形式にすぎない。「暴力を憎んで教育を殺す」可能性もあるのだ。現代の教育状況がそのようなことになっていないのかどうか、点検が必要であろう(5)。

注

(1) 本章は、岩見和彦・山本雄二・関口理久子・松原一郎「〈成熟〉概念の社会学的研究」『関西大学社会学部紀要』第38巻、第3号(2007)の第3章「『教育と暴力』再考―Tヨットスクールを事例として―」を書き直したものである。取り上げる素材は同じであるが、教育と暴力に関する論考内容は大幅に書きかえられている。

(2) 名古屋地裁における刑事訴訟1992年7月27日判決(第一審判決)ではこの点が考慮され、量刑にも大きな影響を与えている。訓練生の致死致傷等の訴訟事実に関しては教育目的の業務上過失とはせず、検察の主張通り傷害致死罪、監禁致死罪等を認定したものの、量刑の判断においては「家庭内暴力等の問題を抱えた子を有する父母からの依頼を受けて、何もせず傍観するという立場をとらず、敢えてその治療、教育の問題に関わっていったその心情については、利益の追求とするだけでは説明ができないものがあり、また、被告人らの知識、能力にとって分を超えたふるまいとして批判することは容易ではあるが、家庭内暴力、非行、登校拒否などの問題を抱えた子をもち、悩んでいる親、さらには自らの行動、状態に同様に悩んでいる児童などが現に存在しているという事態において、このように片づけてしまうだけでは、被告人らの行為に対する正当な評価とは言えない」(『判例時報』1449号、1993)として、求刑の半分以下、いずれも執行猶予付きの判決を下した。親の教育権とその委託の問題を考える素材としても注目すべき判決である。

(3) 民法(822条)には、親の子どもに対する「懲戒権」が規定されているが、これも親が子に対して本来的にもっている暴力行使の権利を明記したというよりは、もともと社会規律のしつけには不向きな家族に社会がその任を委託するにあたって与えた権利であると解すべきである。だからこそ、「懲戒の方法・程度はその社会、その時代の健全な社会常識による制約を逸脱するものであってはならない」(於保・中川編 2004、110頁)と懲戒に制約を課す必要もあるし、逆に必要なときに懲戒を行わず、ただ放任することもまた批判の的となるのである。

(4) 「ほめて育てる」のは時代を超えた教育の原理ではないかとの疑問があるかもしれない。デュルケムもそれを念頭において、教育における褒賞について書いている。しかし、褒賞は道徳的陶冶の道具であるというよりも、知的陶治のための道具であるとしてあまり評価はしていない。その理由は規律に従うことと褒賞とがそれぞれの性質からして相容れないからである。まして褒賞目当てに規律に従ってみせるなどというのは規律の受容とは正反対のことがらである。規律を受け入れることによって社会に暖かく迎え入れられることが個人に充実感と満足感を与えるのであり、それ以上の何を望むことがあるだろうか。このことは学校だけでなく、家庭においても同様である（Durkheim 1925＝１９６４、〈２〉86～89頁参照）。

（５） いつの時代にも批判され続けながら、ついになくなることのない教師の「体罰事件」はたしかにゆゆしき事態ではあろう。しかしながら、体罰は教育の本質に背く出来事というより、むしろ教育を根底で支える「怒り」が依然として存在していることの兆候であるとみなすこともできる。そのかぎりでわが国の教育はまだ死んではいない。

引用・参考文献

安藤博・今橋盛勝・寺尾史子・牧柾名、１９８３、「座談会　戸塚ヨットスクールの教えるもの―現代の親子関係と社会の役割」『季刊　教育法』№49　68～87頁。

Durkheim, É., 1925, *L'Éducation Morale*, Librairie Felix Alcan,（＝１９６４、麻生誠・山村健訳『道徳教育論１・２』明治図書）.

――1970, *La Science Sociale Et L'Action*, P.U.F.,（＝１９８８、佐々木交賢・中島明勲訳『社会科学と行動』恒星社厚生閣）.

Foucault, M., 1975, *Surveiller et Punir — Naissance de la prison*, Gallimard,（＝１９７７、田村俶訳『監獄の誕生―監視と処罰―』新潮社）.

上之郷利昭、１９８２、『スパルタの海　蘇る子供たち』東京新聞出版局。

於保不二雄・中川淳編、２００４、『新版　注釈民法（25）親族（５）〔改訂版〕』有斐閣。

Ｔ＝戸塚宏、１９８３ａ、「戸塚ヨットスクールの信条」『潮』№２８７　２２２～２３１頁。

――１９８３ｂ、『私はこの子たちを救いたい』光文社。

――２００３、『教育再生　これで子供は救われる！』ミリオン出版。

第2章　教職に何が起こっているか？

油布　佐和子

1　病める教師の増加と高い教職への満足度

　教員を対象にした近年の調査や統計では、矛盾する二つの知見が並列的に報告されており、教職の現状についての理解を難しくしている。

　知見の第一は、文部科学省の統計にも顕著なように、病気休職者の増加に象徴される教師の病理現象である。

　平成5年以降、在職者に占める病気休職者の割合は一貫して増加しており、新しい統計（2010・12・25）では、在職者91万5945人中病気休職者は8578人、「在職者にしめる休職者の割合」は0・94％であった。また、そのうち精神疾患による休職者は5400人で「病気休職者中の精神疾患による休職者の割合」は63％となっている。病気休職中の教師は全体の1％にも満たないが、少なくともこの17年間、一貫して右肩上がりの傾向を示していること、さらには休職者としてはカウントされない予備軍が存在していることを考えるならば、看過できる状況ではない。

同様に、昨今の教師の労働時間や多忙感調査からも、疲弊しきった教師の姿が浮かび上がる。「毎日が忙しいですか」というようなアンケート項目への回答では、いずれの調査でも8～9割の教師がこれに該当すると回答しており(1)、原因を究明するために比較対照するコントロールグループを設定することすら困難なほどである。『教員勤務実態調査』(平成18年文部科学省委託調査)では、時期によって若干変動はあるものの、小学校では1時間40分程度、中学校では2時間程度の残業と、小学校で30分強、中学校では20分前後の持ち帰りの仕事があることが示された。所定の勤務時間にこの残業と持ち帰り時間を加えると、小学校教師で10時間強、中学校教師で10時間半程度仕事に携わっているということになる。ただし戦後の他の時点での調査と比べたとき、勤務時間に極端に変化があるわけではない(2)。したがってこのことは、ハーグリーブス(A. Hargreaves)が指摘するような intensification, すなわち勤務時間内の仕事の質の変容という問題が存在することを推測させる。

このように教職の困難な状況を示すデータが示される一方で、これとはまったく異なる状況も明らかになっている。すなわち、多くの調査研究に共通しているのは、教師のほとんどが教職という仕事について「やりがいがある」「満足している」という肯定的な回答をしているということである(3)。疲弊し、精神的な病に追い込まれる教師が増加する一方で、このような教職への肯定的な見解は、一体何を意味するのであろうか。

本章は、近年の調査研究等で浮かび上がるこのような問題を、「古くからの教員文化＝共同体文化」から「経営体としての学校」への移行という視点から論じ、さらに、その後の展開を検討することを目的とする。

ところでここで「古くからの教員文化＝共同体文化」というのは、歴史や習慣・言語などを共有する集団（＝共同体）における、「同調の圧力」の行動様式を基盤とする職場集団の状況を指している。間庭は、「単純丸ごと結合」から起こる包摂と排除の独特の形を「日本的集団主義」という概念で分析したが（間庭 1994）、ここでいう「古くからの教員文化＝共同体文化」も、これとほとんど同義である。職場集団における共同体の文化＝同調の圧力は、「みんなで共通する目標に足並みをそろえて頑張る」というように、教育活動を高い目標に引き上げるときにも機能するが、同時に、清新な試みに対して「出る杭は打たれる」というような抑圧的な機能を果たす場合も多い。わが国においては、このような文化を基盤とした行動様式や認識のあり方が、長い間教育現場で支配的であったことが知られている（永井 1981、油布 1994）。このような集団の在り方や文化は、社会の変化とともに、またそうした文化を色濃く残す年配の教師が少数となるとともに、従来のような強力な拘束力をもたなくなる可能性が高い。しかしながら依然として、教師の行動の基盤となっていることも否めない。

これに対して、「経営体としての学校と組織化」という変化は、これまでの教職の在り様を侵食する強大な力となっている。以下でまず、こうした新たな趨勢について検討しよう。

2　経営体としての学校と組織化

「経営体としての学校」への移行は、教育改革のなかで明確な形をとってきた。まずは、その経緯について示しておこう。

「第三の教育改革」といわれる今期の改革では、中央集権的・画一的なこれまでの学校の制度的あり方が根本的に見直され、新自由主義に則った規制緩和・市場原理が導入された。第三の改革は、教育の内在的な論理というよりは国家財政の問題や経済のグローバリゼーションの趨勢に密接に結びついて展開され、その内容については、教育改革国民会議の提案を受けた文部科学省の「21世紀教育新生プラン」、その後の「義務教育の構造改革」（平成17年中教審答申）に具現化された。

「経営体としての学校」は「特色ある学校づくり」と学校選択制の導入の中で実行に移される。学校は他校との競争の中に投げ出され、人々から選択される存在となるために自助努力をして特色を打ち出さねばならなくなった。このとき、そうした競争に勝ち抜くためには、新たな学校運営の方法が必要とされる。そこで、新自由主義的改革のなかで、公共体が導入したニューパブリックマネジメント（NPM）の方法＝企業経営の方式を公共組織に適用したものが、教育にも浸透してきた。学校は、諸活動をマネジメントし、アウトプットを産出する組織へと変容を促されたのである。

目標を設定し（Plan）、一丸となって組織的にこの目標に取り組んだ（Do）結果が、設定された目標にそって評価され（Check）、効果的な学校経営をめざした不断の改善につながる手立てを開発する（Action）という、一連のPDCAサイクルの経営方法が、学校運営に用いられるようになった。また、このプロセスとアウトプットが、学校評価によって査定されることにより、教育活動の成果が広く社会に示されるとともに、人々の選択の材料となる。

このような経営体への変容にともない、それにふさわしい組織や活動原則を整備せねばならない。教師の日常的な教育活動の場となる組織について、平成20年「学校の組織運営の在り方を踏まえた教職調整額の見直し等に関する検討会議」(審議のまとめ)では、こうした変容への意図が明確に示されている。すなわち、これまでの教員組織が、管理職を除けば横一列の「鍋蓋型組織」であったことが学校として組織的・一体的な教育活動を展開しえない原因であると指摘され、学校組織運営体制の再編が促された。

鍋蓋型組織からの脱却という課題に即して、主幹教諭が配置され、学校・校長の権限が拡大され、ハイアラーキーをもった組織構造が生まれるとともに、教員の仕事の業務内容や、学校と家庭との役割分担などの明確化を通じて、教員の果たすべき職務の内容や責任の明確化への道筋がつくられた。また、長い間、教師同士の理念や見解の交流や葛藤の場であった職員会議は、議決機関ではなく諮問機関であるという位置づけが確認され、管理職のマネジメントが、学校組織運営にあたって要になることが示された。

改革の時期に進められてきたこのような学校の経営体への移行は、われわれの調査にも現れている。われわれPACT研究会は、1995年から2010年の15年間に、教育改革の前、最中、後の三度にわたって全国の教員を対象とした調査を実施してきた(4)。調査からは、この15年の間で、「学校目標は、伝統的に決まっている」という学校が少なくなり(小学校45・5%→20・8%、中学校45・5%→35・0%)、「職員会議は管理職が中心となって事前に協議する」学校が増加した(小学校40%→58・4%、中学校60・6%→81・8%)。また、職員会議は、学校目標や経営方針を議論するのではなく、行事計画の打ち合わせ等に重点が置かれ、伝達、確認がその内容となっていることも示された。

ボール(S. Ball)は学校が急速に「専門/合議的組織」から「管理/経営的組織」へと変容を遂げたこ

とを指摘している(Ball 1999)。わが国においては、教頭職の法制化や主任制度の導入などが始まった1970年代に、教職の専門職性と官僚制の葛藤についての議論が盛んに行われたが、教師の日常的な活動の現場では官僚制の浸透を実感として感じ取ることがないという指摘もあった(新堀 1973)。当時、職場の日常的な状況は、まだ相互交流が中心となった共同体的な文化が優勢だったからである。しかしながら、今期のこの改革のなかで、教師の日常の活動の場そのものが大きく変化したのである。

3　機能システムの展開

(1)　組織の成員としての教員

学校が経営体として組織化されることは、成員にとってどのような意味をもつのだろうか。ハイアラーキー構造の中で、経営目標にそって責任や義務・権限が明確化され、成員はその一部を担当することになるわけであるから、このことは、成員のほうから見るならば、「全体」の中にあって、ばらばらに切り離された取り替え可能な「部分」になること、またそこでの関係や関与が、「全体的・包括的」なものから「部分的・限定的」なものになることを表している。また導入された教員評価に明らかなように、教師が学校という組織の一員としての職務を果たすように位置づけされて、組織人として必要とされる資質能力を測られ、その存在意義を確認されるようになっていくことを示している。

このような変化は集団内の人間関係をも変える。PACT調査では、前述した例と同様に15年の間の、組織における教師間の関係の変容が示された。すなわち、「同僚と学校を離れてもインフォーマルに付き合う」といった、これまでのわが国の職員室で日常的に見られた「日常的な交流」や「同僚と教育観や教育方針について話し合う」といった教師同士の「実践的交流」は減少し、互いの授業を見たり、指導に意見を述べ合ったりするような「組織成員としての交流」に比重が移っていたのである。また、「管理職によく指導上の相談をする」「学校運営に積極的にかかわる」などの組織の管理や運営に関する項目に、「あてはまる」と回答する教師の割合も増加しており、教師の活動が組織成員としての自分を意識したものになっていることが明らかになった（油布ら 2010）。教師同士が日常的に冗長な会話を通じて交流していた職員室の風景が姿を消し、職業上必要な課題に教員同士の関わりが限定されてきているという実態がここには示されている。

(2) 組織の一員という位置づけのメリット

経営体としての学校に変化し、成員の関係もそれにふさわしいものになることは、これまでの学校＝共同体の実態から派生した問題を考えたとき、ある意味で歓迎すべきものかもしれない。

学校＝生活共同体というこれまでの位置づけに立てば、教師には、学習指導のほかに、生活指導など多様な役割が期待され、そのために仕事は全般的・包括的なものにならざるをえなかった。したがって、どこまでが職務なのか、責任の範囲なのかといった境界の曖昧さが常に付きまとっていた。またそればかりではない。教師自身の存在もこの共同体の中にあり、全面的かつ包括的に包含されていたために、あるときは、それが個人の活動の自由を制限する息苦しさをともなうものとなっていた。学校＝共同体は、我が国の教育・学校を特徴づける文化であったが、同時にまさにそれこそが、教師の多忙や疲弊の原因となり、多くの教員を苦しめてきたという歴史もあったのである。学校が多様な役割を負っていること、そのために教員の担う業務が多様であることが問題であることを考えると、学校が経営体となり、組織のなかの個々人の業務が明確化することは、こうした問題を解決する一助となりうる。

また「共同体的な紐帯から個人が解き放たれていく」趨勢は、privatization という概念でとらえられる。組織のなかで、担う役割が明確化されて個人化していく過程は、この、「私」を重視するprivatizaiton の傾向と同義であり、共同体の桎梏からの解放、古い共同体の規範や伝統からの解放という意味づけが与えられる。教員集団の「出る杭は打たれる」「長いものには巻かれる」というような同調行動を強いる強固な文化に対して、このように個人の存在が強調されるという privatization の趨勢は、個々人の主体的な取り組みを推進する上で肯定的な意味をもちうるものとして歓迎されるだろう。

(3) 個人化と有用性の原理

しかしながら、職位が細分化され、管理命令系統が明確化された組織＝官僚制への変化は、プラス面に作用するばかりではない。「『個人化』は現在、百年前にそれが意味していた事柄や、近代の黎明期―共同体の相互依存や監視、矯正といったきつく緊密に編まれていた織物からの人間の『解放』を掲げた時期―に示唆されていた事柄とは、全く違ったものを意味するようになってきている」（Beck 1986＝1998、66頁）と指摘されるように、新たな局面を迎えているからである。

共同体から個人が解放されることの両義性について早い時期から指摘していたのは丸山である。丸山は、共同体からの個人の析出を四つの類型に分類したうえで、個人が社会の中でばらばらに切り離されて、相互に関連を持たない『原子化』の危険性を指摘していた。したがって、このような原子化の危険性を回避するためには、共同体から切り離された個人が、どのような新たな関係原則によって結びつくのかということが重要になる。

このときベックは「近代化は三重に個人化を推進することが示された。第一は『解放』であり、近代化の進展の中で、人々は伝統的支配関係と扶養関係という意味における、歴史的にあらかじめ与えられていた社会形態と社会的結びつけから解放される。第二に、行動に関する知識や進行や行為を導く規範について、伝統が持っていた確実性を喪失する（呪術からの解放）。第三に、社会の中に全く新しいやり方で組み込まれる（統制ないしは再統合の次元）」（同書、253～254頁）と述べている。

新しいやり方とは何か。機能合理的な組織への移行は、ただそこに「在る」ことだけで充足していた状況を転換させるばかりではなく、いっそうの展開がある。すなわち、G・リッツァーが「マクドナルド化」と呼んだ「効率性・予測可能性・計算可能性・テクノロジーによる制御」に支配されたシステムが凄まじい勢いであらゆる領域を浸潤しているのである。

マクドナルド化された社会では、人々がある目的を遂行しようとするときに、より効率的に、より予測可能な形でそれを行うようになること、またそのために、関連する事柄を数量化したり、規則等で関係する人々の行動を統制する傾向が強まるといわれている。ここではウェーバーが「合理化」という概念で論じてきた趨勢がより徹底され、社会における集団の編成や箇所間の関係が、他にとって有用であるかどうかといった機能の観点、そして「有用性」の観点から測られるようになっていくのである。すなわち、共同体から解放された人々は、原子化の危険性を免れたとしても、「マクドナルド化の中の有用性」という原則で結びつけられるようになる可能性が高い。

問題解決に役立つことや有用であることが、組織を構築したり人員を配置したりプランを立てたりする上での基本的な原則になるというこのような現象を、田中は機能システムの席捲としてとらえている

（田中 2002）。そして、全面的な機能的分化＝機能システムへの移行が、「関係の冗長性の衰退」「他者の個体性の忘却」「生の悲劇性（複雑性）の忘却」という三つの問題を生み出すと指摘した。これまで親しい間柄である私とあなたとの間では、「微妙で精妙な意味了解の同調によって可能になる相互承認」が存在しており、これは、「思わぬ失敗を吸収しなかったことにする」緩衝装置として意味をもってきた。しかしながら機能システムでは、それが利便的で合理的な契約関係に置き換わる。

機能的に生きる個人の行動原理は、役に立つか立たないかという有用性を重視したものになるために、他者の存在は「道具」として役に立つ／立たないという感覚で受け止められるようになるのである。他者は、人為的な操作に還元されるものとして存在するようになる。

経営体への学校組織の変容というマクロな状況は、そのなかでの人々の存在形態や人間関係を、このように大きく変えていくのである。

4　再び「病理」と満足度へ

さて、冒頭に示した「教師の病気休業の増加」と「満足感を示す教師の増加」という矛盾する現象に立ち戻ろう。指摘したいのは、一見矛盾する現象が、同一の基盤から生じているという点である。

河村は、病気休業の教師の増加理由を「教育実践環境の変化」「期待される教育内容・活動の変化」「勤務条件の変化」という三領域の変化が同時に起こったことだと指摘する（河村 2005）。しかしながら、この三領域の相互の関係を考えるならば、その背後に共通して、社会の変化とそれに呼応する新自由主義的な教育改革が控えているのは明らかである。

新自由主義的な教育改革は、教育の「商品化」を、したがって学校・教師の「サービス労働化」を余儀なくさせ、その結果、サービスをより適切に供給できるように、組織や組織内の成員の行動パターンを変容させる。

このような状況のなかでは、クライアントへの対応については、彼らと対面する組織の「一部分」である個人がそれを引き受けざるをえなくなっている。かつて畠山は、官僚制構造の中で末端に位置づく職員のディレンマや意識について鋭く分析したが（畠山 1989）、その状況が、より先鋭化したと考えればいいのかもしれない。

学校側から見れば理不尽だと思われるような要求を突きつける親＝「モンスターペアレント」への対応を例にあげよう。

最近、保護者から再三クレームを受けたことが原因で不眠症に陥り、多大な精神的苦痛を与えられたということを理由に、教師が保護者をモンスターペアレントとして訴えた事件が報道された（2011・1・18）。興味深いのは、この提訴の翌日、学校の管理職が、「モンスターペアレントに学校や教師が負けないように、教員が代表して訴訟を行っていると受けとめている」という文書を提出したことである。また新聞社の取材に対して、「教諭と保護者のそれぞれの人権を尊重しているため、コメントできない」と語ったことも示されている。事例の詳細は不明であり、マスメディアによる都合のよい切り取りが行われている可能性も否定はできないが、気になるのは、こうしたコメントの中に、同僚として、問題を共有し、解決に向けて協働しようとする気持ちは読み取れない。

以前は「当たり外れ」を嘆いていたのは保護者のほうだったかもしれない。しかしながら、今は教師も同じ状況になっているのではないだろうか。無理難題を押し付けてくる保護者の子どもを「運悪く」担任するならば、それに向き合うものは、その子どもを預かる「私」以外にいない。そうしたむき出しの個人として曝され、自分以外に身を守る者はいなくなった状況が、提訴という行動に出た教師の行動に表れているように思われる。提訴に踏み切る前に、教員同士が励ましたり調停したり、代わりに保護者に対応したりというようなやり取りがここには見えないのである。任された役割は、他の誰の役割でもなく、私の役割であるから、私がそれを担い、解決するしかない。解決できないとすれば、それは私の能力＝組織の中の有用性が問われることになる、と、このような状況に教師は追い込まれている。

教師の病気休業が漸増する背景には、こうした〈「経営体としての学校」と「組織の一員としての教師」への変容〉という構図が見て取れる。

しかしながら組織の部分となる状況は一方では肯定的に作用する。組織によって「見える目的」や自らの仕事の範囲を明確に示されることは、仕事の無限定や成果の不明瞭さに基本的な不安を抱えている教師にとって、渡りに船の状況だからである。仕事の範囲や目的が明示されたならば、あれこれと迷う必要はない。また、目標を全うしたならば、達成感や充実感ももたらされるだろう。完成するかどうか、また、肯定的に評価されるかどうかわからない作品に黙々と取り組むよりも、答えがはっきりしている作業に取り組むほうが精神的には楽である。子どもが、ドリルに取り組むのと同じ感覚である。組織の「部分」となることと引き換えに、その仕事の範囲が明確になっているのであれば、そこでの役割を果たしたことから生じる満足度や充実感もあるだろう。

本章の冒頭で教員の病理現象を示したが、これは基本的に市場原理の改革が進み個別化が浸透するなかでおこる現象だといえよう。社会の変容と改革の要請を受けて、過重の責務を担わされた教師が、こうした状況に対応しきれなくなっていること、そしてそれを同僚と分かち合えずに、自分の責任だと自分を責めるところから問題が生じているのである。同時に、組織の一部と自らの位置と役割を割り切るならば、相応の満足感ももたらすことになる。二つの問題は対極に見えるけれども、その根は同じであり、経営体としての学校という変化のなかでもたらされるものなのである。

5 標準化と技術主義の浸透

(1) 制度化と標準化の進行

以上のように、病理現象と満足感は、一つの現象の表裏一体的な関係にある。しかしながら、現状はさらにそれを超えて進んでいる。

学校が経営体へと変化するなかで、各教師が組織の「部分」へと存在意義を変え、また、教員評価の導入により一人一人が測られる仕組みが整った。このような、個人を単位としてその責任範囲や義務を明確化しようという方向性は、「いま・ここ」の学校現場という横の領域だけではなく、教師の養成・成長にかかわる縦の領域においても顕著になっている。その結果、教師が、経営体の担い手にふさわしいように養成されていく方法が、教員の養成や研修の過程を通じて着々と進展している。

この改革のなかで、教員養成については、「教職実践演習」「教職大学院」の設置など、新しい授業科目や養成機関の設置が、現職教員に関しては「指導が不適切な教員への人事管理システムの導入」「免許更新講習」「優秀教員表彰制度」「教員評価」等の制度が整えられてきた。一方での、ふさわしくないとみなされる教師を排除する施策と連動して、教師の質の保持がめざされている。このとき、どのような質が保持されるのかをうかがわせるいくつかの事例が存在する。

手元に、ある教員養成系の大学の「プロファイルシートワークブック」という冊子がある。プロファイルシートには、「教育実践力」「対人関係能力」「自己深化力」の三つの力について、それぞれのディメンジョンを構成する小項目と、それが、4年間の養成課程で開講されている授業のどこで身につくのかといった、教員養成時に身につけておくべき力の全体像が示されている。また、それぞれの項目について、そのような力を獲得できたかどうかを各学年ごとに5段階評価するようになっている。担当者の話では、年度末に教員が各学生に面接しながらこのプロファイルシートを記入していくのだという。その作業は、二、三日は十分にかかるそうだ。教員養成の質を高める試みとして、この大学の取り組みは優秀な例として参考にされることが多い。

ここでは、教師に必要と予想される能力・技術をあらかじめ提示し、教師の仕事を意識させ、それを卒業までに順次獲得するように仕向けることが意図されているが、こうしたチェックシートを用いた方法は、養成だけではなく、教員評価においても見られる。教員評価は一般に、学校の経営目標にそって自らの目標を設定し、それがどれだけ達成できたかを判断する「目標管理」の評価形式をとっている。ところでこのとき、学校経営目標の設定に教師が参画する機会が設けられていないのであれば、それは組織目標にそった活動について教師がどれだけ貢献したかをはかる指標となっているにすぎない。

すなわちここで進められようとしているのは、あるべき教師の形、あるべき成長の形を整序し、教師が何をすべきか、どのように成長すべきかという、仕事の範囲や成長の道筋をコントロールするような意図の徹底である。教師が一人前になるプロセスは、フォーマルに整えられ、個別の教師が、用意された成長の道を一方向に歩いていく状況が生まれているのである。

相互に切り離された個人は、外部による制御と標準化を押し付けられる。「個人化がまさに意味していることは、制度化であり、制度による刻印であり、ひいては個々人の人生や生活状況が政治によって形作られる」（Beck 1986＝1998、262頁）状況がここで生じているのである。また、「専門職化」が、前述してきたような文脈の中で構想されるとすれば、専門職化というのは、制度化＝標準化を意味することに他ならない。

(2) 技術主義の浸透

組織が整序されていくと、次にその中の個人は、さまざまな形でこのような状況に対応するすべを身につけ、そこで生き残る戦略をさまざまに編み出すことになる。管理職ではない教員は教員評価に見るように、あらかじめ設定された目標にそって、どれだけ貢献したかが問われることから、前提を疑わず、それがうまく機能するかどうかという観点からのみ、モノを考えるようになる。

有用かどうかという点で評価される時代には、そこで役に立つものは何かという発想が支配的になる。そのために、アウトプットを生み出すさまざまな技術が重視されていく。その結果、活動や採用した方法がどのような意味をもつかということより、あらかじめ設定した範囲内でそれらを駆使してどのように効果をあげるかということが重要になり、そのためのテクノロジーが開発される。そして、状況に即効的に対応できる〈技術〉主義が横行し、目標が前提とされ、どのようにすれば「効果的」に達成できるかという発想以外は捨象されてしまう。

こうした技術主義の浸透について、最もよく知られている事例としてあげられるのは、教育技術法則化運動であろう。「法則化」運動も、当初の目的は、教師が個別に経験的に有していたであろう有効な教育方法を共有化しようということにあったようだ。しかしながら、こうした意図は、教育の制度化の文脈におかれ、個人化の趨勢のなかで方向を失った多くの教師に技術還元的な方向性を与えることになった。

教師をとらえた「教育技術法則化運動」は、インターネットを最大限に利用したTOSSとして発展し、賛同するあらゆる学校種あらゆる教師たちの指導実態や教科が、今や相当な量でアップされるにいたっている。多忙などを理由に十分な教材研究ができない教師や、新任で何でもいいからすぐに役立つ情報が欲しい教師にとっては、このTOSSランドの存在はありがたいだろう。アクセスすれば、たちどころに何時間分かの授業ができるからである。

しかしながら非常に興味深いのは、授業の流れや具体的な発問・指示などは明示されているけれども、これらの資料の中に、一般の研究授業などで見られるような「本時の目的」や教材の意味などについてはまったく触れられていないことである。教える理念や目的といった前提を問わず、どのような教育の技術があるのかという点で、これは終始一貫、徹底している。

目的や理念は、現場にあってはむしろ厄介なのだろうか？　世界観や哲学を看過して、即効的な技術を取り入れようとする傾向が現場では強く働いている。

6　学校における心理学の支配

(1)　心理学的技術の浸透

教育技術の法則化運動に批判的な人でも、心理学的知識・技術にまで批判的な人はあまりいないかもしれないし、また、同列に扱うことに異論をはさむ人もいるかもしれない。しかしながら、基本的には心理学も同様であり、また、その浸透の度合いはずっと深い。

教育現場には、知能テストのみならず、心理学の領域で開発された「適性診断テスト」「相反自己診断検査」「問題行動早期発見テスト」などの心理テストや性格テストが戦後間もなくから販売され、宣伝されていたという。1970年代にはこれに批判的な動きが起こったが、その後の「校内暴力」等の学校の荒れに、「多面的性格検査」「生徒の意見・態度・悩み調査」など「新発売の」性格テストの導入が積極的に行われた。「どこで何が起こるか全く予測がつかない」という不安と、それを予防するための方法として、教師にこれらのテストが有効であると信じられたためである（小沢 1995、245頁）。そして今や、その影響力はより強大になりつつある。進路指導のためにDSCP（進路設計のための資料システム）やYG性格検査などが一般に利用されているし、子どもたちの知能や発達の諸問題への関心の高まりを反映して、WISCの新しいバージョンも使用されるようになっている。

また、こうした諸テストが、面接や行動観察などとともに、子どもたちの実態を認識する技術の一部を構成し、心理アセスメントが現場への積極的介入を図る根拠となっている(5)。

同時に、「心の時代」を反映してロジャース流の来談者中心のカウンセリングも教育現場に浸透してきた。教育の現場では、「不登校」が日常化しており、この取り組みが課題となっていること、ADH

DやLDなどのこれまでに「出会ったことのない障害児」が普通学級に現れていること、訓育主義・体罰主義に対する風当たりが強くなってきていることを背景に、カウンセリングへの期待は強まっている（篠原 1995）。そこでは、体罰や校則で子どもを縛ってきた教育の方法に対して、相手を「受容」するカウンセリングマインドをもつことが強調され、「傾聴の方法」「アサーショントレーニング」「ソーシャルスキルトレーニング」等々というような技術の習得が研修等で盛んに紹介されている。

教育技術の法則化運動には批判的な人も、こうした心理学のさまざまな知識・技法の教育現場への導入についてはさほど重大な問題を感じないかもしれない。その一つの理由は、これらの知識・技術が、人間理解と人間の成長発達に関する心理学、とりわけ臨床心理学（evidence-based clinical psychology）の学問領域を背景にしているために、「学問的裏づけ」や「科学的知識」が存在すると考えられているからだと思われる。

(2) 前提とされる枠組みと適応

しかしながら、こうした状況には重大な問題が存在する。心理テストやカウンセリング等で用いられる「技術」の妥当性や信頼性の問題はもちろんのこと、よく知られているロールシャッハテストや箱庭療法等でさえ、その科学的な根拠そのものが疑問視されているのである。そもそもさまざまなテストや技術の背景となる臨床心理学的の理論は、理論たりうるのかという本質的な疑念が、同じ心理学の領域そのものからも発信されている（Lilienfeld et al. 2003 = 2007）。しかしながらそれにもかかわらず、こうした疑問への精査は行われていない。

また、より問題なのは、こうした心理学的な理論が依拠する哲学の方にある。

人々の対人関係における問題点を指摘しその解決策を提案していくことが心理学の役割として存在しているが、そこには「社会的関係」の認識が欠けている。たとえば、これから社会に出ていこうとする人々に寄与する目的で作られている進路適性検査ＤＳＣＰでは、労働市場や労働様態の変化というような社会変化を考慮に入れていないことが指摘されている（佐々木 ２００５）。あるいは、心理学で議論される「性格態度特性」にも同様の問題が見られる。「主体的」というような性格態度特性は置かれた状況によって、「困難な課題に果敢に挑む」ことも指せば、「人の指示に耳を傾けない」態度ともなりうる。だとすれば、「主体的」という性格態度特性は、状況によって異なる意味をもつことになる。。環境や条件が統制された実験室でつくられた何らかの基準が、具体的な人々の相互関係・活動が展開される場での測定に、はたしてどのような意味をもつのか、あるいは、社会関係を看過したところでつくられた基準を測定の指標とすることに問題はないのか。このような問題についてはもっと検討されるべきだろう。こうした例でも明らかなように、また後述するように、「関係」で成り立っている日常世界に、「個体・個人」を基準にして解決策を提示することの意味が問われているのである。

しかしながら、またこのことこそが、心理学の特徴でもある。すなわち、心理学では、社会関係の問題を、「個人の問題」と位置づけ、問題を個人に回収してしまうのである。

バウマン（Z. Bauman）の言葉を借りるならば、「……文化的に産出された人生の公式の不完全さや、それらの公式の社会的に産出された分配の不平等の責任を、人々の側に負わせよう」（Bauman 2001＝２００８、15頁）とするのである。そしてそこでは、「責任を、諸制度の側にではなく、自助努力の不十分さに帰することによって、生じてくる破壊的なものとなりうる怒りを静めたり、その怒りを自己譴責や自己軽視への感情へと改鋳したり、さらには、それを自分自身の身体に向けられる暴力や苦痛へと再変換するといったことがなされる」（同書、15頁）。

バウマンのこうした指摘は、「共感に基づく傾聴」の講座を受講した森の感想にも見ることができる。そこでは、「講師は人々に心理学主義的なパースペクティブの正当性と重要性を伝えることに貢献しようとしており、一見、社会的状況（例えば社会の矛盾）が生み出しているように思える問題も、実は個人の性格に原因があると解釈するように受講生に促しているのである」ことが指摘されている（森２０００、14頁）。

要するに、問題は社会にではなく、私・個人にあり、「世界は予定調和的に進行していると信じている人、あるいは進行するべきだと信じている人たちが」いて「この人たちは、〝いま・ここ〟の状況の予定された調和的進行を妨害する人を見て、彼らは〝こころの病〟に冒されているに違いないと考える」（森２００８、１４８頁）のである。ある枠組みの中でモノを考え、その前提を疑わないからこそ、適応するさまざまな技術が生み出されるということになる。そして、ある枠組みを前提として、そのなかでの〈運用〉〈適応〉に集中するという点に関しては、教育技術の法則化運動も、心理学的なそれも同じである。

(3) 浸透を支える意識

ところで、心理学の教育現場への浸透を知識社会学的な視点から論じた森は、「……といっても、誰かからそれを押し付けられているわけではない。むしろわれわれのほとんどが〝自発的に〟心理主義を受容し、その重要性を唱えている。ゆえに、心理主義は空気のような当たり前の存在と化しつつある。

現代社会を特徴付ける一つの『生活態度』といえよう」（森 2000、15頁）と述べている。前述したように、〈思考ストップ〉してしまい、ある枠の中でのみものを考えたり、有用性が求められる状況を根本的に検討するというような発想にはならない。

それでは、なぜ、そうした根本的な認識にいたらないのだろうか。

一つには、『自由からの逃走』でフロムが述べたように、自由の重みに耐えかねた人々が権威に依存してしまうのと同じ状況が存在するからと考えられる。

「『自分以外は皆馬鹿』の時代」と言われるように、社会が大きく変化している時代には、他者とのコミュニケーションは複雑さや困難さを増してくる。予想もしない反応に困惑したり、解釈できない不安に脅かされることも少なくはない。ただし、そうした不確かさに長らく安住できる人間はそれほど多くはないだろう。

たとえば、子どもたちのもつさまざまな問題は、日々その子どもに接している教師によって実際に体験されているはずなのに、なぜ、心理テストやＷＩＳＣが重要になり、それに頼るのだろうか。教師は、そうしたテストの結果を見ることによって、自らの頼りない「印象」を、「確実なものに」するのではないだろうか。それはステレオタイプの認識だったり、あるいは判断する専門家への依存を意味するかもしれないが、不安な状況に長らく曝されるよりはましかもしれない。

とりわけこうした状況は「経営体としての学校」への変容のなかで、その傾向がいっそう強くなることが予測される。

教師である私がなかなか指導できない児童生徒がいたとき、その児童生徒とできるかどうかもわからず時間もかかる関係をつくるよりは、相手方に問題があると「診断」をするほうがずっと楽である。なぜならば、そうした困難な関係は、何からの責任問題に発展する可能性が存在するとき、テストや診断の結果は「私の責任ではない」という「証拠」になるからである。こうした「客観的な資料」は、教師である私が組織への生き残りをかけたときに、それに応えるものになる可能性が高い。

しかしながら、いずれにせよここにあるのは、自らの認識への自信のなさ、あるいは不信と、専門家への依存である。一般に、科学的な態度は、その基本に懐疑主義的態度にその特徴をもつが、そうした態度はここには見られない。

おわりに――思考停止する教師

教師のやる気と病気休職者の増加は、「経営体としての学校」へという組織の変容のなかで教師が個別化され、有用性によって測られる状況から生じていることを指摘し、それに付随して生じる趨勢について論じてきた。さらに病気休職者の増加という現象の背後には、より深刻で本質的な問題がある。個人化への趨勢が自らを苦しめている元凶であるにもかかわらず、そこで教師が取る行動は、「個人化」を前提とした知識・技術であるという状況が生み出されているからである。いわば脱出できないループに閉じ込められていると考えればいいだろう。

このような閉塞したループの問題は、近年の「感情労働」をめぐる議論にも見ることができる。フォーディズムの時代と異なり、自らの感情をも労働過程に差し出さねばならなくなった新しい搾取を示す概念が「感情労働」である。しかしながら、同様の用語を用いて、自らの感情をコントロールすることによって、こうした状況にうまく対処する能力をどのようにして延ばすかを探る研究＝ＥＩ（Emotional Intelligence）が多数示されるような状況が存在している。このときＥＩで取り組まれているのは、「状況に気持ちよく対処して、そして搾取されよう」ということを議論しているのだと、人々はどうして気づかないのだろうか。

考えることや疑問を抱くことが、学ぶことの第一の意義であるにもかかわらず、教える側にいる人間がそれを忘れ、既存の制度や認識枠組みを前提として、思考停止しているところに、またその思考停止が広く教師を取り込んでいくところに最も大きな問題があるのではないだろうか。

注

（1）ＰＡＣＴ（Professional Actions and Culture of Teaching）研究会が実施した過去3回の調査では、「毎日が忙しい」と回答した教師（「毎日が忙しい」に「あてはまる」「ややあてはまる」と回答した教師）は、1回目95・6％、2回目95・8％、3回目93・9％という結果になった。久冨編（２００８）では、「毎日の仕事が忙しい」に「強くそう感じる」「わりと強くそう感じる」は96・4％であった（94頁）。また、苅谷らの調査では「忙しすぎて授業準備に十分な時間をさけない」に「感じる」「やや感じる」と回答した者は8割を超えていた（苅谷・金子編 ２０１０、１４８頁）。
　また、ベネッセ・文部科学省の『教員勤務実態調査（小・中学校）報告書』、国立教育政策研究所の『教員の業務と公務運営の実態に関する研究報告書』など、近年教員の労働時間に関する調査が実施されている。

（2）『教員勤務実態調査（小・中学校）報告書』の結果と、戦後散発的に限定された地域で実施された調査結果とを比較したとき、教師が仕事のために要する時間が10時間前後であるという知見はほとんど同じであり、変化がない（同様の指摘はすでに油布（１９９５）を参照）。しかしながら、教師による分散が大きいということと、「多忙感」をもたらす要因は、このような「労働時間」にのみ限定されないということも重要である。

（3）ＰＡＣＴ調査では第1回調査で「教師になってよかった」には「あてはまる」＋「ややあてはまる」が84・9％、

第2回では76・2％、第3回では92・9％であった。久冨らの調査では「やりがいのある仕事だ」という項目に「強くそう思う」「そう思う」と回答したのは、1991年調査で、小学校教師92・0％、中学校教師85・6％、2004年調査で小学校教師94・9％、中学校教師95・8％という結果が示されている（山田・長谷川 2010、49頁）。また、ベネッセ・文部科学省による調査でも同様の結果が指摘された。（http://benesse.jp/berd/center/open/chu/view21/2007/07/c06berd_03.html 参照）

（4）第1回調査「教職の専門性と教師文化に関する研究」（科学研究費補助金 成果報告書 総合研究（A）課題番号 06301032 研究代表者 藤田英典）：第2回調査「教師の生活と意識の日中比較」『教育の再構造化と教師役割の変化に関する国際比較研究成果報告書』（科学研究費補助金 成果報告書 基盤研究（B）（1）課題番号 09410066 研究代表者 藤田英典）：第3回調査「教職の変容と展望に関する教育社会学的研究—成果主義の影響と専門職の可能性—」課題番号 20330174 研究代表者 油布佐和子）

（5）保田（2008）は、心理学の現場への浸透を、心理学的な知識が受け入れられたのではなく、現場にある「子ども中心主義」の文化との一致であることの可能性を指摘している。保田のデータに裏付けられた精密な議論に比べれば、本論は実証的な裏づけに乏しいが、心理学の有用性とその技術の受容という点から、あらためて分析する課題は残っているのではないかと思われる。

引用・参考文献

Ball, S., ed., 1990, *Foucault and Education—Disciplines and Knowledge*, Routledge,（＝1999、稲垣・喜名・山本監訳「モラルテクノロジーとしての学校経営」『フーコーと教育—〈知＝権力〉の解読』勁草書房、211〜230頁）.

Bauman, Z., 2001, *The Individualized Society*, Polity Press,（＝2008、澤井・菅野・鈴木訳『個人化社会』青弓社）.

Beck, U., 1986, *Risikogesellshaft Auf dem Weg in eine andere Moderne*. Suhrkamp,（＝1998、東・伊藤訳『危険社会—新しい近代への道—』法政大学出版局）.

畠山弘文、1989、『官僚制の日常構造』三一書房。

苅谷剛彦・金子元久編、2010、『教員評価の社会学』岩波書店。

川村茂雄、２００５、『変化に直面した教師たち』誠信書房。

久冨善之編、２００８、『教師の専門性とアイデンティティ』勁草書房。

Lilienfeld S. O. et al, 2003, *Science and Pseudoscience in Clinical Psychology*, Guilford Press,（＝２００７、厳島・神田訳『臨床心理学における科学と疑似科学』北大路書房）.

間庭光幸、１９９４、『日本的集団の社会学』河出書房新社。

森真一、２０００、『自己コントロールの檻　感情マネジメント社会の現実』講談社選書メチエ。

――２００８、「社会の心理主義化をどのように捉えるか？―三つの立場―」日本社会臨床学会編『シリーズ社会臨床の視界　心理主義化する社会』現代書館、75～１１４頁。

永井聖二、１９８１、「現代の教員社会と教員文化」石戸谷哲夫・門脇厚司編『日本教員社会史研究』亜紀書房、５７７～６１８頁。

日本社会臨床学会編、１９９５、『社会臨床シリーズ２　学校カウンセリングと心理テストを問う』影書房。

小沢牧子、１９９５、「学校教育相談と生徒相談の戦後史」日本社会臨床学会編『学校カウンセリングと心理テストを問う』影書房、１８９～２５８頁。

佐々木賢、２００５、「心理テストと教師の心性」日本社会臨床学会編『学校カウンセリングと心理テストを問う』影書房、１３５～１８８頁。

篠原睦治、１９９５、「学校カウンセリングの現状と課題」日本社会臨床学会編『学校カウンセリングと心理テストを問う』影書房、73～１３４頁。

新堀通也、１９７３、「現代日本の教師―葛藤を中心として」日本教育社会学会編『教育社会学研究28』東洋館出版社、4～17頁。

田中智志、２００２、『他者の喪失から感受へ』勁草書房。

保田直美、２００８、「心理学的知識の受容が学校にもたらす意味の再検討：心理学知識と子ども中心主義の親和性」日本教育社会学会編『教育社会学研究82』東洋館出版社、１８５～２０２頁。

山田哲也・長谷川裕、２０１０、「教員文化とその変容」日本教育社会学会編『教育社会学研究86』東洋館出版社、39

~56頁。

油布佐和子、1994、「privatizationと教員文化」久冨善之『日本の教員文化』多賀出版、357~383頁。

――1995、「教師の多忙化に関する一考察」『福岡教育大学紀要』第44号、197~210頁。

油布佐和子・紅林伸幸・川村光・長谷川哲也、2010、「教職の変容―『第三の教育改革を経て』―」早稲田大学大学院教職研究科紀要第2号、51~82頁。

第3章　小・中学受験の社会学――受験を通じた階層閉鎖とリスク回避

片岡　栄美

近年、都市部を中心に小学校受験や中学受験は拡大してきた。いわゆる「お受験」である。図3・1は、首都圏の中学受験率の動向を示している[1]。とくに2002年にゆとり教育改革が本格化して以降、受験率は上昇してきた。

本稿では、小学校受験と中学受験をする親の意識と行動に焦点をあて、子どもの早期受験とは、社会学的にどのような現象であるか、「社会階層」「社会的閉鎖」「リスク論」「異質な他者への寛容性」「ハビトゥス」「文化資本」「社会関係資本」「バウンダリー・ワーク」の概念を用いて検討しよう。

早期受験という教育現象が、教育リスク回避戦略であるとともに、社会的閉鎖や異質な他者への非寛容につながる現代の階層閉鎖戦略[2]の一形態であることを明らかにする。また受験家庭の子育て戦略が、学力以外にも文化資本や社会関係資本を重視することをみていこう。

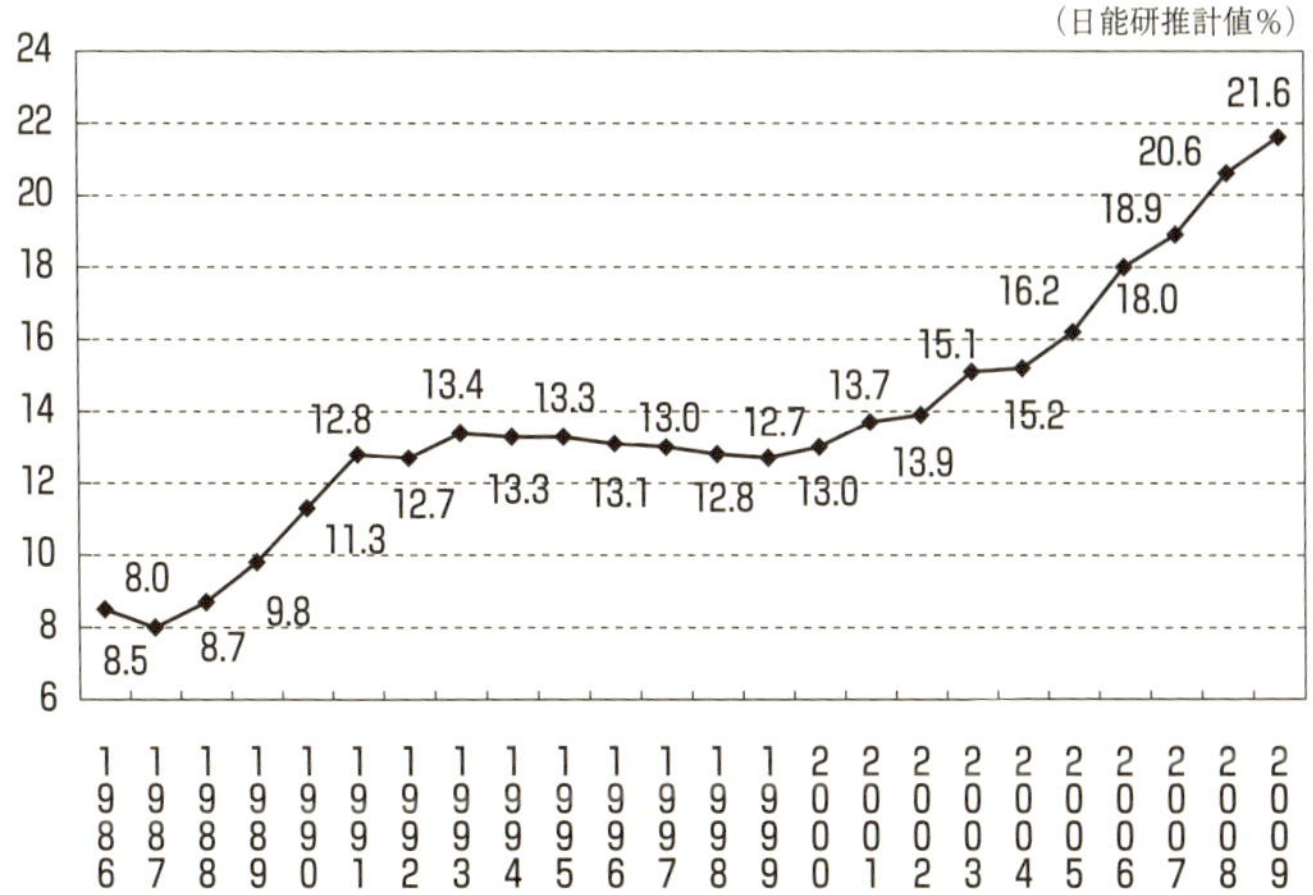

図3・1　首都圏中学受験率

（日能研進学情報室）

1　受験拡大の社会的背景：不安とリスク回避

小・中学受験率は、近年なぜ増加したのだろうか。その理由として、マクロな社会変動の影響とそれと連動して生じた教育政策の変化の影響をあげることができる。

マクロレベルでは新自由主義経済への移行とそれにともなう市場原理主義や経済グローバル化の影響がある。この社会では自己責任・自己決定のできる強い主体が強調される。競争主義・能力主義が拡大し、失業率や貧困の増加、経済格差の拡大、ローカルな文化の破壊がもたらされた。同時に次に示すような教育の自由化路線、教育の市場化と私事化(3)が進行した。

教育政策面では、１９９０年代から始まった「ゆとり教育」改革が教科書内容を大幅に削減した影響で、公立学校教育への不安感、不信感が強まった。その結果、恵まれた家庭の子どもたちの多くが私立の小・中学校や国公立の一貫制学校を志望するようになった。

要約的に述べれば、都市部で受験率の増加をもたらした教育システム上の主な原因は、(1)公教育を受けることがリスクになるという教育のリスク化問題、(2)教育に競争原理、市場原理が導入されたことで、子どもの学力保障のように従来、公教育的なものと考えられていた部分がミニマム・スタンダードとなり、教育の公共性が弱まったこと、そして同時に(3)教育選択の自由化と私事化が進行したことである。

教育に関するリスク意識とは、教育システムが掲げる目標に照らして、教育の失敗が起きる蓋然性が高まっているという認識である。すなわち教育リスクとは、確率論的に生じる教育の失敗を「危険」とみなすことでもある。教育リスクの考え方が広がることによって、以前にまして多くの親たちは不安を感じるようになる。不安の中身は、学校そのものや教師、わが子の発達などに対する「不安」である。「もしかしたら私の子育て方法も……」「今の学校も……」失敗の選択ではないか、そして「できれば将来のリスクを回避したい」という感情が親たちの間で増大傾向にあると思われる。現代は、教育不安と教育リスク回避の時代であるといえよう(4)。リスク論と受験については、5節で論じている。

2　受験の実態と地域格差

小・中学受験は、都市に特徴的な現象でもある。たとえば私立中学の約4割は首都圏に存在する。また全体として小学生数が減って公立小学校数がこの10年間で約2千校減少するなかにあって、私立小学校数は平成12（2000）年度の172校から、平成22（2010）年度の213校に増加している。

ここで関東8都県における調査研究から、小・中学受験の実態を「受験希望率」と実際の「受験率」

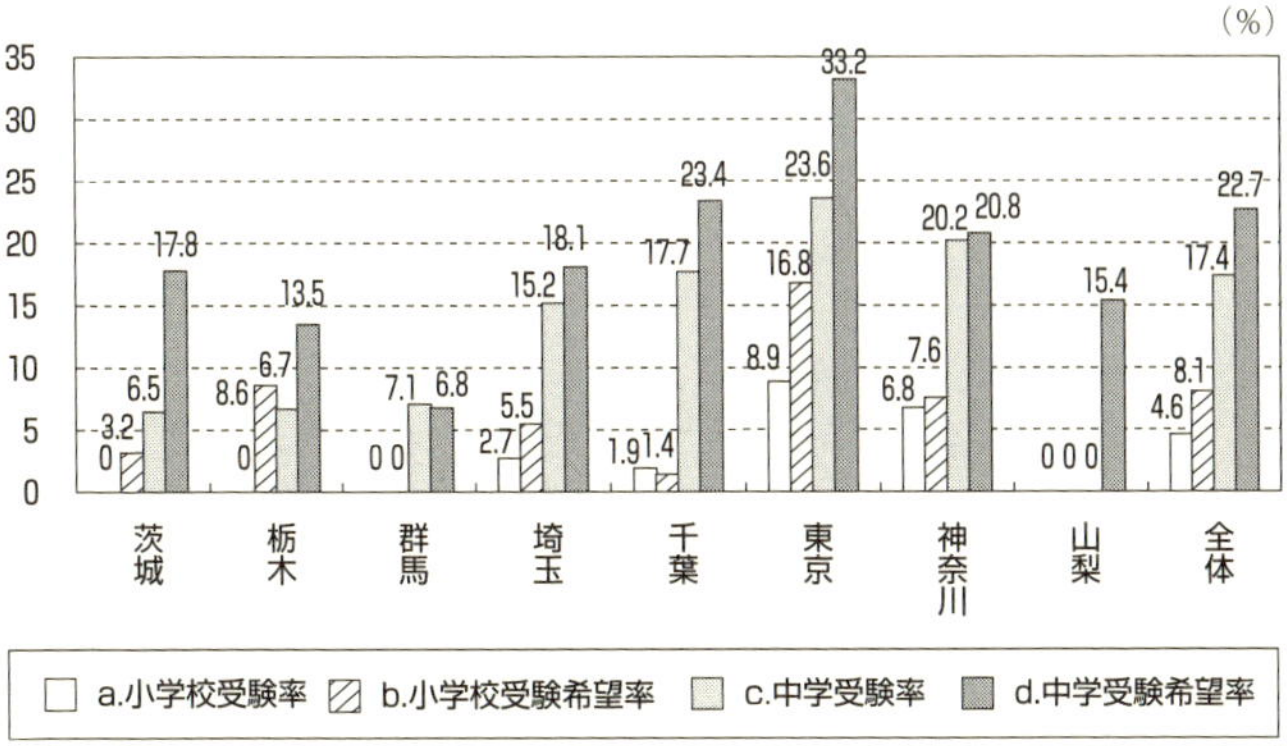

（注）　a．小学生と中学生の子どもをもつ親の回答

b．３歳〜就学前段階の子どもをもつ親の回答（ぜひ受験させたい＋できれば受験させたい）

c．中学生の子どもをもつ親の回答

d．３歳〜小学生の子どもをもつ親の回答（ぜひ受験させたい＋できれば受験させたい）

図３・２　受験の地域差

にわけて示しておこう。調査は、関東８都県の「満３歳〜中学３年生の子どもをもつ世帯の親（父母）」を母集団とした質問紙調査で２００６年11月〜12月に実施した（片岡２００８ａ）(5)。

図３・２に示す「受験率」とは、子が私立の小学校・中学校あるいは国立の小学校・中学校を受験した親の比率である。また「受験希望率」とは、「あなたは将来、お子さんに小学校（中学校）受験をさせたいですか」という問に対し「ぜひ受験させたい」「できれば受験させたい」「受験はさせたくない」「わからない」の四択のうち、「ぜひ受験させたい」「できれば受験させたい」と回答した親の合計比率である。

小学校受験率は、２００６年12月現在、小学生の親の４・２％、中学生の親の５・３％であり（全平均４・６％）、地域別には東京都の８・９％、神奈川で６・８％を除くと他県はごく少ない。また中学受験率は、中学生の親の17・４％が受験経験

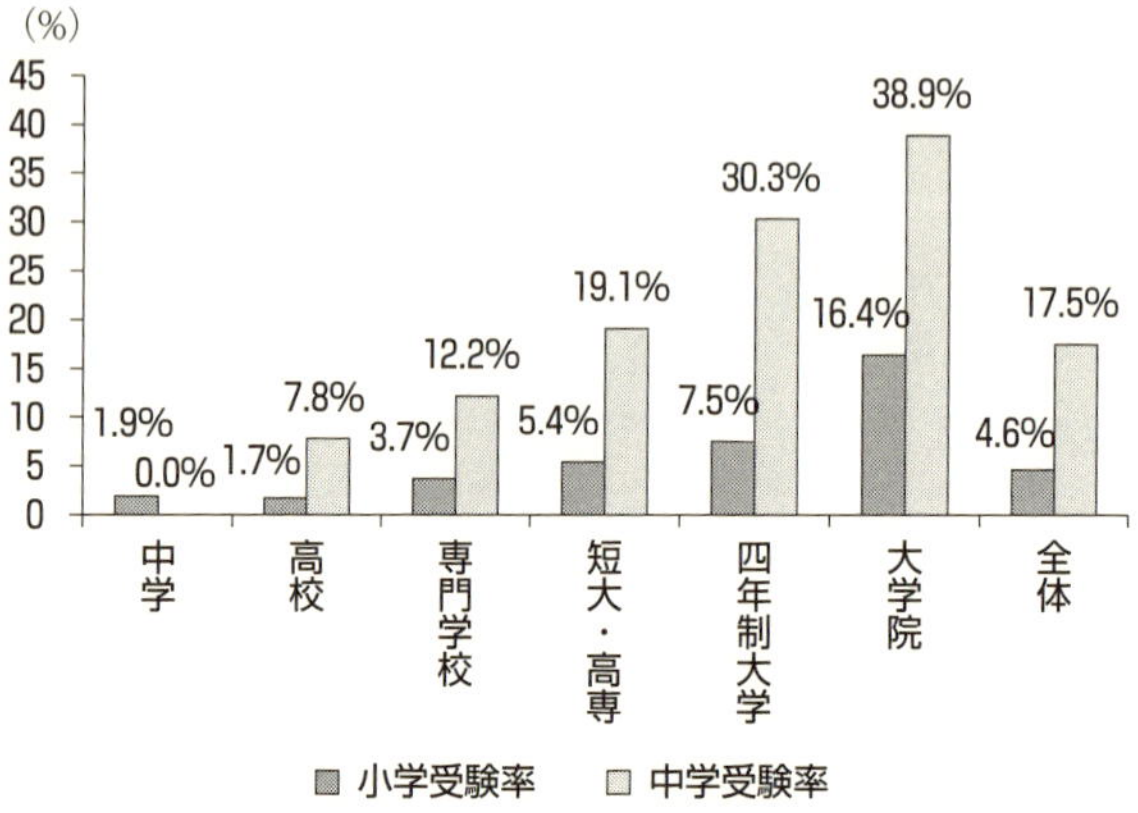

図3・3　親の学歴別の受験率

ありと回答し(6)、受験産業の提示する結果と比べても実態に近い妥当な数値といえる。地域格差は大きく、首都圏を中心に中学受験率は高い。受験率の最も高い東京都の中でも文京区の小学校児童の国立・私立中学校受験率は5割を超えているという報告があり、都内でも地域差は大きい(7)。

3　階層現象としての小・中学受験

小・中学受験率は、親の属性によってどの程度異なるのだろうか。

図3・3は親の学歴別にみた受験率である。親の学歴の高さに比例して、子の受験率は高くなることがわかる。また父母学歴パターン別に中学受験率を集計すると、「父大学院かつ母四大卒以上」の家庭では中学受験率は80・0％（n＝10）、「父母共に四大卒」では38・5％（n＝39）、「父四大・母短大」で23・5％（n＝51）、「父四大・母高校卒」で11・4％（n＝35）、「父母とも高校卒」では7・6％（n＝66）であった（他のパターンは省略）。

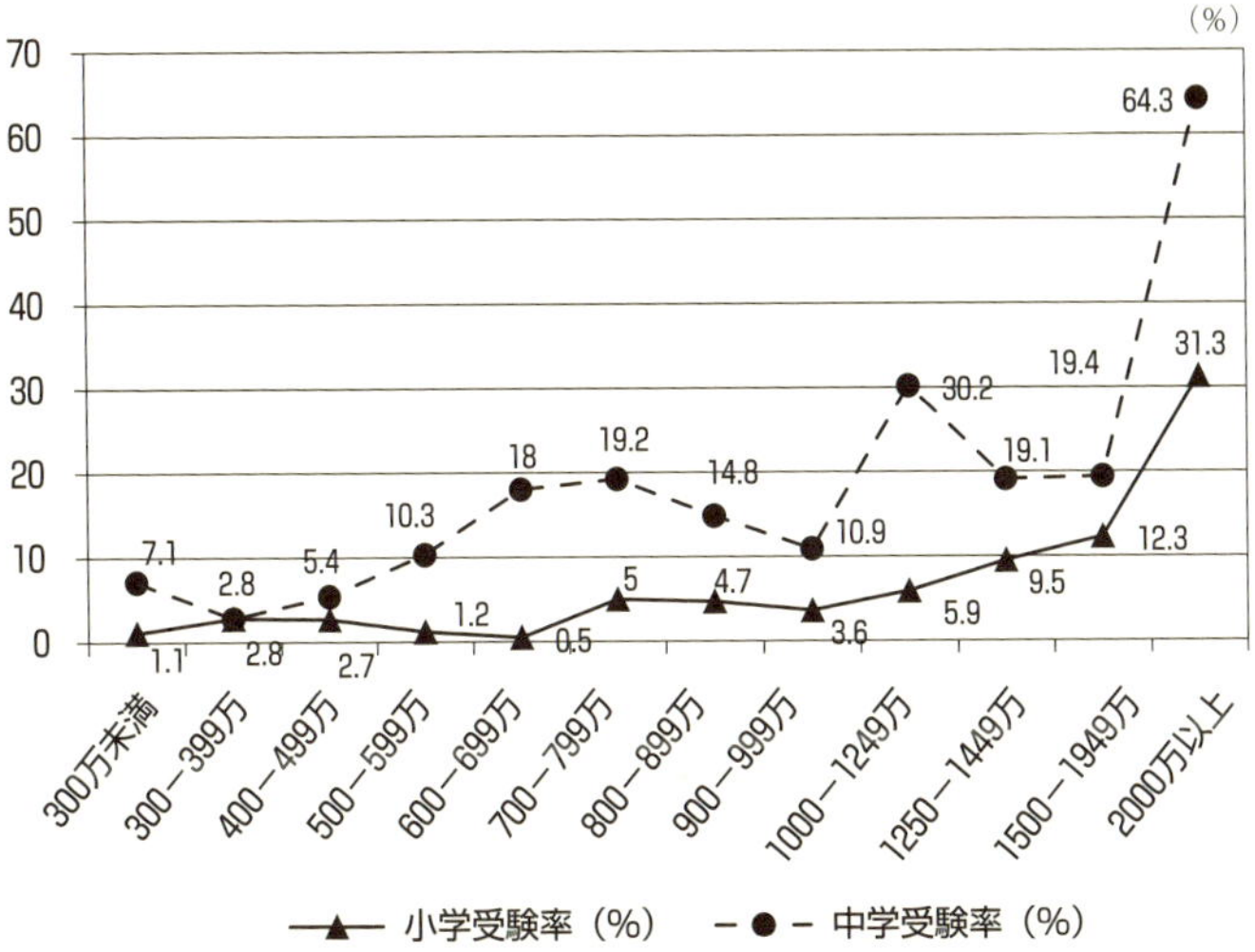

図3・4　世帯年収と受験率

図3・4は世帯収入別の受験率である。年間世帯収入2000万以上の家庭は少数であるにもかかわらず中学受験率は64・3%、小学校受験率は31・3%と高い。中学受験率は、収入1000万円を超えると高いが、600万円台でも18%を示す。

また、母親が専業主婦の家庭の中学受験率は23・1%であるが、有職母親の場合は14・3%であった。父職別の中学受験率は、父親が専門職の場合22・2%、管理職26・6%、事務職25・0%、販売・サービス職10・7%、ブルーカラー職2・7%であった。中学受験は、主としてホワイトカラー層の家庭の教育戦略であることがわかる。

このように受験率は、親のさまざまな社会経済的条件に左右されている。そこで実際に中学受験を強く規定する家庭環境要因が何であるかを明らかにするため、父母カップルデータ（世帯別）を用いて、ロジスティック回帰による規定要因分析を

表３・１　中学受験の規定要因

（ロジスティック回帰）

説明変数	B	Wald	有意確率
母親年齢	-.033	.224	.636
父親年齢	.052	.638	.424
世帯年収	.001	1.815	.178
母学歴[a]	.523	6.564	.010 ***
父学歴[a]	.297	2.912	.088 *
父職業威信[b]	.017	.600	.438
母主婦ダミー[c]	1.134	7.262	.007 ***
定数	-7.783	7.957	.005
Cox & Snell R^2 = .157		Nagelkerke R^2 = .272	

p = .000 : *** p ＜ .01、** p ＜ .05、* p ＜ .10　n = 228

（注）

a．父母の学歴：(1)中学、(2)高校、(3)専門学校、(4)短大・高専、(5)四大、(6)大学院

b．職業威信：1995 年 SSM 全国調査から求められた職業威信スコアを約 30 カテゴリーの職業分類に適用した。

c．母主婦ダミー：母親が専業主婦＝１、有職＝０

行った。

表３・１に示すように、従属変数を中学受験ダミー（中学受験あり＝１、非受験＝０）とした分析では、子どもが中学受験をしやすい家庭の条件は、第１位に母親が専業主婦である（母主婦ダミー変数）こと、第２位に母親が高学歴という条件であった。父学歴は統計的には10％水準有意で、弱い効果しか示さなかった。そして父職業威信や世帯年収、父母年齢の独自効果はなかった。実際に私学受験では家庭の豊かな経済資本（世帯収入）が必要とされ、とくに専業主婦家庭の父親の貢献は実質的には大きいが、それ以上に母親の影響力が強いのである。とくにデータの多くを占める東京都には国立大学付属校も数校あるため、必ずしも経済資本が第１次要因とはならなかったと考えられる。

ちなみに小学校受験の規定要因分析では、母学歴＞父年齢＞世帯収入の順で有意な効果を示していた（片岡 ２００８ｂ）。

このように子どもが受験をするか否かは、社会経済的要因と関連しつつも、母親側の要因に強く規定されている。つまり小・中学受験は階層現象であるとともに、後に述べるように高学歴専業主婦の母親のアイデンティティをかけた教育戦略であると

もいえる。受験をめぐる親の動機やタイプには多様性があり、10節で詳しく説明しよう。

4 私立学校は誰に占有されているのか？

私立の小・中学校は特定の階層集団によって占有されているのだろうか。

まず父親の職業構成を公立中学と私立中学で比較してみよう。国立はサンプル数が少ないので分析から除外する。結論から述べると、私立中学校ではホワイトカラー層（管理職38・3％、専門職15・0％、事務職20・0％）が全体の73・3％と主流となる。公立中学の父親のホワイトカラー率（管理職26・0％、専門職17・0％、事務職16・4％）の59・4％と比べると、その比率は高いといえよう。しかし私立中学にはブルーカラー層の父親が15・0％、販売・サービス職が11・7％と、ある程度、階層的な多様性がある。公立中学ではブルーカラー層が28・6％、販売・サービス職が11・0％とブルーカラー率は高い。

母親で比較すると、私立中学に多いのは専門職の仕事をもつ母親26・6％と専業主婦35・9％である。公立中学では専門職母親は17・3％、専業主婦は29・0％である。

しかし父母の学歴に注目すると、公立と私立の差異は歴然とする。私立中学では高学歴の父母が主流となって学校を占有し、約7割の父母（父71・49％、母69・8％）が大学・短大を出ている。専門卒・高校卒以下の親は約3割と少数派であった。それに対し公立中学では専門・高校卒以下の母親が6割強で主流をしめ、四大卒以上の母親は14％、母短大卒24・7％と少数派になる。

私立小学校はサンプル数が少ない（父親n＝15、母親n＝16）ため、参考資料にとどめたいが、大学院学歴の父親が多く（26・7％＞公立小父8・0％）、母親は短大（31・3％＞公立小母19・7％）と四大卒（18・

8％＞公立小母15・6％）がやや多い。ただ公立小と私立小の差は大きいとはいえない。
以上から、私立中学校は公立と比べて職業構成よりも学歴構成の点で差異が大きく、私立中学受験は高学歴層の親たちの教育戦略であるといえよう。

5　リスクと信頼からみる小・中学受験

子どもの早期受験は、親と子にとってのリスクでもある。受験に合格するかどうかという「予測不能性」のほかに、受験に失敗することによる挫折体験、不合格になった場合に経済投資、時間投資、感情投資を回収できないことによる影響、親子関係の崩壊の危険性、子どもの発達への影響などの損害が想定できる。

またなにより親たちは公立学校教師への不信感が強く、公教育不信は親を中学受験へと駆り立てる大きな要因となっている。このことは調査でも明確に表れていた。「もし小学生の子どもがいたら、公立小学校の先生には安心して子どもを預けられる」という意見に対して、小学校受験を経験した親（78名）のうち「そう思わない（26・9％）」「あまりそう思わない（48・7％）」と合計75・6％の親が、公立小学校教師への不信の意識を示した。しかし非受験層（1628名）では、不信感は合計で46・1％となり、より公立教師を信頼する傾向があった。

すなわち親たちは上記に述べたさまざまなリスクだけではなく、公教育を受けることによって生じる教育的リスクを回避するために受験を選択する。受験をしないで公立学校へ通うことによって、子どもの学力が低下するリスクや、学級崩壊でよい教育が受けられない可能性といった教育的リスクを予測して、子の受験を選択していると考えられる。

フーコーのリスク論によれば、「リスクを回避する日常的行動が、実は社会的な支配的秩序を強化する」と同時に「リスク回避行動を通じて社会的排除が生み出され」る（石戸 2007）。この問題に限定していうならば、支配的秩序とは、「問題」のある子どもを専門化システムによって生み出し隔離する教育システムや学校間格差システム、そして格差社会そのものでもある。しかし親たちはリスクを覚悟しながらも、教育システムを信頼することによって、教師という専門化システムと関わらざるをえない。

その意味では、小・中学受験とは、教育システムそのものへの全般的信頼はありながらも、部分的な教育システムの制御不能性、つまり公教育不信や公立学校を選択することによって生じるリスク、に関する親たちのコミュニケーションによって成立する社会現象である。そして受験は、まさに能動的・主体的に選択されたリスクでもある。

リスクが主体的に選択されているにもかかわらず、親たちは教師という専門家システムに依存し、教師に多くを求める傾向にある。調査結果からも、とくに競争的な価値観をもつ管理職父親は、教師をあまり信頼しないにもかかわらず、学校で子どもが学力競争をすることを強く求めていることが明らかになっている（片岡編 2008a）。

以上のリスク論から見れば、小・中学受験とは公教育への不信を背景にした教育的リスク回避戦略であるといえるだろう。

6　階層閉鎖戦略としての小・中学受験

公立学校では子どもの学力が低下するという公教育不信が原因となって中学受験が広がるという教育不信説を、多くの研究者が指摘してきた。しかし本当にそれだけであろうかというのが筆者の問題意識である。

ここで子の受験を、親たちの階層閉鎖戦略であるという視点から検討することにしたい。小・中学受験を選択する階層的に恵まれた親たちは、自分たちと同質的な階層集団と社会関係をもつことを望み、それを子どもにとってのよりよい学習環境、学校環境として与えようとしているのではないか。そして異質なハビトゥスをもつ人々との交流を望んでいないのではないか。

階層閉鎖とは、パーキン（Parkin 1974）やマーフィー（Murphy 1988＝1994）のいう社会的閉鎖（social closure）の一形態である。社会的閉鎖とは、ある集団が資格を備えていないとする下位の集団（たとえば特定の学歴の欠如など）をアウトサイダー（よそ者）であると断定することによって自分たちの有利な立場を独占し、下位集団を従属化する過程を表す。つまり「独占と支配の行為を支配するフォーマルもしくはインフォーマルな規則」を意味している(8)。

パーキンは、閉鎖には排除と奪取という互いに相関する様式があることを指摘した。排除型閉鎖は、資格のない者をさまざまな機会から閉め出すことで自分たちの有利な立場を守るが、奪取型閉鎖は上位の集団がもつ有利な立場に食い込むための上に向かっての権力の行使を意味している。つまり排除型閉鎖は、希少な資源（資格であれ、知識であれ、有名校であれ）への接近を資格保有者の限定された範囲に限定することである。閉鎖理論は「機会」の意味範囲が広すぎるという指摘もあるが、「地位に参入する機会」と考えてよいだろう。

このような閉鎖理論は、ブルデューとパスロン（Bourdieu & Passeron 1970＝1991）によって、文化的再生産論、文化資本論としても展開されてきた。資格や学力といった誰の目から見ても明らかで公平で客観的に見える差異が、地位への参入や地位からの排除を決定する基準として正当で重要になっても、言いかえればメリトクラシーの社会においても、学校システムでは文化選抜が作動するという。

つまり支配階級の文化やハビトゥスを身につけていれば、学校の選抜や評価で有利に働く。教師や学校は、ハイカルチャーへの親しみ、語彙の広さ、論理性や高いアスピレーションを評価する。これらの身体化された文化資本やハビトゥスを、中流以上の階層の子どもは家庭教育を通じて獲得しているので、学校では有利になる。しかし労働者階層の子どもは文化的に排除されていてもそれを自己の能力不足と考え、上級学校への進学からはずれていく。

日本で学校内の文化選抜があるかどうかは議論の分かれるところだが、入試における選抜方法の多様化が進んでいる現在、文化資本の違いが結果の違いとなることは十分に予想できる。とくに小・中学校受験では、親子への面接や行動観察で合否が決まるため、家庭の文化資本の違いが影響すると考えられる。

では、お受験をする家庭の階層閉鎖戦略とは何だろうか。それは文化的な同質性志向、文化的排他性志向、そして異質な他者への非寛容として現れるだろう。つまり子を受験させる親の意識には、親自身の同質性志向があり、子どもの学校を通じて一種の身分集団が形成されることを暗黙のうちに了解しているのではないかと思われる。以下、具体的に「学校選択を通じた階層閉鎖」仮説を提示し、検証して

表3・2 「お受験」親の同質性志向

説明変数	カテゴリー	受験先の学校には、価値観や考え方がよく似た親たちが集まるのがよいと思う（%）				合計%（n）
		あてはまる	ややあてはまる	あまりあてはまらない	あてはまらない	
親の性別	母　親	18.2	52.1	26.0	3.6	100（192）
	父　親	9.4	50.3	30.8	9.4	100（159）
母親の学歴	高校・専門卒	17.4	46.4	33.3	2.9	100（69）
	短大卒	12.1	56.9	25.9	5.2	100（58）
	四大・院卒	25.8	53.2	17.7	3.2	100（62）

いこう。

子どもに小・中学受験をさせる親は

仮説1：学校集団としての文化的同質性を志向する。

仮説2：自分たちとは異質なハビトゥスをもつ他者（親）との交流を望まず、文化的排他性を示す。

仮説3：親の子育て価値において、異質な他者への寛容性よりも、非寛容性や排他性を志向する。

7 受験親たちの同質性志向（仮説1）

子を早期受験させる親たちは、学校に集団的な文化的同質性を求めているのだろうか。調査では、「小・中学受験を希望する親」と「小・中学受験を経験した親」に限定して、「受験先の学校には、価値観や考え方がよく似た親たちが集まるのがよいと思う」かと尋ねた。価値観や考え方がよく似た親というのは、ブルデューの言葉を借りれば、ハビトゥスの似た親たちであり、文化的同質性を意味している。

結果は表3・2に示すように、「あてはまる」「ややあてはまる」

の回答合計が65・5％となり、子を受験させる親たちの多くが、受験先の学校の集団的・文化的同質性に肯定的な意識をもっていた。母親（70・3％）のほうが父親（59・7％）より肯定率が高く、なかでも四大卒以上の母親では79・0％が肯定した。受験にコミットする高学歴母親ほど、家庭背景の文化的な同質性を求めているといえよう。

また受験家族のなかで、「受験をさせたい（したい）」と言い出したのは、53・6％が母親からという結果であった（片岡2008b、70頁）。私立学校を選択する母親に高学歴が多いという事実とあわせると、小・中学受験という選択は、その多くが高学歴層の母親による文化的同質性志向を背景とした主体的な教育戦略であるといえよう。

8　異質な他者への閉鎖性と排除の疑惑（仮説2）

受験を考えている親たちは、「異質な他者」との交流をどのように考えているだろうか。親たちの同質性志向は、閉鎖性や排除をともなうのだろうか。

そこで調査では、親同士のつきあいに限定して表3・3に示す閉鎖性の質問を行った。「考え方や価値観の合わない親とは、つきあわないようにしている」という意見に「よくあてはまる」「少しあてはまる」と回答した親は、中学受験を「ぜひ受験させたい」と答えた親で有意に多く、58・2％であった。「受験はさせたくない」親の回答39・2％と較べても大きな差が生じた（p＜.01）。中学受験を希望する親たちの意識の中には、異質な他者（親）との交流を遮断したいという、排除まではいかないものの閉鎖性を選ぶ本音が見え隠れしている。

表３・３　異質な他者への閉鎖傾向と受験希望

（３歳〜小学６年生の親）

		考え方や価値観の合わない親とは、つきあわないようにしている				合計%（n）
		よくあてはまる	少しあてはまる	あまりあてはまらない	まったくあてはまらない	
［３歳〜小学６年生のお子さんの場合］あなたは、将来、お子さんに中学校受験をさせたいですか。	1．ぜひ受験させたい	8.7	49.5	34.0	7.8	100（103）
	2．できれば受験させたい	9.6	39.3	43.8	7.4	100（272）
	3．中学受験はさせたくない	9.1	30.1	49.4	11.3	100（876）
	4．わからない	8.1	33.3	45.7	12.9	100（433）
合計（%）		8.9	33.6	46.6	10.9	100（1684）

（χ^2=25.502，p<.002）

以上から仮説2は支持され、子を受験させる親ほど、異質な他者（親）との交流を望まず、文化的排他性を示すことがわかった。

子を受験させる親たちの同質性志向および文化的排他性に支えられた学校選択は、すでに述べたように中流階層によって、私立学校が占有されることにつながっていた。そればかりではなく、選んだ学校の学校文化、たとえばミッション系の学校などの学校カラーがそれを補強するシステムとなって、文化的にも同質性が高まることを親は期待していると考えられる。

私立小・中学校や中高一貫校で、最低6年間から12年間をかなり同質的な家庭背景をもった生徒集団のなかで過ごすことを親たちが望んでいるのである。まさにウェーバーのいう身分集団に近い性格をもった学校集団が、子どもの通う私立・国立学校を通じて形成されているといえよう。

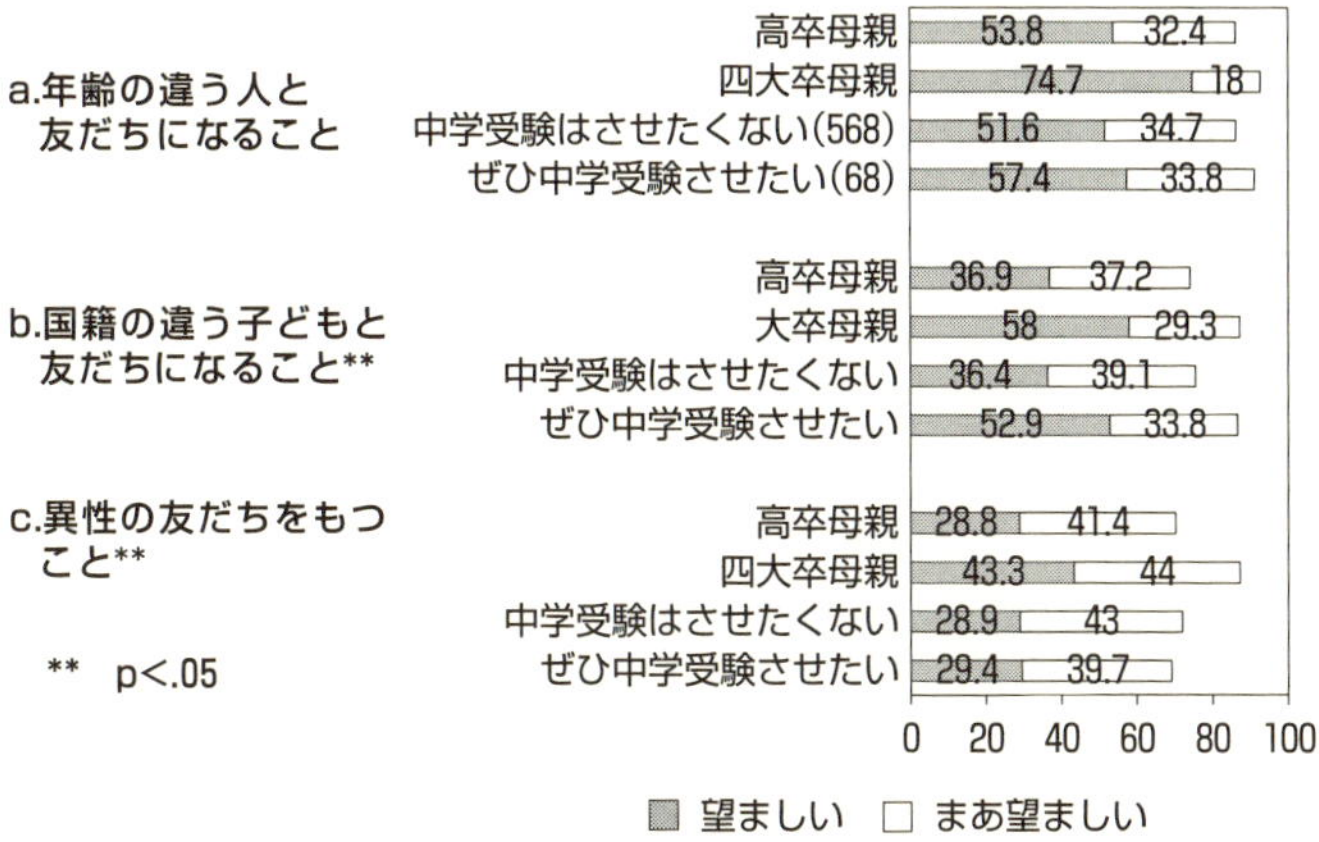

図３・５　中学受験と親の価値期待

9　異質な他者への寛容性の価値期待（仮説3）

異質な他者に対する寛容性の問題は、ウォルツァー（Walzer 1997）や桂木（2005）のほか、教育については広田（2004）など、多くの研究者が理論的に論じている。

仮説3の寛容性を測定する指標として、a 異なる年齢集団との交友、b 国籍の違いを超えた交友、c 異性の友人という三つの寛容性項目を設定し、「望ましい」から「望ましくない」までの四件法で親に質問した。そして中学受験を希望する親と希望しない親をクロス集計で比較し、次に高卒と四大卒の母親の意識を比較した（図3・5）。数値はクロス表の一部を掲載した。

その結果、a 年齢の異質性では母学歴別、受験希望別ともに差は生じなかったが、b 国籍の違いとc 異性の友人で有意差がみられ、「ぜひ中学受験をさせたい」親ほど、「国籍の違う子どもと友だちになること」を子に強く望んでいた。また「異性の友達をもつこと」は受験希望の親ではやや少なくなるが、大卒母親では多い。

以上からは、受験を希望する親や高学歴の親ほど異質な他者との交流を推奨し、むしろ寛容性の価値を子に強く求める傾向がみられた。親たち自身の同質性志向や閉鎖性とは対照的である。

しかしながら問題は、親たちが「国籍の違う友だち」を望ましいとした理由である。インタビュー調査で検証したところ、その多くが、「将来、英語ができるようになって海外で活躍してほしい」「これからの時代、英会話は必要だ」と答えた。つまりこの質問文では、異質な他者に関する寛容性や排除性の問題は十分に回答者に伝わらなかったか、あるいは親が選択的に選ぶ「英語を話す欧米人との交流」という意味に理解された可能性を否定できない。

親が英語圏の人々との交流を子に期待するというのは、エリート層にとっては英語圏の人々が異質な他者ではなく、むしろ国が違っても階層的に同質的な人々であり、エリート層間での国際交流を求める親の期待として解釈できるのである。つまり受験家庭の親は子に対して、表面的には異質な他者への寛容性を示しつつも、隠れた意図として、国を超えた同質的集団間の交流を期待する社会的閉鎖戦略があると理解したほうがよいだろう。その意味で、仮説3の結論は保留する。

10　母親の諸類型

小・中学受験という選択が、同質性を求め異質性を拒否する閉鎖的な戦略であるとはいえ、受験動機や家庭のハビトゥスは一枚岩ではなく、内部分化している。そこで以下では、早期受験をする母親の諸類型をみておこう。

小・中学受験を経験した母親と進学塾関係者へのインタビュー調査から、典型的な五つの母親像が浮かび上がった。受験の動機や目的、受験への意識の違いから、大きく5タイプに分かれる。それぞれ「勉強ハビトゥス再生産型受験」「代理競争型受験」「苦労回避型受験」「身分文化再生産型受験」「他者同調型受験」と名付けた。

①　タイプ1：**「勉強ハビトゥス再生産型受験」**

有名大学を出た高学歴の専業主婦もしくは専門職（パート）の母親で、自らが受験競争の勝ち組である。夫はエリートが多い。親になってみて現代の公立学校が自分たちの時代と状況が異なることに気がつき、子どもの将来のために有名私学か国立大付属学校の受験をさせようと決意する。母親は自ら「勉強が好き」という勉強熱心な特徴をもつゆえに、「子どもにも勉強好きになってほしい、そうすれば子どもが自分で自分の将来を選ぶ可能性が広がるから」と考え、受験情報をあつめ、自分の価値判断で受験の状況や塾を冷静に分析し、受験をするかどうかの選択・実行をする。このタイプは、子どもの自立性を重んじる傾向が強く、子の知的発達を重視した学校選びをする傾向にある。親自らの「勉強ハビトゥス」を子にも定着させようという明確な意思があるのが特徴だ。受験で子どもがつぶされないように、夏はサマースクールで自然体験をさせるなどの多面的な配慮もする。親の上昇志向は基本的に強い。お受験のリスク（とくに子どもへの影響）をよく理解しており、子どもの状態をみながら、慎重にお受験準備をしている。場合によっては、受験からの撤退もする。母親は子どもと自分は別ということを理解しているので、母親自身の生きがいや仕事を（子どもに影響しない範囲で）追求することも大事にしている。母親が専門職の場合は、パートに切り替えて、子どもの受験準備や子どもの生活全体のコントロールを計画的に行っている。

②　タイプ2：**「代理競争型受験」**

親戚や家族が偏差値の高い有名大学卒の場合が多い。自らは専業主婦の母親だが、とくに受験競争にアイデンティティをかけたわけではない女子大・短大卒が多い。自分の子どもが親戚や家族と同じ位、もしくは家族や親戚から承認されるレベルの有名大学に入らないと、母親の責任だとみなされ肩身が狭くなる、あるいは母親の責任にされると強く感じている。従って、なんとしてでも将来は子どもを有名大学へ入れたいと思い、受験競争に子を駆り立てるタイプ。家族内での母親の地位承認をもかけた代理競争型受験でもある。母親の動機が強いため、受験に失敗するリスクが大きくても、高い目標を下げることはなく、無理に子どもを勉強させやすい。その結果、母親と子どものアイデンティティをかけた受験競争となり、親の感情投資、時間投資はともに大きなものとなる。子の受験合格が親の生きがいになりやすい。しかし母親の期待過剰から子どもを圧迫してしまうこともしばしばある。

③ タイプ3：**「苦労回避型受験」**

高校受験や大学受験が大変だという意識から、親が早めに安心したいために、早期受験をさせるタイプ。小学校か中学校からエスカレーター式の学校に入れれば、高校受験は回避でき、また大学受験もそれほど心配しなくてすむと予想している。また私立の教育環境や教育方針も気に入っており、早めに子どもを楽な教育コースに乗せて、安心できる環境で教育を受けられるのが子どものためと信じ、自分は安心したいタイプである。競争回避あるいは子の受験で親が苦労することを回避したいという苦労回避型受験であり、将来の教育リスクを先取りして、小中学受験を選択していた。あまり学校ランクにはこだわらない親も多く、エスカレーター式の私立小中で、ランクの高い私立大学付属校でなくても満足している場合も多い。

④ タイプ4：**「身分文化再生産型受験」**

親子代々が同じ私立学校出身であり、子どもを同じ学校へ行かせるのが親として当然だと思っているタイプ。東京山の手に多い。旧くからの上層階層出身であり、明治時代からキリスト教系私立学校へ子どもを通わせてきた旧財閥系などの一族の末裔などである。特定の学校を志願する傾向があり、学校選択によって「身分文化」を再生産しようとする一部の上層階層である。親子で同じ学校へ通うことで、社会関係資本の継承も同時に果たせる。お受験の拡大によって、自分たちの時代と比べて同窓となる学生の出身階層が低下し、近年、学校文化が変化してしまったことを嘆いている。少数派である。

⑤ タイプ5：**「他者同調型受験」**

周囲のお母さんたちが「お受験」をするというので、影響を受けてわが子にも受験させようと思い始める。とくに大きな野望はないが、子どものためによいだろうと思って、受験させようとするタイプ。近所の友人たち（ママ友）との井戸端会議で情報を仕入れるため、しばしばうわさや誤った情報によって動く。自分の価値観が明確ではないので、付和雷同になりがちで、大手塾の進路指導に従うが、子どものことをよくわかっていない親がけっこういて、塾選びや学校選びに失敗し、受験に失敗することも多い。いわゆる他者同調型で、近年の受験ブームに踊らされている。受験によるさまざまなリスクを十分に理解しないまま受験に突入することも多い。

近年の小・中学受験率増加は、他者同調型受験の親が増加したからと考えられる。他者同調型の場合、受験塾や予備校の進路指導の影響を受けやすく、また子どもを受験先学校の提示する「規格」に合わせることで合格をめざす場合が多い。さまざまな受験体験記や学校別受験指南書は、「各学校の要求するハビトゥス」を獲得するよう要請しているのである。

また勉強ハビトゥス再生産型は、親たちは小・中学受験を経験していない上層ホワイトカラーが多く、自らが公立学校システムでの偏差値に基づく受験競争に勝ち残った親たち、すなわちトーナメント移動の勝ち組である。それゆえにゆとり教育で変化した公立学校教育への失望は大きく、リスク回避的に私立学校や中高一貫校に子どもを通わせることで、子どもの将来の高い学歴獲得をめざしている。

高偏差値の学歴獲得を上昇移動手段として重要視する彼らもまた、近年増加したタイプであるといえよう。

11　受験家庭の子育て戦略とハビトゥス、文化

(1)　競争ハビトゥスの再生産と庇護移動

受験家庭の子育てにおいて、競争ハビトゥスは強調されるだろうか。調査から明らかとなった知見として、子が中学受験を経験した母親ほど出世への期待、すなわち「いい学校へ行って、いい会社に入るように、子どもに言う」という比率(9)が相対的に高かった。子が中学受験をした母親では39・3％が子に出世を期待しているが、非受験母親では24・5％であった。なお、父親では子の受験の有無で差異はなかった。受験家庭ほど、子の上昇志向・出世志向を促すしつけを行う母親の割合が多いのである。しかし受験家庭の大多数を占めるわけではない。

同時に、子を中学受験させた親ほど、「学校ではもっと子どもたちに学力競争をさせるべきだ」と考える傾向、すなわち競争の肯定があった（受験親50・5％＞非受験親32・7％）。

なぜなら、子を受験させる親には、自らが社会的成功への努力をおしまない、上昇志向や競争的ハビトゥスをもつ者が多いからである。親の回答として「社会的に成功するために、努力をおしまないほうだ」という意見に「よくあてはまる」「少しあてはまる」（四件法）と肯定的な回答をした父母の比率は、子が受験した親ほど有意に高く、子が小学受験を経験した父で77・1％、母で44・3％に対し、非受験父では42・5％、非受験母28・4％であった。また同じく肯定率は、中学受験をぜひさせたい父で86・7％、母51・3％に対し、受験させたくない父44・4％、母26・7％となり、子の受験希望の有無で、親のハビトゥスに大きな差があった。つまり受験をめざす家庭では、父親が高い社会的上昇志向と努力主義的価値観そして競争を肯定する価値観をもち、それを母親が代表して子へと伝達しているといえよ

う。

ここで付け加えておくと、子どもの受験先に私学一貫校を選ぶという戦略は、必ずしも競争主義や学歴主義的な価値観の存在だけでは説明がつかない。なぜなら多くの私学や一貫校は内部進学システムをもっており、熾烈な高校受験競争や中学受験をせずに、エスカレーター式で上級学校に上がることが可能な場合が多いからだ。つまりターナー（Turner 1960＝1963）のいう庇護移動システム（つまり早期選抜でレールに子どもをのせること）によって、上昇移動をたやすくするからである。

小針（2009）によれば、私立小学校とは歴史的にみて庇護移動の理念にあてはまり、私学一貫校の内部入・進学システムとは、児童・生徒の進学・上昇アスピレーションを過度に加熱するのでもなく、適度に安定して維持させ続ける保温型で、都市部の新中間層の童心主義（自由にのびのびと育ってもらいたい）と学歴主義の両方の要求を満たすシステムであったと指摘している。

(2) 文化資本、社会関係資本と受験の関係

なぜ子どもを受験させる親たちは、階層閉鎖化し、文化的同質性を好み、異質な他者には文化的排他性を示すのだろうか。

第一の理由は、親自身が教育の高い層であり、経済的に恵まれているだけでなく、文化資本と勉強志向が高いということ、第二に、かれらは子育て実践を通じて、文化資本とハビトゥスを子どもに相続あるいは蓄積させようとすること、第三に、一貫制教育の私立学校などが、社会関係資本を獲得・形成する場であるからである。

表3・4に示すように、中学受験を経験した母親ほど、子どもに対して本の読みきかせ（読書、文化資本）

表3・4　家庭を通じた文化資本、社会関係資本の形成

		中学受験あり		中学受験なし（%）
a．子どもに本の読みきかせをする　p<.01	母（よくあった）	68.4	>	45.2
b．子どもと美術館や博物館へ行く　p<.05	母（よくあった）	15.8	>	7.5
c．子どもとクラシック音楽をきいたり、クラシックコンサートへ行く　p<.01	母（よく＋ときどきあった）	45.6	>	24.9
d．子どものお友だちを呼んで、お誕生会やホームパーティーをする　p<.01	母（よく＋ときどきあった）	63.1	>	36.7

やクラシックや美術などの芸術文化資本をより多く経験させていた[10]。伝達者は母親が中心で、父親では有意な差が生じなかった。これは社会学的にみれば、子どもが母親の教育的働きかけを通じて、文化資本を獲得している状態、あるいは家庭を通じて親の文化資本が親から子へ伝えられている状態（相続文化資本）を意味している。

　受験が中流階層以上による選択行為であることを考えると、芸術文化や読書を重視した家庭教育と受験経験が相関をもつのは不思議ではない。いずれも子どもに高い教養と学歴を期待する階層に特徴的に表れる子育て実践だからである。

　それでは親たち自身の文化資本の状態はどうだろうか。過去1年間に「小説や歴史の本を読んだ」親は、子どもに小・中学受験をさせた親に多かった（子が小学受験をした母親66・7%>子が小学受験をしなかった非受験母53・6%、中学受験母71・4%>中学非受験母54・0%、小学受験父68・6%>小学非受験父46・2%、中学受験父68・0%>中学非受験父45・8%と、いずれも1%水準で有意差あり）。さらに「過去1年間にクラシック音楽のコンサートに行った」親は、小学校を受験させた母親でもっとも多く

43・6%、小学非受験母14・7%で少ない。同様に中学受験母も36・7%と多く、中学非受験母では14・5%の経験率であった。子を受験させる親は、正統文化活動を好んでいるといえよう。

さらに興味深い点として、子が受験した親では「私は勉強することが好きである」という回答が有意に多かった。つまり小学受験の母では「よくあてはまる」19・0%、「少しあてはまる」28・6%に対し、非受験母では「よくあてはまる」6・8%と少なく、「少しあてはまる」34・2%($p < .05$)であった。また父親では、「専門書を読んだり、本を読むことが好きだ」の肯定率(よく+少しあてはまる)が、小学受験の父は68・6%、非受験父では56・1%と差が生じていた($p < .05$)。すなわち、子どもに小学校受験をさせる親ほど文化資本が高く、また「勉強好き」カルチャーをもっているのである。

受験家庭ほど母の学歴に象徴的に表れる家庭の文化資本とハビトゥスが、たとえばその一部は読書好き、芸術への美的性向、勉強好きに象徴される形で、相続・伝達されていると考えることができる。調査で明らかになるのは、その一部にすぎない。これは階層文化の相続の問題であるとともに、受験準備という形をとりながら、新たに子どもに(受験に合格できる水準の)文化資本や勉強ハビトゥスを獲得させようとする親の文化投資的な子育てであるとも言えるのである。

とくにお受験の小学校入試では、子どもの知力や学力以上に、親と子のハビトゥスが面接試験で審査されていることを忘れてはならない。服装から話し方、家庭の教育方針、態度などに表れる親と子のハビトゥスが、学校側の求める基準に合致しなければ不合格になるからである。

表3・4では、「子どものお友だちを呼んで、お誕生会やホームパーティーをする」という社交も、受験家庭ほど多かった。子どもの対人関係を良好に保つことや親同士の社交をも意味している。ブル

デューのいう社会関係資本の形成を、中学受験をした家庭ほど重要視することがわかる。

私立や国立の一貫校では、子どもの教育に対して同じ価値観や考え方の親であるという感覚が強い。そして類似した家庭環境の子どもが、長期にわたってともに学校生活を過ごすことになる。さらに受験先の学校を通じて形成される母親たちの社会的ネットワーク、子どもたちのネットワークは、選択的なネットワークとして機能する。学校を媒介とした社会関係資本の形成と蓄積が行われていくのである。

受験という一見、学力や知力しか関係しないように思われる競争プロセスにおいて、文化資本や社会関係資本が受験をめざす家庭の子育てで重要視されていた。つまり小・中学受験をする親たちは、知力や学力向上をめざすと同時に、都市の中流階層の持つ家庭文化を子どもに相続する、あるいは子どもが将来に所属する階層を考えて、文化資本やハビトゥスを獲得させるという教育戦略をとっているのである。

中流階層が私立学校を利用することで、学校側が親たちのニーズに合わせた文化教育内容を準備し、それが各学校のカラーとなったのか、もしくは学校側が自律的にそうした文化を創り出し、中流階層がそれに適合していったのかは議論の分かれるところだが（小針 2009）、両方の相互作用によって都市部の私学カルチャーは形成され多様化し、また学校ごとに利用層も分化していると考えられる。

おわりに――結論

小・中学受験をするというのは、その後の教育費も含めて、かなりの経済的負担、心理的負担、時間的負担を親に強いる。しかしそうしたさまざまなコストを払いつつも、受験熱は高い。本稿でみてきたように、受験は親たち、とくに母親を中心とした子育て競争であるとともに、同質性志向を背景とする階層閉鎖戦略であり、リスク回避戦略でもあった。

小・中学受験は親たちのアイデンティティをかけた競争でもあるので、成功すれば学校や教師への満足度は高まり、同質的な価値や考え方の親たちとの社交を中心に、選択的ネットワークの中で生活が展開していく。その一方で、受験家庭は住んでいる地域のネットワークからは切断されていく。そして地域を離れた学校単位での社会関係資本を蓄積する。それは子どもの将来にとって意味のあることだという考えに基づいているものの、私立学校の子どもたちは、子ども期を同質的な価値観や文化階層、社会階層の人々としか接触しないまま成長することになる。異質な人々との交流の少なさは、社会の多様性に気がつきにくい同質性志向の閉鎖的エリートを生み出すのではないか。

他方で、受験親たちは異質な他者に対し寛容であることを子に求めるが、それも国際化時代、グローバル化時代においては、文化的寛容性がグローバル・エリートに必要な文化資本の一部となっているからである（片岡 2000）。

結果的に、地域のなかでは受験組と公立学校の親たちとの生活圏での分断化が進行している。これについては、稿をあらためよう。

最後に、子の早期受験とは、中流・上流階層の人々の境界設定の問題、すなわちバウンダリー・ワーク（boundary work）（Lamont 1992）の一つであると筆者は考えている。自分たちの優位性、とくに親の教育、文化的・社会的地位の卓越性を、子の学校によっても担保し、自らの資産を効率的に子に相続していくために特定の学校を選択する。学校選択を通して、かれらの家庭のもつ文化的・象徴的バウンダリーを子世代へとつなぎ、社会的バウンダリーへと再確定することが意図されている。

つまりお受験とは、「よい」学校に通うことで、優秀性（頭のよさと毛並みのよさ）という象徴的境界を可視化・現実化するメカニズムである。そしてその学校トラックを通じて、子どもが将来の高い学歴と地位、あるいはより「よい」人生を高い確率で獲得することを期待する親たちの境界維持戦略なのである。

＊　本稿は、『家族社会学研究』（２００９）および科研費報告書（２００８ｂ）に掲載した筆者の論文を加筆修正したものである。北澤毅氏から貴重なコメントをいただいたことに感謝いたします。

注

（1）日能研首都圏調査では、首都圏として1都3県（東京、神奈川、千葉、埼玉）での私立中学、国立中学の受験のほかに、近年では公立中高一貫校受検も含めて推計している。公立中高一貫校の試験は、学力試験ではなく、適性検査を行うので、「受検」と呼ばれている。日能研によれば首都圏の小学校卒業生は１９８６年の51万７０００人から２００８年の29万５７９２名へと激減したが、受験者数は86年の４万４０００人から２００８年の６万１０００人へ増加している（日能研進学情報室 ２００８）。

（2）戦略とは、ブルデューの用いる戦略（strategy）概念を適用しており、日常語の戦略とは意味が異なる。行為の意図的実践だけでなく、無意図的・無意識的な行為も含む概念である。

（3）私事化と受験の関係については、樋田（１９９３）を参照。

（4）このように教育を「リスク」ととらえ直す作業として、石戸の研究がある（石戸 ２００７）。

（5）本研究では、子育て中の親や教育関係者へのインタビューを行うと同時に、関東8都県（東京、神奈川、千葉、埼玉、茨城、栃木、群馬、山梨）の「満3歳～中学3年生の子どもをもつ世帯の親」を母集団とした質問紙調査結果を用いる。層化2段確率比例抽出法により、３０００世帯を無作為抽出し、各世帯の特定の子どもの男性保護者（以下、父親と記す）と女性保護者（母親）の計６０００名に対する郵送調査である。調査期間は２００６（平成18）年11月15日～12月15日で、世帯単位の有効回収率は44・03％（１３２１世帯）、有効回答は父親票１０１６票、母親票

1266票、性別不明1票で、全体で2283票である。データには含めていないが、無効票は1票のみであった。サンプル構成は、親平均年齢が父親42・37歳、母親39・57歳、子どもの教育段階別には、3歳〜就学前の親24・1%、小学生の親48・3%、中学生の親27・6%である。詳細は科研費報告書（片岡 2008a）に詳しい。

（6）ここでは、親の個人別回答をもとに受験率を計算しているが、調査は父母のカップル調査でもあるため、世帯単位（1世帯子1人で抽出しているので子ども単位でもある）でみると中学受験率は中学生サンプル全体の17・2%になる。正確には世帯単位の数値が正しい。

（7）「東京都中学校長会会報」平成21年7・8月号、7頁。

（8）社会的閉鎖理論はウェーバーの閉鎖理論を源流とし、身分集団に関する議論と関連するため、社会的な尊敬や名誉を効果的に要求する身分集団の利害行動でもある。そこには利害のダイナミズムが作用しており、教育など、資格を持つ人による独占と資格を持たない人々に対する排除のシステムが発展することになるとされる（Murphy 1988 = 1994）。

（9）回答選択肢五件法のうち、「毎日する」「よくする」「ときどきする」と回答した親の合計比率。数値に含まれない残りの二つの選択肢は「あまりしない」「まったくしない」である。

（10）表3・4のabc項目は、家庭で子ども時代に獲得した相続文化資本として定式化されている内容であり、中流階層以上の家庭に特徴的に表れる子育て内容を代表するものでもある（片岡 1992、2001、2010、片岡編 1998）。

引用・参考文献

Bourdieu, Pierre, 1979, *La distinction: Critique sociale du judgement*, Minuit,（=1990、石井洋二郎訳『ディスタンクシオンⅠ・Ⅱ』藤原書店）.

Bourdieu, Pierre et Passeron, Jean-Claude, 1964, *Les Heritiers; Les étudiants et la culture*, Minuit,（=1997、石井洋二郎監訳『遺産相続者たち 学生と文化』藤原書店）.

Bourdieu, Pierre et Passeron, Jean-Claude, 1970, *La reproduction: éléments pou une theorie du systeme d'enseignement*,

Minuit.（＝1990、宮島喬訳『再生産』藤原書店）.

樋田大二郎、1993、「プライヴァタイゼーションと中学受験―英国の教育改革と中学受験の過熱化―」『教育社会学研究』第52集、72～90頁。

広田照幸、2004、『教育（思考のフロンティア）』岩波書店。

石戸教嗣、2007、『リスクとしての教育』世界思想社。

片岡栄美、1992、「社会階層と文化的再生産」数理社会学会編『理論と方法』7巻1号、33～55頁。

片岡栄美編、1998、『文化と社会階層』、1995年SSM調査シリーズ18（＝2006『現代日本社会階層調査研究資料集（全6巻・別冊1）―1995年SSM調査報告書（大型本）』日本図書センター）.

片岡栄美、1998、「地位形成に及ぼす読書文化と芸術文化の効果―教育・職業・結婚における文化資本の転換効果と収益」片岡栄美編、同上書、171～191頁。

―――2000、「文化的寛容性と象徴的境界 現代の文化資本と階層再生産」今田高俊編『社会階層のポストモダン』（日本の階層システム5）東京大学出版会、181～220頁。

―――2001、「教育達成過程における家族の教育戦略―文化資本効果と学校外教育投資効果のジェンダー差を中心に―」日本教育学会『教育学研究』第68巻3号、1～15頁。

片岡栄美編、2008a、『子どものしつけ・教育戦略の社会学的研究―階層性・公共性・プライヴァタイゼーション』平成17年度～19年度 科学研究費報告書。

片岡栄美、2008b、「小・中学受験にみる親の教育戦略―受験を通じた階層閉鎖性とリスク回避、そして異質な他者への寛容性―」片岡栄美編、2008 前掲書、53～79頁。

―――2009、「格差社会と小・中学受験―受験を通じた社会的閉鎖、リスク回避、異質な他者への寛容性―」『家族社会学研究』第21巻1号、30～44頁。

―――2010、「教育達成と文化資本の形成」稲垣恭子編『教育文化を学ぶ人のために』世界思想社、54～81頁。

桂木隆夫、2005、『公共哲学とはなんだろう 民主主義と市場の新しい見方』勁草書房。

小針誠、2009、『〈お受験〉の社会史 都市新中間層と私立小学校』世織書房。

Lamont, Michele, 1992, *Money, Morals, and Manners: The Culture of French and American Upper-Middle Class*, University of Chicago Press.

Murphy, Raymond, 1988, *Social Closure: The Theory of Monopolization and Exclusion*, Oxford University Press,（＝１９９４、辰巳伸知訳『社会的閉鎖の理論　独占と排除の動態的構造』新曜社）.

日能研進学情報室、２００８、『中高一貫校』ちくま新書。

Parkin, Frank, 1974, “Strategies of Social Closure in Class Formation,” F. Parkin ed., *The Social Analysis of Class Structure*, Tavistock.

東京都中学校校長会『東京都中学校長会会報』平成21年７・８月号。

Turner, R. H., 1960, “Sponsored and Contest Mobility and the Social System”, *American Sociological Review*, Vol.25, No.6, pp.855-867,（＝１９６３、潮木守一訳「教育における階層移動の形態」Ａ・Ｈ・ハルゼイほか編、清水義弘監訳『経済発展と教育』東京大学出版会、63～91頁）.

Walzer, Michael, 1997, *On Toleration*, Yale University Press, New haven and London,（＝２００３、大川正彦訳『寛容について』みすず書房）.

第4章　いじめの定義問題再考――「被害者の立場に立つ」とは

間山　広朗

1　TVのワイドショー場面から

最近子どもたちにある変化が生じているとのこと（日本テレビ『スッキリ‼』２０１０・３・23）。自分の行為をいじめと認識していない子どもが増えているとの教育評論家の指摘に続き、「自分の学校にいじめはあるか」と街で小・中学生に尋ねるシーンが続く。40人中28人が「いじめはないが暴力や悪口などの行為はある」と回答した結果を受けて、「いじめに対する認識が低い」とのこと。評論家は、「教師がいじめっ子をいじめということで叱りようがない。本人はほとんどいじめだと思っていない。そのことがいじめにあたるということを教えるのに、いじめという言葉は現場感覚ではものすごくやりにくい」と言う。

場面替わって、「いじめを〝隠したがる〟学校の体質」について番組出演者が語る。「いじめの数が増えると校長の評価が下がるので学校はなるべく出したくない。数は出して良い。どれだけ改善されたかを競えば良いのに、数で競うものだから、なるべくいじめではないものとして扱ってしまう。いじめの定義として、いじめられている方がいじめられていると思ったらそれはいじめだ。そういう定義の中で再調査をかけて改善率を競うべきだ」。司会は、「まずはいじめの定義をしっかり認識して、その上で学校の取り組みに対する評価制度を考えていくべきだということですね」とまとめる。

さて、よくありそうなこのワイドショー場面について、どう感じるだろうか。大筋においてまさにそうだと同意するであろうか。子どもの規範意識は低下しているし、学校の隠蔽体質は問題だ、という具合に。筆者にとっては、とても同意できるものではない。だがそれは、子どもの規範意識が低下しているのかしていないのか、あるいは、学校には隠蔽体質があるのかないのかという問題をめぐってではない。いじめをめぐる議論、つまり「いじめ論」は、過去の反省から一見整理されてきたようにみえる。「いじめ被害者の立場に立つ」。これは正論である。だが、その背後ではあるカテゴリーに属する人々が苦境に追いやられており、それを隠す形でいじめ論がアンフェアに語られている。ワイドショーの一場面は、そうしたアンフェアさの欠片である。

2　いじめ論と定義問題

(1)　いじめ論の始まり方

社会問題としてのいじめは、はじめに社会問題化した1980年代から、1990年代中頃、そして記憶に新しい2006年秋の自殺報道を通じて社会に知られるところとなっている。その状況を打開しようとしてさまざまな立場からいじめが論じられてきたが、多くのいじめ論は、まずいじめの「定義」

を行うことから始まる点で一定の共通点がある（その上で、「現状」や「様態」、そして「社会的背景」や「原因」、「構造」などを定義のもとで説明し、「対策」を論じる……と続く展開が一般的であるだろう）。いじめ問題に関する代表的な論者であると同時に、多数の調査をもとに施策にも影響力を及ぼしてきた森田洋司は、清永賢二との共著書『いじめ―教室の病い―』（1986）の中で、「いじめとは同一集団の相互過程において優位にたつ一方が、意識的にあるいは集合的に、他方に対して精神的・身体的苦痛を与えることである」（森田・清永 1986、新訂版 1994、45頁）と定義を行い、いじめ論を展開し始める。その後、さまざまな立場からいじめ定義が提出されてきた。社会学・教育学・心理学・哲学などの研究領域や教育実践者からの提言、文部科学省や警察庁による公的定義、教育評論家、さらにはいじめ被害者・当事者によるものなど、実に多様である(1)。このような状況のなか、近年出版されたいじめ論の中で芹沢（2007）はいじめ定義について次のように述べている。

「1985年、いくつかの『いじめ』の定義がいっせいに提示された。だが読むとわかるように、提示者によって定義の内容はまちまちであった。……不幸は、こうした定義の不統一が、以後20余年にわたって放置されたままであったことである。……おかげで、いまもって『いじめ』についての基本的なイメージを共有できず、それどころか『いじめ』論議は相変わらず混乱の渦中におかれたままである」（41頁）。

したがって、現在早急になすべきことは、いじめの諸定義を吟味して、「いじめ」を包括的・実践的に理解するための足場を築くことだという（同書、41～42頁）。あるいは、菅野（1997）はすでに10年前に次のように述べている。

「いじめについての言説は捨てるほどあるが、では『いじめ』とはなんなのかという点になると、たいていの場合、はっきりしない。あるひとは、子ども同士の喧嘩、傷害事件、ゆすり、暴行などと呼ぶのが適切だと思われる出来事をいじめに含めてしまっている。と思えば、子どもの対人的嫌悪の表現や、おとなだったら『忠告』とか『戒告』とみなされる行為をいじめ呼ばわりする人もいる。これは無茶だ。いじめの定義の混乱は議論をいたずらに紛糾させるばかりか、語ること自体が何についての語りでもないという、滑稽な結果さえ招いている」(9頁)。

このように定義の重要性を指摘する菅野(1997)は、一方で、いじめの定義とは難しい問題であるという。すなわち、「問題が形式的に構成された数学体系でもなければ、一義的で曖昧さをゆるさない語の定義など、まずありえない。学問の世界では、この点で数学はその他のいわゆる経験科学とはかなり明確なちがいがある。経験科学にかんしては、ことばの定義はなかなか難しい問題なのである」(9頁)というのである。

ところで、「定義」と一口に言ってもその種類・使用法は多様である。「定義とは何か」という問いは、少なくとも古代ギリシャ哲学以来気の遠くなるような蓄積をもつ問いであり、とても簡潔に答えられそうにない。ましてやこの問いに「定義」をもって答えるわけにもいかなさそうだ。「X的定義」のXに入る語をいくつか列挙してみるならば、内包的/外延的、事実的/評価的、実在的/唯名的などとよくセットで使用される場合や、操作的、直示的など、対となる語とセットでというよりそれ自体単独でも使用される定義の形式も思いつく。概念の類概念に種差を加える形式論理学的な定義形式が学術的な定義の基本として想起されるかもしれないが、機能的定義と規範的定義が並置される社会問題の社会学のような場合もある。さて、このようなときにはさしあたり辞書を参照すべきかもしれないが、辞書的定義も定義の一形式であり、やはり簡潔には答えられそうにない(2)。

(2) 公的定義の変更

いじめ論の多くは議論を始めるにあたって避けて通れないものとして定義を扱うが、文部科学省の「いじめ論」においても定義は重要である。文部科学省によるいじめ定義は、いじめ研究や施策などにおいてさまざまに取り上げられるが、定義が示される文脈が省略されることが多い。つまり、定義の位置づけから離れた形で、「国はいじめをこうとらえている」とみなされがちだということである。

文部科学省のいじめ定義は、全国の小・中・高等学校を対象とした『児童生徒の問題行動等生徒指導上の諸問題に関する調査』において昭和60(1985)年度分から開始されたいじめ件数調査のための定義として表現される。近年注目されているのは、平成18(2006)年度調査(2007年秋公表)における定義の変更である(なお、この調査から、いじめの「発生件数」から「認知件数」へと調査項目の表現を変えたため、いじめが「急増」したとみなされている)。定義の変更前と変更後を比べてみよう(傍線引用者)。

【平成17年度調査までの旧定義】
この調査において、「いじめ」とは、「自分より弱い者に対して一方的に、身体的・心理的な攻撃を継続的に加え、相手が深刻な苦痛を感じているもの。なお、起こった場所は学校の内外を問わない。」とする。なお、個々の行為がいじめに当たるか否かの判断を表面的・形式的に行うことなく、いじめられた児童生徒の立場に立って行うこと(3)。

【平成18年度調査からの新定義】

本調査において、個々の行為が「いじめ」に当たるか否かの判断は、表面的・形式的に行うことなく、いじめられた児童生徒の立場に立って行うものとする。「いじめ」とは、「当該児童生徒が、一定の人間関係のある者から、心理的、物理的な攻撃を受けたことにより、精神的な苦痛を感じているもの。」とする。なお、起こった場所は学校の内外を問わない。

いじめ定義にあたる傍線部に注目すると、旧定義の波線部（「一方的」「継続的」「深刻な」）は新定義において削除され、二重傍線部は「加害者」と「被害者」が「いじめ」以前にどのような関係にあったのかについて変更がなされている。その結果、より広範に「いじめ」をとらえようとしているようにみえる。文部科学省調査における「いじめ定義」は、いじめが社会問題化した直後の1985年に示され、再び自殺事件報道が世間を騒がせた1994年に変更され、そして2006年秋の一連のいじめ自殺事件報道を受けて今回の変更に至っている。森田（2010）によると、自殺事件のあった学校が「いじめはなかった」と発表したことで「隠蔽体質」が問題視され、いじめの判断基準に曖昧さがあるのではないか、文部科学省・教育委員会・学校の判断は信頼できるのか、といった社会の批判的関心を受けて今回の変更がなされた。「今回の見直しでは、いじめの性質に関する表現がほとんど削除されている。旧基準に表記されている3項目（上記波線部―引用者）や、いじめの性質が一つでも欠ければいじめではないと判断する傾向が、現場にみられたからである」（108～110頁）。

前述の森田・清永（1986、新訂版 1994）の定義は、文部科学省調査の新定義に極めて近い（というよりも影響を及ぼしていると考える方が自然である）。「定義には、現象のすべてをカバーし、そこから漏れる事例がないようにすることが求められる。そのため、森田の定義ではこの要素（「継続性」のこと―

引用者）を定義の構成要件から除外し、いじめにあたるか否かの判断を、いじめを受けたとする当人の判断に委ねている」（森田 2010、88頁）。いじめの判断基準を被害者の苦痛に置くことを、「被害者主権」的いじめ定義と呼ぶならば、次にみるようにもこの被害者主権性がいじめ定義をめぐる最大の論点であり、争点である。

(3) いじめ定義の被害者主権性

いじめ論が定義にこだわる理由のひとつとして、いじめの「不可視性」があげられる。森田・清永（1986、新訂版1994）が定義を論じ始めるのは1章1節であるのだが、その冒頭は、「内面の世界の現象」という小タイトルが付された後に、「いじめは『見えにくい』といわれている」と始められる。いじめは、「被害者の受けとめ方とそれ以外の者による事態の認識の仕方との間にズレが生じやすい」。あるいは、その「ズレ」を巧みに利用する手口のいじめさえある。そのため、いじめを見えやすくするために、いじめか否かは被害感情によって決定されるとする定義が必要だというわけである（41～45頁）。森田（2010）は次のように述べている。

「いじめの場合、被害を受けた人間の被害感に事実認定の基盤を置いている。それは、何よりも、いじめが心に傷を負わせる行為であり、被害は被害者の内面に起きているため、他の人間が外から判断することは容易ではないからである。セクシャル・ハラスメントやパワーハラスメントなども、まずは被害の発生を第一義的な要件として、事実かどうかの確認作業に取りかかるのは、そのためである」（84頁）。

このような立場に対して、芹沢（2007）は被害者主権的ないじめ定義を強く批判する。特に、「いじめ」の「最も本質的な特徴」である「暴力の反復継続性」を定義から除外してしまうと、ある出来事が「いじめ」か否かを区別する視点が失われると主張するのである。

「はっきり言う必要がある。これは『いじめ』概念のなし崩し的な無化である。このように『いじめ』という概念が崩壊し、歯止めを失うと、『いじめ』という言葉だけが独り歩きし始める。たとえば、たった一回、一人の友だちに小突かれたり、傷つくような言葉や態度を取られただけであっても、『○○君にいじめられ、つらかった』と心理的苦痛を申告すれば、それがそのまま『いじめ』になってしまいかねない。一回性のけんか、じゃれあい、悪意のない粗暴性、好意の裏返しのちょっかい、相手の振る舞いに対するやりかえしなど、すべてが『いじめ』になってしまうのだ」(64頁)。

この主張に同意する読者もいるかもしれない。しかし、どうも様子が違うのではないか。実際の学校場面において、はたして本当に、「文科省の定義ではなんでも『いじめ』になってしまう」だろうか。「子どもたちの対人関係に関する調整能力に解決を委ね、じっくり見守るべき事象なのか、それとも緊急で根本的な対処が求められる事象なのか、その判断ができなくなることを意味する」だろうか(芹沢2007、63～64頁)。理屈の上ではそうかもしれない。しかし、実際の学校場面で教師や生徒が文科省の定義に厳密に従う姿を想像する方が困難ではないか。いや、むしろ、文科省定義は「いじめ」を判断するための「客観的定義」などそもそもめざしていないと考える方が自然なのではないだろうか。

それでは、文科省の被害者主権的ないじめ定義は何をめざしているのか。森田(2010)は述べる。「一般に、研究の世界において、何らかの現象を定義づける場合、学術的意義や、用語上の厳密さ、そのカバーできる範囲などが検討される。しかし、いじめの場合、現実に目の前で起きている現象がいじめであると判断できなければ、その定義には意味がない。定義から漏れてしまった場合に、学校や周りの子どもたちから何の助けも得られなくなってしまうからである」(森田 2010、94頁)。だが、このような解説に頼らずとも、実は、文科省はその定義自体のなかでその目的をはっきり述べてはいる。それはもちろん、「いじめられた児童生徒の立場に立つ」ことである。しかしながらその一方で、当の「いじめられた」かどうかは、言い換えれば、「個々の行為が『いじめ』に当たるか否かの判断は、表面的・形式的に行うことなく」判断せよとされている。さて、被害者主権的な定義は、いじめを「見えやすく」しているだろうか(4)。

3 行為の定義／行為としての定義

(1) 説得的定義

文科省定義をはじめとした被害者主権的ないじめ定義は、そもそも、ある出来事がいじめであるかどうかを判断するための(いじめを「見えやすく」する)基準となるような客観的な定義をめざしているわけではない。ここでそれを非難しようとしているわけではない。言えることは、文字通りの意味としては、「いじめ被害者の立場に立つ」ことをめざしているということである。いじめ定義のこのような性質を表すのに、倫理学においてスティーヴンソンが論じた「説得的定義」という概念がある(Stevenson 1938, 1944＝1976)。言語の意味を純粋に明らかにすることこそが「真の」定義であると考えられる一方で、スティーヴンソンは、「定義する」という営みがそれ自体ひとつの行為であるという側面に着目した。以下は、スティーヴンソンが示す想定された会話である。AとBは共通の友人に「教養」があるかどうかについて話している(Stevenson 1944 = 1976、294頁。なお、理解しやすくするために原文を加工して使用する)。

Ａ：話をするとわかるけど、彼は公式の教育を受けていないよね。話し方は雑だし、歴史や文学について話すのも野暮ったい。訓練された知識人が持つ繊細さもない。彼には教養がないよね。
Ｂ：そう言えるかもしれないけれど、でも僕は、やっぱり彼には教養があると思うよ。
Ａ：僕が言ったことは、教養という言葉の意味とは矛盾するのでは？
Ｂ：そうだけど、君は教養の外面的な部分だけを言っているのでは？「教養」という言葉が本当に意味するのは、創造的な感受性とか独自性のような事柄ではないだろうか。彼にはそういった部分があるよ。

スティーヴンソンは、言語は一般的に「記述的意味」と「情緒的意味」を含むという。「教養」には、賞賛や尊敬に値する肯定的な態度を喚起する情緒的意味がある。Ｂはこれをそのままにして、「教養」の記述的な意味を、「公式の教育」を受けた程度などから「創造的な感受性や独自性」へと変えることによって、友人に対するＡの態度を変更させようとする。このようにしてＢは「教養」の説得的定義を試みているというのである。すなわち、「定義は、意識的にせよ無意識的にせよ、情緒的意味と記述的意味との間のこの相互作用によって、人びとの態度の新しい方向づけを獲得しようとして使用されるものである」(同書、293頁)。

あるいは、「よい学長」について。「勤勉で実行力のある、正直な、また教授団を扱うのが上手で、また、その知性と先見の明ある目的のために、広汎な範囲のひとの尊敬をうることのできるひとを意味する」とある人が述べるならば、納得する大学関係者もいれば躊躇する者もいるだろう。話が短い学長が「よい学長」だと学生が述べたり、何かと改革したがらない静かな学長が「よい学長」だと述べられたり……などと、さまざまに「善さ」は定義される。さて、ひとつの統一的で厳密な「善さ」を定義せずに、それぞれの立場から「善さ」が語られると困ったことになるだろうか。スティーヴンソンは述べる。

「しかし、与えられた前後の脈絡や会話の目的にとって、われわれはそうすることで、すぐに満足するであろう。その場合には、いわば、その言葉にはその場の、一時的な意味が認められるのであって、他の目的のためには、まったく異なった意味が必要であろう。曖昧な言葉の、主な機能の一つは、言葉のその折の要求するような特殊な目的に、うまく適応しうるということである」(同書、290頁)。

倫理学における大きなテーマ「正義」についても、次のように述べられる。「『正義』のような用語を定義づける場合に、『たとえおそらくは暗黙のうちに、また漠然とではあろうが』、人びとが『正義という用語でいつも意味してきた』『一定の』性質を見出そうと考えてはならない」(同書、307頁)。「正義」のような「曖昧な用語の境界は、とくにその用語が説得的に定義づけられるとき、それ自体曖昧であるから、その解答は正確ではあり得ない」のであり、「結局ひとは、それらの意味は(ヴィットゲンシュタインの表現を用いれば)『家族の類似性』しか持たないことを承認せざるを得ないのである」(同書、308頁)。

(2) 概念の現実創発性

「家族的類似性」とは、ウィトゲンシュタインが『哲学探究』において言語の意味の問題を論じる際に登場する概念である。後期ウィトゲンシュタインの言語観を一言で表すならば、「語の意味とは使用のことである」(Wittgenstein 1953＝1976、43節—以下「43節」と表記)という表現が有名であるが、ある概念に共通する性質を示すような定義が可能かどうかについて、「ゲーム」を例に次のように考察がなされている（66～71節）。

われわれが「ゲーム」と呼ぶもの、ボードゲーム、カードゲーム、球技、競技などを考えてみるならば、われわれはこれらすべてに共通する性質などは「見ない」。「勝敗」や「競争」の無いゲーム（一人で行うカードゲームなど）もあれば、「遊び」とは言えないゲームもある。われわれが「見る」のは、互いに重なり合ったり交差し合うような類似性であり連関性である。そのような類似性は、ある家族の構成員が体つきや顔の特徴、眼の色、歩き方、気質等々に関して、重なり合い、交差し合う類似性に近いものであるため、「家族的類似性」という語で特徴づけることができる。それでは、われわれは何がゲームであって何がゲームでないのかを判断できないのかというと、もちろんそんなことはない。ある出来事がゲームであるか否かの境界線については、「われわれは―特別な目的のために―境界線を引くことができる。だが、そうすることによって、はじめて概念が使用可能になるのか。断じてそうではない！」（69節）。つまり、われわれがゲームという語を使用して何かを話したり行ったりする際には、ある出来事がゲームであるか否かの判断に煩わされることにはならないのである。無理が生じるのは、ゲームの「本質」を定義しようとする時である。そのように考えてみると、

「〈ゲーム〉という概念は輪郭のぼやけた概念だと言うことができる。―『だが、ぼやけた概念など、そもそも概念なのか。』―ピンボケの写真はそもそも人間の映像なのか。そのうえ、ピンボケの映像をはっきりした映像でおきかえることが、いつも都合のいいことなのか。ピンボケのものこそ、まさにしばしばわれわれの必要とするものではないのか」（71節）。

「ゲーム」に「いじめ」を代入してみると興味深いはずだが、ところで、先に被害者主権的ないじめ定義がいじめを「見えやすく」しているわけではないことに触れた。そしてそのことを非難しようとしているわけではないことも述べたが、やはり、いじめの性質を特徴づけるための何らかの客観的定義を提出することこそ、いじめの社会学研究の課題だとみなされるかもしれない。試みること自体には意義がある。芹沢（2007）が「いじめ」定義にとって本質的な特徴であるとみなす「反復継続性」について少しばかり検討してみよう。

いじめとは「諸行為の集合」のことか、と問うてみよう。文科省の新定義からは「継続性」は削除されているが、われわれは、暴力や恐喝、そして使い走りなど、それぞれ個別的ではあるけれどそれらが「一連の出来事」であるとみなせるとき、それらを「いじめ」と呼ぶことがある。したがって、いじめとは「諸行為の集合」であると言えるのではないか。誤解を恐れずに言えば、ある目的のためにそのように言うことはできる。たとえばある一連の加害行為がいかにひどいものであったかを主張して加害者を非難するために。しかしながら、諸行為が積み重ねられた結果、それらが「いじめ」であると同定できると考えると論理的に困難が生じることになる。というのも、「暴力」や「恐喝」などの個別的な行為の意味は、それを「いじめ」として理解することではじめて適切に理解可能となることもあるからである。論理的には、ある行為が「いじめという集合」の一要素であるとみなせた時点でいじめの同定は完了しているのであり、われわれは諸行為が「積み重ね」られた結果、それらをいじめとして同定しているわけではない。つまり、「個別の出来事」の意味と「いじめ」判断は、相互反映的な関係にある。したがって、「諸行為の集合」―つまり「反復継続性」―とは、いじめの性質そのものというよりは、いじめを「説得的に定義」して非難などを行う際に効果的なレトリックであるというべきである。

それでは、「いじめ」という概念は、どのように特徴づけることができるだろうか。「被害者が苦痛を感じればいじめ」という被害者主権的な定義でも、やはり当の「被害」が「いじめ」であるという論点を先取りしているため論理的に困難が生じる。他にも「いじめ」という語が指示する出来事の性質を検討するやり方はいくつもあるが、それをここで続けようとは思わない。

そうではなく、いじめという「概念」の機能をもう少し広くとらえるべきではないだろうか。すなわち、概念には、それが指示する現実を「表現」あるいは「再現」(representaion) するだけでなく、それが使用される当の現実を構成する側面がある。論点は「説得的定義」と同じである。説得的定義の議論が示唆していたのは、定義とはそれが指示する現実の性質を単に記述するというよりは、その現実に関わる行為を行うことであった。いじめという概念においてもまた、その概念を使用することが何らかの行為となり、ある現実を構成する。たとえば、「暴力と恐喝があった」と述べることと「暴力と恐喝によるいじめがあった」と述べることとは、異なる現実を構成しうる。両者の言明を聞くとき、前者の被害が暴力と恐喝というそれぞれの被害の和であると聞こえる一方、後者の被害は、暴力と恐喝という形で具体化することとなった「いじめ」被害なのであって、単に2件の被害の和とは質の異なる被害であるように聞こえるのではないだろうか。つまり、それらの出来事を貫く「意味」や「原因」などを想起させ、「責任」の所在や「対応」のあるべき姿を創発する機能を「いじめ」概念が果たしているように思われるわけである。その意味で、定義という行為を含めて、いじめという「概念」をめぐってなされるあらゆる「説明」は、現実の単なる純粋な「記述」以上の活動であるはずなのだ。

(3) 説得的定義論の広がり

定義を含めて「説明」とは現実を創発する活動であるということは説得的定義の例を考えるとみやすいが，それは日常的な会話場面においてのことであり，文科省による公的定義などの場合にはイメージしにくいと思われるかもしれない。だが，この問題は会話などの対面的な相互行為に限られるわけではない。ワルトン（D. Walton）は，説得的定義に着目する研究は新しいものではなく，スティーヴンソンの研究以来，論理学の教科書の定義に関する節でこの概念が扱われるのはむしろ一般的となっていることに触れた上で，次のように説得的定義論の広がりを論じている。

「しかし，政治や司法に関する場面における説得的定義の使用にはより広い含意があることが十分に取り上げられてこなかった。……定義や再定義とは単に人を丸め込むような些細な事柄などではなく，特定の利害関心に関わるものである。ひとたび説得的定義が法令や行政規則に組み込まれると，それはあるグループをエンパワーし（empower），別のグループをエンパワーしない，もしくは無力な状態にする（disempower）可能性がある。言葉をめぐる争いは，価値や政治そして時には資金をめぐる大きな争いの一部であり，そしてそうした争いの一つの道具なのである」（Walton, 2001, p.122）。

法律や行政規則において使用される用語と定義を含む用語の説明は—さらには科学的な用語の場合でさえ—，現実の客観的な「意味」を純粋に明らかにするものだと考えられがちであるが，それは誤りである。それでは，文科省によるいじめ定義や各種の通知を通じてなされる解説は，どのような「現実」を創発しているのだろうか。

4　エンパワーメントの影に――司法界・教育界・生徒世界

(1)　いじめの「発見」をめぐる法的責任論

「いじめられた児童生徒の立場に立つ」教育行政の定義や各種の通知は、いじめ被害者のエンパワーをめざしている。たしかにそのように言えるとしても、それは被害者を励まし勇気づけるような単なる気持ちの問題には留まらないはずだ。この立場を取るということは、それに伴うさまざまな「責任」を帰属するということを意味する。たとえば、いじめの「発見」をめぐる学校教員の法的責任は、いじめ裁判のなかで示されてきた。いじめ問題が争われる民事裁判における責任は、果たすべき義務（たとえば学校の注意義務）が果たされなかったという過失の有無によって認定され損害賠償問題となる。いじめ裁判の場合、問題とされる事態（「いじめ」、「深刻な精神的苦痛」、そして「自殺」など）の予見可能性の有無が争点となる。ここでは、いじめの「発見」について主に采女（2000）に基づいて考えてみたい。

采女（2000）によると、学校の注意義務の程度は、いわき市小川中学校いじめ自殺事件（福島地（いわき支部）判平二・一二・二六＝『判例時報』1372号）と中野富士見中学校いじめ自殺事件（東京地判平三・三・二七＝『判例時報』1378号、東京高判平六・五・二〇＝『判例時報』1495号）の前後で決定的に異なるという（3頁）。たとえば「安全保持義務違背の有無の判断は、教育専門職としての教師等の専門的・技術的な判断として合理的な基礎を持つものであったかどうかを基準としてなされるべき」とされた中野富士見中事件地裁判決は、いじめの予見可能性を判断する基準として、「専門職としての教師」によるいじめの調査・研究義務を導くというのである。従来のいじめ裁判で問われてきたのは、具体的な被害者に対するいじめについての具体的な予見可能性であった。しかし、中野富士見中判決以降、「いじめが多くの学校に蔓延している事態を前提にすると、教育担当者としては、自己の勤務する学校でいじめを具体的に認識・予見できなくとも、いじめの有無を調査し、また、その解決方法を検討ないし研究する義務があるという法理が認められるであろう（従って、研究義務は、回避可能性の発見にも関わるものと解される）。この義務を怠ることによって被害が発生すれば、やはり過失があることになる」（芝池 1995、365頁）。

ここでいう「研究」義務の程度を考える上では、「通常人」という概念が重要である。問題となる事態の予見義務あるいは結果回避義務の程度は、「当該行為をした者と同じ職業・地位・立場にある通常人を基準として」判断されるが、「通常人」とは高度に規範的な概念であるという（采女 2000、8頁）。「通常人」とは、学校教師の場合、単に一般的な教師のことを指すのではなく、「いじめを含む生徒間事故を防止すべき安全保持義務を前提的に負担し、かつ専門職業的な判断能力を持って、有機的な組織体を構成している学校関係者という類型人」（速見 1992、37頁）のことであり、「学校側の予見可能性の有無を判断する際には、当該学校の教員らの問題意識が教育専門家に対してその当時期待されている水準に照らして適切なものといえたかどうかが決定的に重要」だというのである（采女 2000、8頁、傍点引用者）。

実際、中野富士見中事件高裁判決は次のように指摘している。「当時、生徒間のいじめの問題は公立小中学校における緊急課題とされてあらゆる機会にその重要性が強調されており、中野富士見中学校についても、いじめ問題の理解といじめに対する指導の在り方等に関する各種資料が繰り返し多数配布され、いじめの問題を主題とした教師研修会にも校長、教頭、教師らが繰り返し参加する等していたが、本件いじめにおいてAの置かれていた状況はこれらの資料等で取り扱われていたいじめと同質のもの」であり、「教師らが適切な対処をしていれば、その当時においてそのような実態を認識し得たはずであるというべきであるが、結局、同教師らは適切な問題意識をもって対処することを怠った」として、教員に過失が認められている。采女（２０００）は、いじめに対する学校の法的責任について次のように結論づけている。

「学校の法的責任を明瞭にすることは、学校現場の多忙化をもたらしたり教育活動を萎縮させたりするものではなく、子ども主体の学校への体質改善を促すものである。文部省通知に従った指導の充実が図られていない学校の法的責任を否定することは、子どもたちの心身の安全を確保するという最も基本的な職務を怠っている学校の現状に対し司法が免罪符を与えることである」（采女２０００、43頁）。

采女（２０００）の議論はきわめて「正論」であるのかもしれない。近年の文科省通知の中で最も重要に思われるのは、平成18年10月19日付文部科学省初等中等教育局長通知「いじめの問題への取組の徹底について（通知）」（18文科初第７１１号）（別添：「いじめの問題への取組についてのチェックポイント」）である（以下「平成18年通知」とする）[5]。全国の公立・私立・国立の初等中等教育にあたる学校をそれぞれ所管する地方自治体教育長などに宛てた9項目からなるこの通知は、別添の44項目からなる「チェックポイント」を参考にしていじめに対する取り組みを総点検するよう指示するものである。

たしかに、学校が「法的責任を自覚」し、文科省によるいじめ定義や通知等にしたがって意識を「向上」させ行動を「改善」させたならば、学校の過失責任が問われる事態は少なくなるのかもしれない。

しかしながらここで、公的に発せられる説得的定義は「あるグループをエンパワーし(empower)、別のグループをエンパワーしない、もしくは無力な状態にする(disempower)」という視点が思い起こされる。「被害者の立場に立つ」ことでいじめ被害者をエンパワーしようとする文科省の説得的定義や各種通知には、あるグループを無力化する部分があるのだろうか。

(2) 教育現場の論理——アンフェアに扱われているのは誰か

冒頭で取り上げたワイドショー場面の後半では、学校は、「いじめを〝隠したがる〟」けれど、「被害者がそう感じればいじめだという定義をしっかり認識すべき」だと語られていた。一見極めて常識的な言明のようだが、教育現場(高校教員)から次のような言葉を聞くと唸ってしまう。5、6人の高校生が1人に暴力をふるった事件についてである。

「この男の子たちは何となく一緒にいるというだけで、お互いに悪口を言い合うことも多く、その悪口がエスカレートした時に、暴力的なイジメにまでいってしまった、という感じであった。ところが、事情聴取を進めてみると、『だけどオレだって、Iにやられたことがある』とか、『Iもこっちの時は手を出している』とか、そういう話が続々と出てきて、大変に困ってしまった。……だから、この時の指導は大変に難しかった。子どもたちは『あいつのことも平等に指導をしてよ』と言いつのり、I君を被害者とするイジメのストーリーを作れなかったからだ。……だから、この事件については、イジメというストーリーではなくて、暴力事件というストーリーで決着をはかった。イジメの問題は大変に複雑であるのに、最近の世の中の風潮は実に単純な議論が多い。つまり、『被害者』は100％正しく、『被害者』が『これはイジメだ』と言えば、イジメなのである、という議論である。しかし現実の場面では、そんな単純な構図を押しつけることはできない。それをやれば、『加害者』とされた生徒や保護者が猛反発し、事態をますます泥沼化させてしまうだけだからである」（喜入 2007、107～112頁）。

「イジメ」という片仮名表記によって示唆されているのかもしれないが、ここで焦点化されている出来事は、「暴力的ないじめ」とみなせる一方で「いじめ」とは異なる「暴力事件」ともみなせる事件であるようだ。先のワイドショーでは、学校はいじめを〝隠したがる〟というが、この事例でも学校はいじめを〝隠そうとしている〟と言えそうだろうか。ポイントは、「ストーリー」という語である。「ストーリーを作る」という表現で示唆されているのは、教育現場の論理として、ある種の生徒間トラブルは、その事情が明らかになるにつれて、あるいはある方向性で事情を明らかにするにしたがって、「いじめ」として構築されるべき場合もされるべきではない場合もあるということである(6)。もちろん、学校が「いじめ」として構築すべきケースをそうせずに〝隠す〟事態も生じうるし、実際2006年秋の報道では問題化した。しかし、「隠蔽」が頻繁に生ずるものなのか、生ずるとすればどのような割合でなのか、もしくは極めてレアケースなのかについて、信頼に足る調査結果が公表されたことはない。にもかかわらず、「単純な構図」を押しつけるわけにいかない教育現場の事情も汲まずに一方的に学校はいじめを〝隠したがる〟とみなすのは、少々アンフェアなのではないだろうか。

このような教育現場の論理とメディアによるバッシングとの間の乖離に文科省が気づいていないわけがない。しかしそれでは、この点について平成18年通知は教育現場をエンパワーしているのかというと、そう読める文言がおよそ見当たらない。たとえ事実としては教育現場から遠い官僚機構であろうとも、教育現場の論理にかなりの程度精通しているはずの文科省が発する通知の中で、しかも9項目からなる通知本文と別添のチェックポイント44項目、400字詰め原稿用紙にすると計15枚以上にも及ぶ多量の文言が書かれた通知の中に「無い」のである。何とかそう読める文言としては、「実際にいじめが生じた際には、個人情報の取扱いに留意しつつ、正確な情報提供を行うことにより、保護者や地域住民の信頼を確保することが重要であり、事実を隠蔽するような対応は許されないこと」（平成18年通知）という表現はあるが、「信頼確保」は学校の対応の結果であって、教育現場において「いじめ」を扱う論理は、エンパワーされない（disempower）ままである。

もちろん、「文科省の立場に立つ」ならばそれも理解に難くない。「被害者の立場に立ち」「被害者の苦痛」によっていじめを定義する文科省が、「いじめとはひとつのストーリーである」などと言えるわけがない。「個々の行為がいじめに当たるか否かの判断は、表面的・形式的に行うことなく」という定義上の文言に100の意味が込められていると考えたいところである。何かが「無い」という事実はひとつのデータでありうるが、「被害者の立場に立つ」ということは、「被害者」以外の立場に対するエンパワーを削ることを意味すると言えるのでないだろうか。

(3) 生徒世界の論理——「いじめ」というコトバは誰のものか

再び冒頭のワイドショー場面、今度は前半についてである。「いじめはないが暴力や悪口はある」と考える近年の子どもは、自分の行為をいじめと認識しておらず、「いじめに対する認識が低い」とのことであった。たしかに、「暴力や悪口」は、それ自体人を傷つけるふさわしくない行為であり、学校現場で指導の対象とすべきである。したがって、「教育的」な視線から「認識の低さ」を問題視することは容易い。しかしながら、そのように切り捨てるだけでは見落としてしまう論点があるように思う。次の中学教員の言葉をみてほしい。

「最近のトラブルの特徴として同じグループ内のいざこざがある。……『いじめたりしていない？』などと聞けば間違いなく『絶対いじめていません』という答えが返ってくる。『じゃあ、蹴ったり叩いたりしたことはない？』と聞くと、『ぼくは、一回蹴っただけ』『ちょっとしか叩いていないよ』と同じような答え。『だけ』と『しか』が集まって結果的に暴行になっていることを、彼らの胸のうちにストンと落とすのはけっこう至難のわざだ。……大人の側が言う『いじめ』は彼らには『悪いこと』としてインプットされているが、それと現実の彼らの世界は簡単には結びつかないのだ」（赤田 2003、87～88頁。傍点引用者）。

「悪いこと」としての「いじめ」と、「生徒の世界」が結びつかない。この問題を考えるとき、「一回蹴った〝だけ〟」とか「ちょっと〝しか〟叩いていない」という事柄自体、およびその表現の問題性も考えるべきであるだろうし、「加害者」とされる生徒当人がいじめを行っていることを認識しながら言い訳している場合ももちろんあるだろう。しかし、たとえば生徒が「いじめてない」と言うとき、「言い訳している」と特段疑う理由もないならば、まずは生徒の言明を素直に信じる方が自然であるだろうし、「絶対いじめてない」と言うからにはそれなりの事情があると考えるのが自然ではないだろうか。そのような事情も汲まずに、単に「いじめに対する認識が低い」と切り捨ててしまうのは、ずいぶんアンフェアではないだろうか。

「いじめ」は加害者だけが悪いのではなく、被害者が（も）悪いと考える子ども世界の「声」は以前から指摘されてきた。たとえば、「いじめがあった時『いじめる方が悪い』と考える子どもが中学、高校で半数にも満たないことが、民間団体の調査で分かった」（『毎日新聞』２００６・11・7）という量的調査結果や、「私はいじめは良くないと思うがやっている人だけが悪いんじゃないと思う。やる人にもそれなりの理由があるから一方的に怒るのは悪いと思う。その理由が先生達からみてとてもしょうもないものでも、私達にとってとても重要なことだってあるんだから先生たちの考えだけで解決しないでほしい」（竹川２００６、１１４頁）などというアンケート調査内容の結果を想起してほしい。

ここで問いたいのは、「いじめ」というコトバははたして「誰のもの」なのだろうかということである。言いかえれば、「いじめ」という概念の使用法を統べる主人は誰にあたるのだろうか。自らの行為を「いじめ」として「認識できない」という事態や、被害者が（も）悪いと考える子どもがいる事態に対して、それを嘆き、「いじめ」というコトバの意味を教育・指導すべきだという議論の方向性はもちろんあってもよい。その場合、教師（や大人）がいじめ概念の使用法を統べる主人にあたり、生徒（や子ども）はこの概念の従者にあたる。生徒は「いじめ」というコトバをどのように使用すべきかを教育される客体ということになる。教師（や大人）には「いじめ」指導を行う責任も権利もあるので、それは当然だと考えられるかもしれない。

しかしながら、われわれは似たような構図を見たばかりではなかったか。文部科学省によるいじめ定義にエンパワーされないままにアンフェアに扱われている学校教員の姿である。文部科学省には「いじめ」への対応に関して指導を行う責任も権利もあるのだから、文部科学省がいじめ概念の主人にあたり、教育現場で指導に当たる教員が従者にあたると考えるならば、教師は教育現場の論理を削り、「被害者の精神的苦痛」に基づくいじめ定義に従わねばならない。しかし、そのような「単純な構図」では「事態をますます泥沼化させてしまう」ため、教育現場ではさまざまな「ストーリー」を構築してトラブルにあたっているのではなかったか。

「『いじめは人間として絶対に許されない』との意識を、学校教育全体を通じて、児童生徒一人一人に徹底すること」(平成18年通知)。これが学校教育において徹底されたならば、「加害者側」にもそれなりの事情がある生徒世界の論理が無力化(disempower)されることも理解できる。「いじめはないが暴力や悪口などの行為はある」という子どもたちの答えは、この無力化に対する抵抗なのかもしれない。「人間として許されない」という「いじめ」の「情緒的意味」に対する抵抗である。

もちろん、「被害者」が救われるためには、教師や「加害者」とされる生徒がディスエンパワーされても仕方ないという議論は成り立つ。いや、むしろ社会はそれを選択しようとしている。しかし、大切にすべき「被害者」の周囲が皆ディスエンパワーされようとしている状況のなかで、本当に「被害者」はエンパワーされるのだろうか。いじめが初めて社会問題化してから30年経ち、「人間として許されない」とまで指導される現在でさえ、結局、「いじめがあった時『いじめる方が悪い』と考える子どもが中学、高校で半数にも満たない」という事態のままである。「いじめ」をめぐる教育が「失敗」し続けていると「嘆く」ことはたやすいが、失敗を嘆くばかりでは見えてこないこともある。

いじめ問題の根本的な解決は、そこから抜け出すことが困難にもかかわらず固定的で密室空間となっている「学級」を解体することでしかありえないという「学級解体論」は、いじめ問題を考える施策上まともに取り上げられたことはない。それもある意味では当然かもしれないが、少なくとも、われわれの社会は「学級」を解体してまでいじめを無くそうとしているわけではないという選択をしていることに自覚的であってよい。なぜならば、現在の「学級」制度は、いじめに関わる生徒世界に対するディスエンパワーそのものであるからだ。

この問題を考える上で、いじめ判断は被害者の苦痛に根拠を置く一方で、攻撃的行為の正当性（ないしは不当性）判断も必要であると述べる竹川（２００６）の議論は示唆的である（9～11頁）。精神的・身体的苦痛を与える「攻撃的行動」のすべてが不当であるとみなされるわけではない。われわれは、公共的な場で「相手が悪い」と思える状況に直面するとき、正当な手段を用いてその相手を排除することができる。レストランや映画館で隣の客が「うるさい」とき、その判断が妥当ならば、その客を退場させることは正当だと考えるし、それが叶わなければやむなく自らが席を立つこともできる。しかし「学級」ではそういうわけにいかない。竹川（２００６）は、裁判判決による刑の執行や生徒指導における教師の叱責などを「正当な攻撃」の例としてあげている。当然、生徒世界の中で「正当な」攻撃的行動の例が期待されるところだが、その例はあげられていない。それも当然である。これまでのいじめ論の中で、生徒が「正当に」別の生徒を「攻撃」する手段は検討されてこなかった。生徒による「正当な攻撃」のかたちをイメージしにくいということ自体が、「学級」という空間による生徒世界のディスエンパワーを示している。言いかえれば、生徒は「加害者」になるのを避け「正当に」クラスメートを攻撃する手段を与えられていない。いや、逆に言えば攻撃してはならないのが「学級」である。「加害者」（となってしまう生徒）の立場に立つことは、「学級」という空間のこの規範的な性格から許されていない。結果的に、いじめという名の「不当な攻撃」が発生し、「加害者」と「被害者」が誕生する。「被害者の立場に立つ」という正論の一方に存在する論理的帰結である。

5 「被害者の立場に立つ」ことについて

さて、「いじめ」という概念の使用法を統べる主人は誰にあたるのだろうか、とあらためて問うてみよう。この問いに、文部科学省と学校教師、あるいは教師と生徒の関係についての法的規定によって答えるだけで十分だろうか。文部科学省がいじめ概念の主人というわけではなさそうだし、教師や大人が主人であるとも言えない。一方で、だからといって、「いじめ」の現実を生きる子どもたち自身がこの概念の主人であるとも言い切れない。少なくとも、いじめ概念の「主従」関係を前提として、「主人」が「従者」を指導すればよいというだけの問題ではなさそうだ。

「被害者の立場に立つ」とは、いじめ概念にこのような主従関係を導入することを意味する。しかし、主従関係には亀裂が生じたり、従者は主人の目の届かないところに潜行する(7)。被害者主権的定義は、定義上は被害者が自らの経験を「いじめ」という記述のもとで語りやすくすることをめざしているが、実際の「いじめ認定」に関わる相互行為は――「教育の論理」においても「生徒世界の論理」においても――異なる論理のもとにある。その意味で、現在の被害者主権的ないじめ定義は、「被害者を救済する」ための説得的定義としては必ずしも機能していない(8)。

いじめをめぐる議論においては、「自殺」という悲劇が関わるとみなされていることもあり、「被害者の立場」が重視される「正論」には反論しにくい。本章の議論は、いじめ「被害者」に対して冷たく、

「加害者」寄りの議論であると誤解されるかもしれない。しかしながら、アンフェアないじめ論が、結局は「被害者を救済する」ことを困難にし続けてきた側面があるように思われるのである。「いじめ被害者の立場に立つ」という言葉が、それを宣言する人や機関のためのものであるのならば、これまでの議論は余計かもしれない。ずいぶんうまくいっている。「被害者を救済する」ために発せられているのであれば、われわれは「正論」が覆い隠しているいじめ論のアンフェアさに目を向けてもよいのではないだろうか。

注

(1)多数のいじめ研究における定義を整理した近年の研究として、池島(2009)がある。

(2)菅野(1997)の場合、いじめ定義には「医学」との比較が役に立つとして、いじめの「徴候」が探究される。「いじめは社会の病気である。いじめの定義は、だから、いじめに特有ないくつかの徴候によって作られる。しかし、定義に仕上げられた一揃いの徴候は、いじめの必要十分な条件ではない」(10頁)としていじめ定義が定義され、いじめの「徴候」が提示される。その上で、「いじめとは、学校、もしくは学校の近隣、あるいは学校生活の延長上で、学級を中心とする各種の集団の多数派が少数者に対して、くりかえし多少なりとも長期間にわたって与える、差別的集合現象である」(14~15頁)と定義が試みられ、いじめの様態やメカニズムについて考察が進められていく。

(3)昭和60~平成5年度分の調査においては、「学校としてその事実(関係児童生徒、いじめの内容等)を確認しているもの」をいじめ定義に含んでいたが、平成6年度調査からその文言が削除された。

(4)なお、森田・清永(1986、新訂版 1994)は、被害者の苦痛を重視しつつも、「精神的・身体的苦痛をあたえること」(傍点引用者)と表現することで、行為の客観的側面を示し、加害側の行為責任を明確にしているとされる(森田 2010、95頁)。竹川(2006)もまた、いじめの判断において被害者の苦痛の有無を重視しているが、その一方で、問題とされる行為の客観的側面も強調している。本文3節(3)でも述べたように、「攻撃」を受ける側に苦痛がもたらされるとしても「正当な攻撃」はありうるとの観点から、いじめの定義と判断の問題が次のように整理される。「いじめ判断には、被害側の苦痛の有無をめぐる主観的な内面状態の判断と、攻撃的行為の状況的正当性の判断という二つの判定困難な部分を伴っており、いじめ問題を難しくしている。そうではあるが、これらの要件を落とすと、いじめ被害側への救済を無視したいじめ規定になってしまうであろう。このように考えると、いじめの定義はいくつかの要素からなり、実際に判断するにあたっては、全体的視野から総合的にとらえる必要があるだろう」（竹川 ２００６、11頁。傍点引用者）。本文に続いて繰り返すならば、いじめの「定義」は、いじめを「見えやすく」しているわけではない。

（５）紙幅の都合上紹介できないが、文部科学省ホームページにて公開されている（http://www.mext.go.jp/a_menu/shotou/seitoshidou/06102402/001.htm）。この平成18年通知の後には、平成22年９月14日付文部科学省初等中等教育局児童生徒課長通知「『平成21年度児童生徒の問題行動等生徒指導上の諸問題に関する調査』結果について（通知）」（22初児生第25号）と、平成22年11月９日付文部科学大臣政務官通知「いじめの実態把握及びいじめの問題への取組の徹底について（通知）」（22文科初第１１７３号）が通知されているが、いずれも若干の内容追加はあるものの、基本的には平成18年通知の徹底を通知する内容となっている。

（６）土井（２００１）は、「いじめ」よりも見ただけでその事実が確認できそうな「暴力」でさえ、「記述の政治」のもとで構築されていく事実であることを論じている。

（７）これは、いじめの「見えにくさ」とは何を意味するのか、という問いを導く視点である。本章ではこの問いに丁寧に答える紙幅は残されていないが、論点だけは素描できそうである。いじめの「見えにくさ」とは、単に物理的な意味で視界から外れた場所でいじめが行われるという事態や、物理的には視界に入っていても気づけないという事態を意味するだけではない。「いじめ」とは、この語が指示する現実においてはじめから確定的な「実体」として存在しているというより、「説得的定義」をはじめとした「記述の政治」の産物として認定されたりされなかったりするはずの出来事である。

（８）もちろん、被害者主権的ないじめ定義によって「被害者の立場に立つ」実践が、被害者を救済しているように見える場合もある。しかしそれは、被害者主権的定義によっていじめの同定がなされたからというよりも、いじめ認定の実践を支える説得的定義が効果的に機能する場合である。稿をあらためて論じることにしたい。

引用・参考文献

赤田圭亮、2003、『不適格教員宣言』日本評論社。

土井隆義、2001、「ある『暴力事件』をめぐる記述のミクロポリティクス」中河伸俊・北澤毅・土井隆義編『社会構築主義のスペクトラム』ナカニシヤ出版、133～155頁。

速水幹由、1992、「実務的視点による不法行為論試論」『判例タイムズ』791号、25～37頁。

池島徳大、2009、「いじめの学校教育臨床的支援に関する一考察」奈良教育大学教職大学院研究紀要『学校教育実践研究』1、25～37頁。

伊藤進、1992、「学校における『いじめ』被害と不法行為責任論—最近の『いじめ』判決を素材として」加藤一郎先生古稀記念『現代社会と民法学の動向 上』有斐閣、265～284頁。

喜入克、2007、『高校の現実』草思社。

森田洋司、2010、『いじめとは何か—教室の問題、社会の問題—』中公新書。

森田洋司・清永賢二、1986、新訂版1994、『いじめ—教室の病い—』金子書房。

芹沢俊介、2007、『「いじめ」が終わるとき—根本的解決への提言』彩流社。

芝池義一、1995、「国家賠償法における過失の二重性」『民商法雑誌』112巻3号、351～378頁。

Stevensen, C.L., 1938, "Persuasive Definitions," *Mind*, Vol.47, No.187., pp.331-350.

———— 1944, *Ethics and Language*, Yale University Press,（＝1976、島田四郎訳『倫理と言語』内田老鶴圃）.

菅野盾樹、1997、『増補版 いじめ—学級の人間学』新曜社。

竹川郁雄、2006、『いじめ現象の再検討』法律文化社。

采女博文、2000、「いじめ裁判の現状と展望」『鹿児島大学法学論集』35（1）、1～44頁。

Walton,D., 2001, "Persuasive Definiions and Piblic Policy Arguments", *Argumentation and Adovocacy*, 37, 3, pp.117-132.

Wittgenstein, L., 1953, *Philosophische Unstersuchungen*, Basil Blackwell,（＝1976、藤本隆志訳『哲学探究』大修館書店）.

第5章　「将来の私」を物語る――セラピー・カルチャーを求める若者たち

古賀　正義

1　将来への問いかけ

いつも思い通りに行かない日々で　少し遠い夢と　ヒトに笑われて
僕らつい　足踏み止めて　下向きうなずき　自分に嘘つき　単なる言い
訳を繰りかえして　頑張る自分をさらに見失って　大人になりなさいと
言われて　あきらめた日々は　今は過去で　／
でも見えるだろう　心の奥に　君が描いた未来像　すぐそこに　don't
worry!　大丈夫!　君は行ける　生きる意味きっと見つけ出せる　誰し
も僕ら人生は一度!　正しい道か誰もわからないけど　きっと人生はそ
んなところ　大事な気持ち見失わずに行こう　／
君という名のこの Story　大丈夫!　君が主役さ!

（GReeeeN　作詞 hide『道』2007年）

(1) キャリア教育の隆盛

人は一体いつ頃から自分の将来を具体的に考えるようになるのだろう。私の場合なら、大学卒業時も、将来への不安は募りながら、現実の職業を思い浮かべることができなかった。今の仕事に就いた経緯を振り返ると、目標を設定し計画的に就職先を見つけたというより、思わぬ出来事や知らない人に偶然出会い、今の仕事にたどり着いたという実感が強い。もちろん、自分が「できないこと」は自覚していたが、自分の「やりたいこと」が具体的になっていたという記憶はない。

いま学校で「キャリア教育」が盛んに論じられる。個人の経験（キャリア）を活かして、現在の生活を分析し将来の生活を展望するために行われる教育のことである。従来の終身雇用制度が揺らぎ、（どんな統計でも正確な実数は不明のままだが、）ニートやフリーターの若者が数十万人も出ているから。仕事を体験する機会が少ない今の若者は、（どのように聞き取ったかは不明だが、）「やりたいことがわからない」とか「やりたいことしかしたくない」と主張しがちだから、など。キャリア教育が必要な理由は、急激に変化する日本社会の就労構造とそれに見合う職業観や勤労観の欠如から説明される（文科省 2006）。

社会の未来が不透明になるにつれて、生徒は学校教育の中で自分の将来や進路の決定について真剣に考え学ぶ必要に迫られている。もちろん、それは旧来の進学・就職のための面談や進路指導資料の提供といった活動にとどまるものではない。たとえば、近年全国で実施されている中学校でのキャリアスタートウィークをはじめとして、職場体験の学習がほとんどの高校で行われている。福岡県で始まった「ドリカムプラン」のように、より専門的な職業をグループごとに研究し、実際に職業人にインタビューするような方法もしばしばとられている（中留ほか 2002）。

また、心理学的な手法による広範な職業適性テストも盛んに実施されている。過去のクレペリン検査などと違い、交友関係の能力や目標達成の方向性など社会的なパーソナリティをきめ細やかに把握するテストの工夫がなされている。大学では、さらに進んで、キャリアノートを活用してこれまでの自分の経験を書き出し、自己分析することも多い。「ジコブン」と呼ばれるこの取り組みは多くの大学に導入されている。さらには、キャリア・カウンセラー制度を新たに導入して、生徒の進路のアドバイスや職業世界に関する講演会などを企画する学校も、非常に一般的になっている。

こうして将来を考える実践が、学校でたくさん行われ始めている。「モラトリアム」だった私には想像できないほど、個別的かつ客観的に自分の将来を展望し吟味しなければならない時代がやってきているのだ。

(2) 夢を追いかける心

冒頭に掲げたミュージシャンGReeeeNは、若者の身近な人間関係や思い出を「ヒップホップ」にして歌うことで知られる。黒人系のストリートミュージックとして知られるヒップホップは、韻を踏み語るように歌われるメッセージソングだ。それを、歯学部在籍の高学歴な彼らが歌うことで、さらに話題となっている。

前の歌詞には思い通りにならない将来の夢を追いかけることの意味が書かれている。アーティストになる夢を追い、「大人になれ」と周囲に諭されてあきらめそうになった。さながら「高学歴ワーキングプア」のような自分たちのことを歌っているのだろう。あせらないで、大丈夫と応援する歌詞になっている。これまでも「疾風怒濤の時代」といわれる青年期を題材に（Spranger 1963＝1973）、失意や挫折、その反面としての希望や立ち直りを描いた歌は、数限りなくある。

だがこの歌詞で特徴的なことは、将来どんな夢が実現するのかを問うのではなく、夢を追いかけ続ける自分の心を大切にすべきだと訴えている点だ。歌詞をよく読むと、前段に「言い訳を繰り返して、頑張る自分をさらに見失って」というフレーズが出てくる。「頑張る自分」の存在こそ大事なのに、夢を棚上げする場当たりの語りをしてしまった。その姿勢の救われなさを嘆いている。後段でも、「正しい道か誰もわからないけど、きっと人生はそんなところ。大事な気持ち見失わずに」という詞が出てくる。ここでも、特定の夢に向かって進むことの価値は結局いつまでも不明だが、進もうとする「大事な気持ち」だけは失えないと訴えられる。

大切なのは、夢そのものの中味ではなく、夢を追いかける心なのだ。これまでのハングリーなナンバーワン幻想でもなく、だからといって個性を信じるオンリーワン幻想でもない。醒めた眼差しのなかで、夢を追いかける語りだけがいま失えないものとして訴えられる（古賀 2006b）。

(3) 「心」を欲望する若者たち

繰り返せば、この歌の主題は将来の目標を定め挑むことではない。未来の姿は「心の奥」いわば心の深層にあって伝えきれないものだが、夢を語る私には共感してほしいということだ。ここには、私の存在証明としての「将来への語り」が示されている。

近年、社会学で注目されてきた考え方に「心理主義」がある。簡単にいえば、社会生活に生じる問題を心の働きに還元して考えようとする傾向のことである。理性的な理解ではなく、内面的な感性や感覚の作用として問題の原因を把握する指向である。たとえば、若者の引きこもりは「心の豊かさ」の欠如であり「トラウマ」（精神分析における心的外傷）の結果だといった解釈が、素朴な心理学的説明として受容される。

精神科医斎藤環によれば、心の時代を映し出して、「心理主義」は若者の困難な体験や悩みの解釈にたびたび活用されるようになっているという（斎藤 2003）。自己分析や自己責任などの言説の広がりにともなって、課題や不安の原因を社会関係から分離し、自分の心の内側に向かわせる指向を強めている。前の歌詞には、将来を語る自分の心への不安と同時に、心を介して自分の語りを他者に伝えたい気分も充満している。言うならば、「心情」や「共感」を欲望する語り、すなわち社会学者エリオットのいう「セラピー・カルチャー」（カウンセリングのように共感的で受容的な対人関係を敷衍しようとする文化）が拡大しているといえよう（Elliott 2001 ＝ 2008）。

このように今日の若者は、実際の進路がどうなるのであれ、将来のあり方を意味づけ物語らねばならない立場に置かれている。では、その時彼らはどのように「将来の私」を語りうるのだろうか。その語りの特徴は、どのような点にあるのだろうか。以下で、困難な進路を模索する底辺高校卒業生のインタビュー事例を取り上げながら（古賀 2006a、2007、2008、2009）、検討してみることにしたい。

2 アスピレーションの神話

⑴ 努力信仰の残存

現代の社会では、「能力」（この概念には生得的知能から市民的知性まで多種多様な要素が含まれる）の高い人が、高い社会的地位に就くことはなかば常識となっている。どの職業世界でも専門的管理的な地位にたどり着くのは、個人の能力の帰結であると多くの人々に信じられている。

1960年代、社会学者ヤングは、メリトクラシー（meritocracy）という用語を造って、近代社会における能力主義の行く末を暗示した。彼によれば、出生した家柄や生来の血筋などによって人の将来が決定される「属性原理」の社会は終焉し、代わって教育を通して知識や技能を習得し、自分の人生を切り開くことができる「業績原理」の社会がやってきたという。「ＩＱ（知能指数）＋努力＝社会的地位」という定式が彼によって書き上げられたのは、才能に「努力」が加わることによって、どの人にも成功のチャンスがある機会均等の社会が実現することへの期待からであった。個々人の「アスピレーション」（社会学用語としての意欲や野心）が大切な社会がやってくるというメッセージだったのである（Young 1961＝1982）。

日本でも、1970年代の高度経済成長期を頂点に、立身出世主義の価値観が浸透し、「努力信仰」が重視されてきた（門脇 1978）。「ガンバリズム」といった言葉も生まれたように、困難にめげず我慢と忍耐で勉学に励めば、人はより高い目標にたどり着くことができると信じられた。実際には個人の力では変えがたい家庭環境や地域社会などの存在があったとしても、個々人の努力への期待や信頼が絶えず表明されてきたのである。「意欲」という心理的な条件が社会的成果に結びついていくという心理還元主義の観念は、いまでも根強く残っている。

そして興味深いことに、2002年以降の学力低下論争では、「努力」を要請する新たな文脈として、先進諸国のグローバルスタンダード（ＰＩＳＡ調査に代表される学力の世界標準）からみた若者の「勉学意欲」の低下が問われている（文科省 2002）。このように公平で民主的なメリトクラシー社会を存続させたい気分は、教育戦略の決定権をもつ親世代を中心に、今日でも消え去ることはないのである。

(2) 戦略化する努力

努力信仰は、まずもって学力や学業成績を獲得することへの「真摯な意欲」と理解されてきた。高い学力は高い学歴に結びつき高い社会的地位の獲得へとつながるという、学歴社会の成功物語が描かれてきたからだ。エンターテインメントやファイナンスなど、学校を直接経由しない経済的成功の領域はいまや多々あるが、そうでありながら、学歴への信頼は若者にとっても依然強固なものである。

もちろん、メリトクラシー論を再考した社会学者ブラウンが指摘するように、近年「学歴のインフレ現象」すなわち高学歴取得者の急激な増大による学歴の価値低下傾向によって、学歴取得がすぐさま社会的地位を保証するものではなくなり、終身雇用による長期的な地位の存続も保証されなくなっている。この点で、学歴の効用は以前より薄れたといえる。だがその分、学歴がないと足切りされ地位獲得の入口にも立てないという現実があからさまになり、あらためて職業世界への参入の足がかりとして学歴が必要になってきてもいる。将来へのリスクを減らすための最低保障として、言いかえれば一種の「保険」として、学歴はより一層要請されるようになった（Brown 1997＝2005）。

また、「学校歴」と呼ばれるような差異化された学歴の象徴的価値もますます重視される。「リッチフライト」と呼ばれるような私立中高一貫校など有名校への進学要求は一層高まりを見せ、商品を購入するように、付加価値の高いブランド校の教育を多くの親が求めている。それにともない、幼少期からの学習塾通いや進学準備教育への投資も再び拡大している。受験産業の成長は、試験の得点や学業の評価につながる無駄のない効率的な学習を構成し、消費者である親や子どもに提供するようになっている。

このように学歴社会が成熟することは、将来のために学業成績を効率的に獲得しておこうと訓練する生徒とそうでない生徒とを区別してきた。「受験は要領」と言い切るゲーム化した現代の受験事情を描いた漫画『ドラゴン桜』に代表されるように、したたかに成績評価の基準や試験のコツを読み取ることのできる生徒とそれができない生徒とを選り分けてきたのである。

ここでは学校学習への意欲は一層戦略的で功利的なものとなり、成績や学歴獲得にアクセスしやすい家庭環境や校外活動などを有する生徒、社会学者ブルデューの用語を借りれば、「文化資本」を有する生徒に有利に働くことになる（Bourdieu and Passeron 1970＝1991）。「真摯な意欲」という旧来の道徳的な努力のイメージは価値を失い、個々人が獲得した成績や学歴の成果から後付け的に「アスピレーションの実在」が読み取られることになっていく。いまや受験の「ノリ」に合った意欲こそ重要なのである。

(3) トラックされる意欲

従来の「トラッキング理論」（Oakes 1985）によれば、生徒は学校生活のなかでいくつもの成功体験を積み重ねることによって、高いアスピレーションを維持し、よりよいポジションを確保できるとされた。友人との学業成績の獲得競争のなかで「勝ち組」になることによって、進学に有利なカリキュラムの選択や教師からの好評価のレッテルなどを獲得することができる。学校内での「差異的な処遇」（苅谷1995）によって、成功につながるトラックすなわち優位な進学コースを歩むことができるという。

反対に、年少期から低い学業成績による失敗を経験し続けると学習への意欲が減少し、勉学の価値を否定するようになるという。「負け組」としての抑圧感によって、規則からの逸脱行動や教師への反抗など鬱屈した思い、すなわち「ルサンチマン」を抱きやすくなる。もちろん、「勝ち組」への敗者復活の機会は常に学校に存在しているが、概して学力の固定化が生じ、やり直しへの意欲は消去されやすいといわれる。

結局、高成績の生徒は学校の生活や文化に適応し優遇され、反対に低成績の生徒は不適応し冷遇されやすいという構図が描かれる。とりわけ高校入試段階での「トラッキングシステム」によって選別の結果は露わになり、高い進学指向の層とそうでない層との分化が明瞭になる。

そのため、社会学者ゴッフマンが指摘したように、生徒のやる気が絶えることなく、反面で行き過ぎて空回りすることもないような、学校での教育指導が重要になってくる。どうでもいいと諦める生徒には「ウォーミングアップ」（やる気の加熱）をし、何でもできるという独りよがりな生徒には「クーリングアウト」（やる気の冷却）を試みる（Goffman 1952）。進路相談やカウンセリングは言うに及ばず、テスト結果の伝え方や成績の意味づけなど学校教育のあらゆる実践場面で、こうした評価の意味を受容していくための作業が試みられている。

「底辺高校」、入試ランクの低位に位置する高校群の場合には、中学までの選抜によって進路が限定され、将来への意欲が失せた生徒が多くなる（古賀 2001）。「過剰なクーリングアウト」（冷えすぎ）が生じているからだ。そのため、高卒の学歴や技能資格・検定の取得など手近で功利的な目標を新たに設定することが重視される。「微細なウォーミングアップ」（温め直し）が、評価からの疎外状況へ一種の出口を与えるために実践されるのである。

(4) 小さな物語のなかの「アスピレーション」

「努力信仰」がグローバル社会の文脈で輝きを取り戻すように、「アスピレーション」も学歴取得と共通した保険の感覚、たとえば「資格はないよりあった方がよい」という気分をともなって、存在価値を回復する。アスピレーション神話は、フリーターやニートに向かうリスク回避の戦略というセーフティネットの意味づけを与えられ、改めて「小さな物語」として存続していく。トラック化した学校生活のなかでの「生きられる経験」を通して、こうした安定や安心のイメージは生徒に埋め込まれ続けている。

〈事例1　現在のフリーターとなった生活とこれからのこと〉

I＝インタビュアー、A＝男子卒業生（卒業後、2年半。石油会社勤務を1年で離職。）

I：整備士の資格とろうという事だって補助してくれるんでしょ、《会社の》いろんな人たち。
A：そうなんすよ。最初、それ《＝高度な整備士の資格》が目的で、この会社に入ったんすけど。その人《＝職場の先輩》がようやく取ったのって、3年目なんですよ。あと2年ここで《自分が》働いて、ようやく3級《＝低いレベルの資格》しか取れないんすよ。
I：うん。この人《先輩》が遅いってわけじゃないのね？
A：遅いってことは、ないす。ほんとに、もう上の人からも期待されてて。結構、朝から晩までスタンドにいたりとか、残って仕事したりとか。……なんか社員でやってて、結構、嫌になったって訳ではないですけど。なんか、このままやっててもなあっていう感じになってきて《離職してしまいました》。
（中略）
A：《会社に入るための》就職の試験も面接しかなかったんで。じゃあ。ここだなみたいな。勉強したくなかったんで。……なんか親にも悪いかなと、ちょっと思ったりもしたんすけど。ただまあ、今楽しいからいいかな。やりたいこと、今ないしなあって思う。

しかしながら、学校での成功が、先に見たような生徒の功利的な振る舞いの所産であるとするなら、こうした意欲のイメージも変化せざるをえない。学校での成果は、学校文化すなわち「ハビトゥス」(ルーティーンな生活習慣)を通して再生産される意味の世界に、「ノレる」人と「ノレない」人の違いでしかない。まるごとの人格の評価ではなく、限定的で道具的な自己の姿にすぎない。そこには、「キャラ」の違いによって区別された学校世界での優位性の感覚、すなわち「分」(竹内 1991)と呼べるようなスクールカースト(学校内の身分階層)の立場だけが残ることになる。

3 「自分らしさ」の創出

(1) オルタナティブな自己実現の物語

学校での成功が社会での成功と連続して見えていたアスピレーション神話のシナリオが揺らぐなかで、学校以外の場に自己の存在感を求める指向はより一層強まる。「脱生徒役割」(古賀 2006a)という言葉に象徴されるように、勉学にさしたる興味をもてず教師との関わりも表面的になり、さまざまなメディアから受容する流行やモードなどに強い関心を示す。学校の価値から離脱した「非学校文化」によるライフスタイルの拡大である。生徒は、学校に恨み事を抱き反抗することはないが、情熱をもって関与することもない。選別される存在としての「生徒」であることを降り、深化拡大する情報消費社会の場に「若者」として立ち現れる。

「オタク」の存在は、その象徴的な現れである。個々人にとって興味がある趣味やアイテムなどに強い関心を示す一方で、それ以外の情報にはさしたる関心も示さない。アニメーションや音楽、ゲーム、ファッションなど、ありとあらゆる領域にマニアやファンとしてのオタクが存在し、インターネット掲示板やソーシャルネットワークなどによって最新で魅力的な情報に接することが可能になっている。『オタク学入門』を著した岡田斗司夫の言葉を借りれば、粋や匠の世界に通じるほど消費社会の生み出したモノへの細密なこだわりをともなって、マーケットリーダーとしての「オタク」は生み出される（岡田 2008）。

ここでいう「オタク」は、引きこもりのように、自室に閉じこもり自足的な生活をする人という意味ではない。小説『電車男』に示されたように、むしろネット社会を通して、類似した関心をもつ人々が集合し議論する機会もしだいに増えている。また、女子にも「オタク」は存在する。コミックマニアの呼称として「腐女子」という言葉もあるように、ジェンダーはより一層細かく差異化された関心への入り口として機能している。いまやさまざまな社会的立場の若者が、「オタク」として生きることは可能なのである。

もちろん、「ヲタ」と称されるような濃くジャンルを極める若者とそうでない若者には温度差がある。しかしながら、情報とその消費の世界にオルタナティブな自己実現を感じる心性の存在において、際立った違いはない。学校文化にコミットメントせずとも、自分の好きな世界や求める世界を構築できる社会がやってきている。いまや生徒であることをあえて消去せずとも、若者として自分らしく振る舞えるという「ダブルスタンダード」な生き方が可能になっている。

(2) データベース型の知の増殖

情報化社会論の観点から、社会学者中西新太郎は、非学校文化のライフスタイルを学校的な知の無効化として分析している。これまで学校での実践は教師からの知識や技能の伝達として成立し、世代間の知の継承を保証してきた。ところが、パソコンやケータイなどによるマルチメディア化は、年齢や地位などによることなく、誰にでもいつでもどこででも、インターネットでの情報アクセスや獲得を可能にしている。最新の知は、こうした情報空間にあるのであって、もはや学校にはない。しかも、映像や音声などデジタル化した親しみやすい情報の提供が急激に加速している。勉学への功利的な目的を別にすれば、教育実践の内実はますます空虚になり、学校は儀礼的な参加を求める通過点へと変貌していっている（中西 1998）。

批評家の東浩紀も述べるように、こうした若者の情報消費社会へのこだわりはさらに深化し、「データベース型」の知の世界へと変貌しているという。従来、若者によるモノの選択、いわばサブカルチャーとして論じられてきたコミックやファッションなどの指向は、世界観や意味の設定をともなう「大きな物語」によって突き動かされてきた。消費者が買いたくなるアイテムは、この大きな物語の断片として構成された。たとえば、アニメ『機動戦士ガンダム』には平和の希求というメッセージがあり、それに呼応して価値あるグッズが収集されるのである。こうしたモノには多様な姿があるにせよ、「物語消費」と呼べるような深層のストーリーが若者を突き動かしてきたのだ。

しかしながら、今日の「データベース型」消費では表層のモノの世界と深層の物語とは完全に分離される。表層のモノに対する個人的な解釈の結果として、深層の世界が随時構築されていくだけであり、そこには別種の二重構造が存在している。そのため、さまざまなポピュラーカルチャーのなかのグッズやシーンは、消費者である私が作り出した物語に合わせて自由自在に組み込まれ読み取られることになる。たとえば、インターネットのＷｅｂページは単なる記号化された情報の集まりに過ぎないが、Ｗｅ

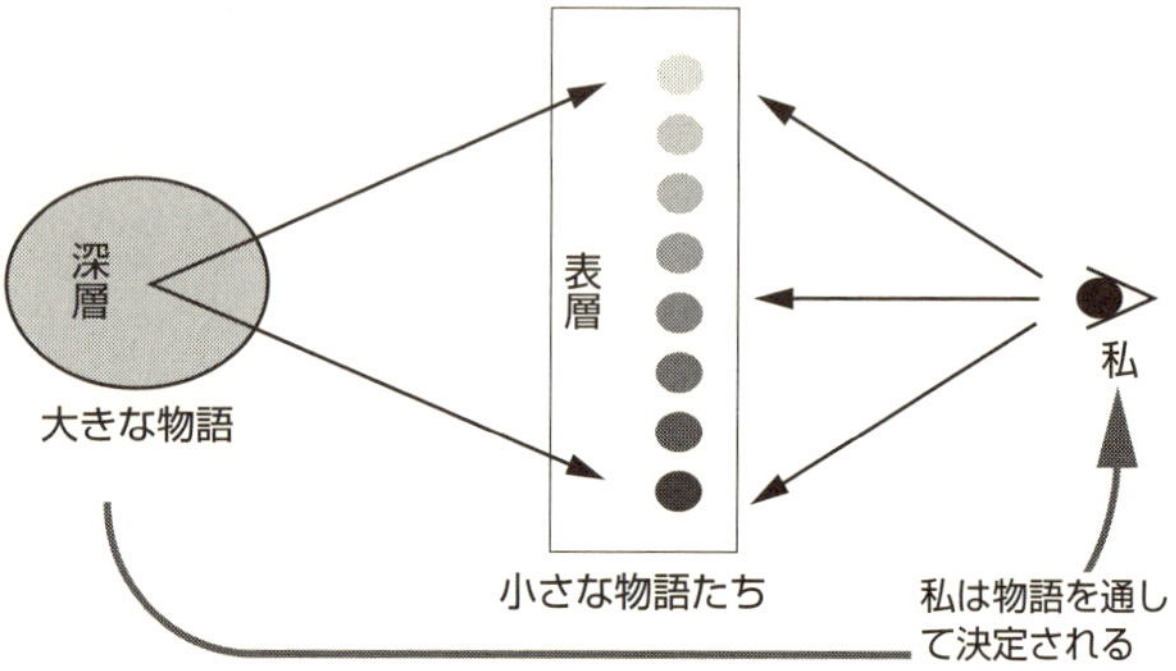

図5・1a　近代の世界像（ツリー・モデル）

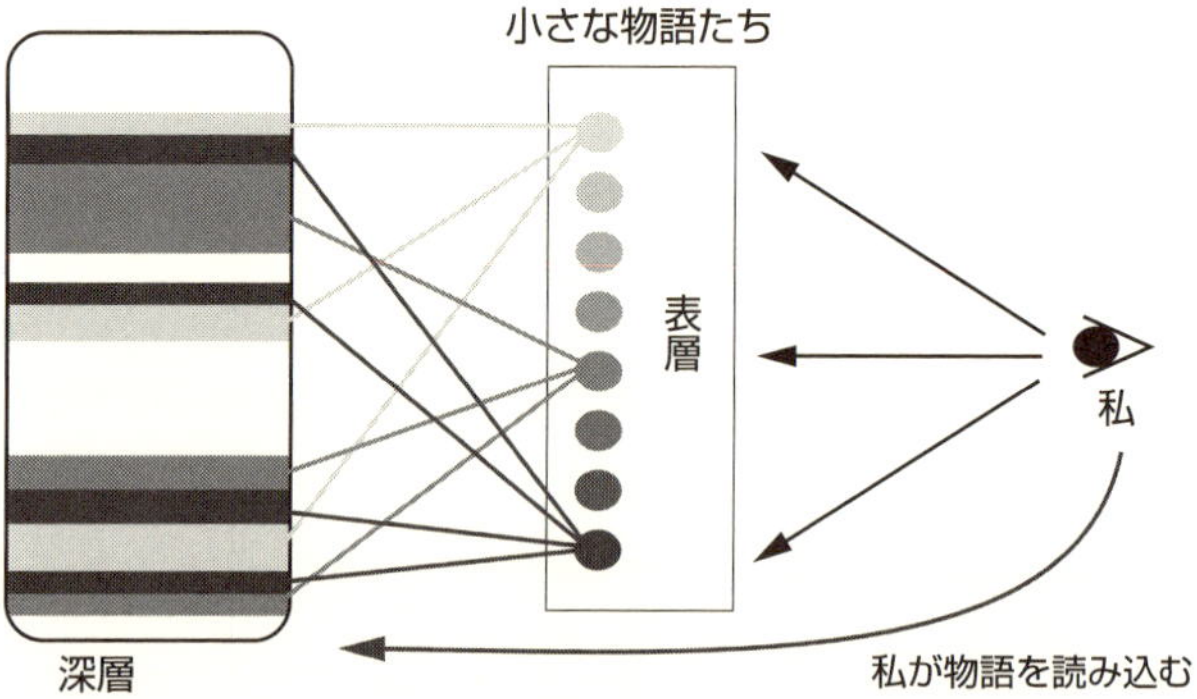

図5・1b　ポストモダンの世界像（データベース・モデル）

（東浩紀 2001『動物化するポストモダン―オタクからみた日本社会』講談社、51 頁）

bを読み込むユーザーの視点に応じてつなぎ合わされると、個々人のお気に入りサイト集としての物語が出現する（東 2001）。

ここでは、オリジナルなモノとコピーのそれとの区別は意味をもたない。実態がないフィクションと見えるモノにも深い意味が生じる。「キャラ萌え」という言葉があるように、漫画などのキャラクターを本来の話しから分離して、自分なりのストーリーに置くことで、「萌え」と呼ばれる好意や執着、あるいは嫌悪の感情を付与することもできる。ここでは、社会学者ボードリヤールの言葉でいえば、すべてのモノがシュミラークル（疑似化した世界）となる一方で、それを収集したデータベースそのものに個々人の独自な意味世界が構築されることになる（Baudrillard 1981＝1984）。

(3) 親密圏のなかの「自分らしさ」

データベース型の知の様式は、インターネットなどの情報空間における若者のあり方だけを示すものではない。たとえば、実生活の友人関係における「キャラ」の読み取り方にも、共通した観点が潜んでいる。「キャラ」（キャラクター）とは、特定の状況下で個人が演じる役割をタイプ化して表現したものである。若者は周囲の人々の行動や態度の現れをたびたびキャラとして表現する。「変キャラ」「天然キャラ」など、自分からみて変わっているとか面白いなど、関わり合うときの特異な位置づけの感覚がこのように言語化される。ここには場に集められた仲間の違い、いわば「個性」を、一種のデータベースのように読み取る方法が見て取れる。

こうして社会学者土井隆義が指摘するように、教室という生活の場も、友人同士の「親密圏」を形成するための人間関係の世界へと読み替えられていく。学校はいまでも若者の生活時間の中核を占める場であるが、今日そこでは自分と空気の合う友だちのグループを構成する作業が重視されている。傷つけたりいやな想いをさせたりすることのない「優しい関係」を築き上げる努力が展開されていく。若者は対人関係のアンテナを張り巡らし、ガラス細工を扱うような繊細さで相手の反応を察知しながら自分の出方を決めている。コミュニケーションに値する関係を維持していくことは、コミュニケートされる内容より一層重要となる。予想外の反応によって他者としての暴力性や攻撃性などが露わになってはならず、「他者性抜きの他者」として振る舞うことが常に求められる（土井 2004）。

「親密圏」の構築は、限られた仲間だけの共振的で「ノリ」の合う小世界をつくり出すことを求める。メル友やネットグループなどの情報空間であろうと、対面的な教室の生活世界であろうと、コミュニケーションの要素が変わるだけで、基本的な参加の方法は変わらない。若者が現実の現れとみなして情報空間に参入する一方で、生活世界ではナマの関係が表出せず、自分の価値判断と齟齬をきたすことのない調和的な生が演じられる。

「自分らしさ」は、このような濃密な人間関係のなかで個人のキャラとして位置づけられ、相互関係のなかでたびたび書き換えられ正当化されるという過程を繰り返す。自己のイメージはいつまでも確定しきれず、反面で、自己を支えるために親密圏への依存も強めざるをえない。学校と異質な感覚的な文化の枠組みに従って、「本当の自分」や「これからの自分」が構築され続ける。

底辺高校の若者にとって、こうした自己構築の方略は重要となる。なぜなら、可能性としての自分を信じられるのは、親しい仲間との関わりがあるからである。たびたび取り上げられる「自分のやりたいことしかしたくない」というフリーターの人たちのメッセージは、「やりたいこと」が具体的に実現されるから語られているのではなく、もちろん単なるわがままでもない。「やりたいこと」のある自分を、（その内実がたとえもやもやとして言葉にならない気持ちだったとしても、）自分らしく物語ることができたという手応えの表明なのである。

(4) 「自分探し」の物語を構築する

進化する情報消費社会のなかで、ポピュラーカルチャー（テレビやネットなどのメディアを通して誰もが親しめる大衆文化）を介した自己確認の方法が着実に定着している。このような意味での「自分探し」は、社会的現実からの批判的な根拠をはく奪され、むしろそれがないがゆえに純粋に実践されていく。メディアやマーケットなど高度な資本主義社会の生活体験を通して、深層の自己や本当の自己を信じる「心」、信じられる「心」が、若者に構築され続けている。

〈事例2　現在の専門学校生としての生活と今後のこと〉

I＝インタビュアー、B＝男子卒業生（卒業後、2年半。）

I：食事のときは話す。それが終わると、自分の部屋へわりとひきこもっちゃう。入っちゃうんですね。お兄ちゃんとは話すの？

B：兄とは、まあ、とりあえず、趣味で合う部分とか。あとは、あと十数日であるイベントのこととかで、話すことはありますす。確か8月11とか、そこらへんにあるイベント。

I：8月11日のイベント？　何それ。

B：コミックマーケットです。（中略）ペンネームは、ちゃんとした仲間のサークル《ネットの友人たちとの「オフ会の集まり」をさす》があって、「ツキシマ××」っていう名前です。コミケとかで、《自分の作品を》出してますから。

I：去年、《専門学校の》情報処理科に入っていて、今は留年して、ゲーム科に入っているのですね。

（中略）

B：《自分のことなのに、他人ごとのように、》ゲーム科、入ってるの？　去年なに？　留年した？　なぜなのかって？　ちょっと、情報処理科での進んだコースが難しすぎて。ついていけなかったというか。

I：それで留年してしまった。別に、出席が足りないとかじゃなくて。

B：そうじゃないですね。正確に言うと。進めたんです。だけど、勉強が難しすぎて，たぶんこのままだと無理だなと、ついていけないなと思って。自分で《よく考えて、あえて》留年したって感じです。

しかしながら、自己を構築する物語が、親密圏のサブカルチャーや彼らの依拠する情報消費社会の産物であるとするなら、こうして達成された自己像は富や地位をともなう実際の成功目標からは遠ざかってしまう。社会学者デューガンの言葉でいえば、ポピュラーカルチャーに埋め込まれた共感の世界に「ハマれた」人と「ハマれなかった」人の違い、自己実現できたと「語れた」人と「語れなかった」人の違いになってしまう（Duggan 2003）。そこでは、自分の存在への承認を他者に求める心情や共感、言うならば「いい感じ」を求める気分だけが強まっていくことになる。

4　セラピー・カルチャーへの要請

(1)　液状化した未来

アスピレーションの神話に片足を突っ込みながらも、学校世界から離脱した「親密圏」による自己肯定の世界に横滑りしていく若者の感覚。これまでみたように若者たち、とりわけ底辺高校の生徒が描く未来の姿は、一方で旧来の成功物語の断片を拾い集めながら、他方で答えの出ない「自分らしさ」のシナリオを描き続けるという不安定な二重構造のなかに存立している。

そこには、政治学者バウマンの指摘するような、将来への予定調和的な物語が語りえない「液状化する社会」のなかでの、アイデンティティの構築と将来の語りとの捻じれた関係がみてとれる（Bauman 2000＝2001）。いまや進学—就職—結婚といった従来の人生のシナリオが順番通りに安定して描けず、何が幸福なのかも不明なのに、自分で何事でも決定して歩んでいかなければならないという困難な社会が出現している。

「自己責任」という言葉が競争社会の論理として流通してきたのは、1990年代からのことである。簡単にいえば、それは自分が選択した行動の責任やリスクはすべてその個人に課せられるという考え方である。新自由主義が、市場への公平で自由な参加を誰に対しても保証する代わりに、競争に参入する個人への責任分担を求めたことから、この概念は広がった。

すでに述べたキャリア教育でも、職業の選択や獲得において、進路の情報は広範に提供するが最終的には自己決定や自己責任の結果になるという考え方が根強い。自由に選べるのだから自分をよく理解しよく考えよというメッセージである。見ようによっては、「自由至上主義」（リバタリアニズム）と呼べるほど、個人に帰された広い選択の許容度が強調される。成功も失敗も、安心も不安も、個人化して理解されるのである。

だがすでにみたように、多くの生徒たちが平等な教育のチャンスに対して不信を感じていることは疑いない。学歴獲得競争には家庭の経済力や文化資本などによるあからさまなハンデが存在し、受験の戦略に対処できない生徒にとっては追いつききれない現実が学校の経験を通してみえてしまうからだ。「平等の黄昏」や「民主主義の揺らぎ」は、一種の政治的な圧力をともなって、運命論や決定論に若者を駆り立てている。

このとき、自己否定に陥ることなく、オンリーワンとしての「自分らしさ」というイメージをつくり出すことがアイデンティティの技法として必要である。手持ちの経験の資源を動員して自分探しの物語を構築しておかないと、電子マネーが拡大し成功の財さえ定かでないポスト資本主義の時代であるにもかかわらず、「負け組」というスティグマに押しつぶされてしまう。

(2) 情動的資源としてのポピュラーカルチャー

興味深いことに、自己物語を制作する方法論は、現代のグローバル化した職業社会の論理から遊離するものではない。伝統的な終身雇用型の労働がフルタイムで長期の就労を保証するのに対して、情報と対人サービスに特化した現代の労働は短期的で流動的な契約関係を基本にしている。労働する個人のストレスが増大していく一方で、変化するさまざまな状況に対処する柔軟な職能がいっそう求められる。そこでは、職業遂行にとって必要な能力が一元的には決められず、個々人の趣味や嗜好が他者との人間関係づくりや他者からの情報の獲得などに役立つことも多くなる。

教育社会学者本田由紀は、現代の産業社会における能力評価のあり方を「ハイパー・メリトクラシー」と名付けている。社会的成功にとって、学歴取得とともにさらに別な能力を獲得する努力が必要とされており、それは文化的なセンスとして要求されるという。幅広い友人関係を構築できる能力やハイテクなネット社会に適応できる能力、あるいは環境への関心といったグローバルな美意識などさまざまな資質が、新たに要求される（本田　２００５）。しかしながら、どの能力が成功を導くかは明らかでなく、いつかどこかで役立てるために、多くの能力を資源として蓄積する努力が必要になっている。

嗜好やセンスなど情緒的で表出的な資質が将来の資源となりうることは、学校学習によって計画的道具的に形成される学力だけでなく、家庭環境や地域社会などでの日常生活の経験や体験の質が未来に大きな影響を与えてしまうことを意味する。統制しきれない社会環境の効果を、若者は被ってしまう。そうであるがゆえに、多様な経験を可能にして偶発的な将来のリスクを低減するという、社会学者ベックの言う「リスク社会」すなわち予測できない出来事の発生から逃れられない社会の論理が強調されることになる（Beck 1986＝１９９８）。

『トータル・カオス』の中で社会学者チャンらが問いかけているように、ポピュラーカルチャーは若者の情動的な経験の資源に多くの影響を与えてきた（Chang 2006）。たとえば、冒頭でみたヒップホップはその象徴である。もともとそれは、語る力をもてない社会階層からの告白として始まり、80年代にはカウンターカルチャーとして社会的タブーに挑戦するものとなったが、90年代には、ノリやリズムが重視され、ファンが共鳴するための道具になっていく。さらに２０００年以降は、テレビの音楽シーンからも離れ、Ｗｅｂ上でブログに書きつけるように、私的な世界を呟き他者に共感を求める方法が多用されているという。

こうしたヒップホップの変化には、歌詞の内容だけでなく、インターネットの拡大による公共性の変質と私事化した語り方への移行を読み取ることができる。多様なポピュラーカルチャーに日々慣れ親しみながら、若者は情報消費社会に暮らすセンスや嗜好を獲得している。そして、「自分らしさ」という将来の私の物語を構築していくときにも、この感覚や感情が活かされていく。

(3) 物語的な自己の構築

自己を確認するプロセスは、これまでもミクロ社会学の中心的なテーマであった。ドラマトゥルギーの立場に立つゴッフマンに代表される、「演技する自己」の視点はよく知られている（Goffman 1959 ＝1974）。人は生活世界のなかでその場の状況に合った態度や行動をとらなくてはならない。たとえば、生徒の役割を担う者は、各自のパーソナリティとは別に、教室で教師の指示に従い、時間厳守のまじめな態度をとることを求められる。言いかえれば、状況の定義づけに合わせて生徒として演技しなくてはならない。「本当の姿の自分」は、このように役割の遂行と距離をとることによって、印象操作の仮面を通して守られ保存されることになる。

だが、個人がさまざまな場や文脈のなかで生活する今日の社会では、こうした自己の姿は多元化せざるをえず、時として分裂することもある（Holstein and Gubrium 1999）。たとえば、自分の部屋にいる私は、ケータイで友人にメールをし、Ｗｅｂにハンドルネームで書き込みをし、アルバイト先からの電話を受け、差し入れに来た母親と話すかもしれない。これらが同じ場所で並行して、異なった顔をもつ私として行われる。あるいは、学校でおとなしい生徒が、チャットで過激な発言をすることも多々あろう。どこに本当の自分の姿があるのかが、本人にとってもしだいに定かではなくなっていく。

従来のアイデンティティの概念が、他者との葛藤のなかから、一貫した私の価値観や態度の獲得を求めるのに対して、多元化した自己の姿は、それを拒み、絶えず私が誰であるのかを確認する姿勢を求める。「物語的自己」(Gergen 1999＝２００４)と称せられるように、私自身が「自分を語る」ことによって、「語られる自分」という自己イメージを獲得する実践が必要になっていく。そこには、「語る―語られる」という自己言及的な視点が絶えず付随する。

社会学者の浅野智彦によれば、自己物語の構築には一定の条件が必要になるという。まず、無限に存在する「生きられた経験」のなかから、重要な出来事や解釈だけを選び出して、過去から未来への時間軸に沿って並べ直してみることが必要である。言いかえれば、煩雑で不要な情報を切り捨て、これまでの私やこれからの私といった望ましい自己イメージを構築しなくてはならない。次に、自己物語を提示してみて、他者に納得いくものとして受け入れてもらうことが必要となる。勝手な妄想ではなく、社会的なリアリティのある私の姿として他者の承認を得るのである。

家族療法の実践が教えるように、概してトラブルを抱えた者の語りは他人や社会が求めるステレオタイプな自己の姿を漫然と繰り返すものになりやすい。実際に経験してきた複雑で多様な自分の過去が見えなくなり、「ドミナントなナラティブ」と呼ばれるような語りの単純化が引き起こされてしまう。このとき、例外的なエピソードや異なった見方が他者との対話のなかから見いだされると、自己の物語は新たに書き換えられることになる。物語の構築には、他者という外側の世界の力が必要となるという不安定さがある一方で、それが作用さえすればどのような私にも変換が可能だというポテンシャルも含んでいる(浅野 ２００１)。

(4) セラピー化する社会の出現

冒頭の歌詞をもう一度思い返してほしい。そこには、自分の夢の中味ではなく、夢を追いかける私の心への共感が求められていた。「自分らしさ」を信じていられるようにサポートしてほしいという声が歌われていた。頑張るアスピレーションだけでなく、自分らしさが発揮されることを信じ続ける気持ちやセンスが大切だとされていた。ここには、すでにみてきたような将来の成功への神話が解体した後の、社会学者エリオットなら「新個人主義」と呼ぶであろう、自己の支え方の今日的な方法が提示されている。

ちょうど本当の「愛」が言葉では説明しきれない感情であって、愛の条件をあげて説明できる人はすでに愛を感じていないといえるのと同様に、「なぜだかわからないけれども、彼女を愛している」という者こそ、精神分析家ジジェクの言葉でいう「超・個体感情」の真っ直中にいる個人といえる（Žižek 1999＝2005）。つまり、愛している感情で他者と関わろうとするのではなく、他者が語る愛という私にとっての利益の側面からのみ関わろうとする主体なのである。「新個人主義」には、これまでのナルシシズムとは異なった、こうした「他者性を欠いた他者」への接近や共感が重視されていく。

ここで思い出されるのが、社会学者ホックシールドの「感情管理」である。フライトアテンダントの接客技術を分析してみると、彼女らが自分自身の「心」をサービス商品として提供していることがわかる。人は心からの喜びや他者への敬意を個人的な経験として知っている。感情は本来言語化しにくく管理できないものだが、接客場面においてはサービスとしてこうした爽やかな感情を伝達することが求められる。そこで、感情を管理して他者に伝える技法が発達していくことになる。たとえば、困っている乗客には笑顔で接し思いやりの気持ちを伝えるといった自己呈示の作業が必要となる（Hochshild 1983＝2000）。

ここでは感情は商品であり、その利用こそが対人的職業における労働の根幹をなすことになる。ホックシールドは、「感情」が心理学者のいうような自然とわき上がる個人の欲求であるとはみていない。

むしろ感情を経験する社会的な実践を通して構築された認識の装置であると理解している。それゆえに、感情は他者との関係の中で活用される道具として利用されることになるのである。

翻って、若者が将来の自分を語るための方法にも、感情の商品化と類似した指向が認められる。いま彼らは、慣れ親しんだ文化のなかでの「共感」を欲している。まるでカウンセリングに通う患者が、精神科医に自分の揺れ動く心理の解釈や承認を求めるように、である。あるいは、同じような悩みや問題を抱えた者同士が、自助努力のために互いに語り合うエンカウンターグループ（交流分析を実践することによる自己の発見方法）のように、である。おそらく心理的な問題がすぐさま解決できると思っているのではなく、自分の「本当の心」の確認を他者の現れに求めているだけなのである。

本来、精神医学の専門家が担ってきたこうした臨床的なセラピーの実践や思想は、ポピュラーカルチャーに拡散し浸透して、自分を支えるための他者との関わりのあり方や他者の存在の読み取り方にも広範に応用されるようになっている。液状化しリスク社会化が進むなかで、自己確認のための治療的で治癒的な他者への指向は、若者に一層強まっているといえる。これを、「セラピー・カルチャー」の拡大と呼ぶことができる。

おわりに

歌手GReeeeNは歌う。「君という名のこのStory　大丈夫！　君が主役さ！」と。懐疑的になりやすい将来の私の物語を、「共感」という感情の装置で正当化し続けること。このヒップホップの歌詞には、こうした今日の若者の自己認識の変容とそれを支える装置の変質が描かれているといえる。底辺高校を卒業したある女子の言葉には、いまを生きる若者の姿がセラピー文化のように投影されていた。

〈**事例3**　現在の看護師としての生活と今後のこと〉

I＝インタビュアー、C：女子の卒業生（卒業後、2年半。病院で准看護婦として勤務。）

I：悩みや困ったときの相談相手、悩みや困った事を相談しているの？
C：あー、相談。あたし、ほんとそのとき誰かに話を聞いてもらえればそれでいいから。ほんとそのときに、連絡が来た子に話したりするから、うん。……そう適当に、言ってる。

参考文献

浅野智彦、2001、『自己への物語的接近―家族療法から社会学へ』勁草書房。
東浩紀、2001、『動物化するポストモダン―オタクからみた日本社会』講談社。
Baudrillard, J., 1981, *Simulacres et simulation*, Galilée,（＝1984、竹原あき子訳『シミュラークルとシミュレーション』法政大学出版局）.
Bauman, Z., 2000, *Liquid modernity*,（＝2001、森田典正訳『リキッド・モダニティ』大月書店）.
Beck, U., 1986, *Risikogesellschaft auf dem Weg in eine andere Moderne*, Suhrkamp,（＝1998、東廉・伊藤美登里訳『危険社会―新しい近代への道』法政大学出版局）.
Bourdieu, P. and Passeron, J. C., 1970, *La reproduction: éléments pour une théorie du systè me d'enseignement*, Éditions de Minuit,（＝1991、宮島喬訳『再生産―教育・社会・文化』藤原書店）.
Brown, P. W., 1997, "Caltural Capital and Social Exclusion", Halsey, A. H. & Lauder, H., Brown, P., *Education: culture, economy, and society*, Oxford University Press,（＝2005、稲永由紀訳「文化資本と社会的排除」住田正樹ほか訳『教育社会学：第3のソリューション』九州大学出版会、597～622頁）.

Chang, J. ed., 2006, *Total Chaos: The Art and Aesthetics of HIP-HOP*, BasicCivitas.
土井隆義、２００４、『「個性」を煽られる子どもたち―親密圏の変容を考える』岩波書店。
Duggan, L., 2003, *The Twilight of equality?: Neoliberalism, Cultural Politics, and The Attack on democracy*, Beacon Press Books.
Elliott, A., 2001, *Concepts of the self*, Cambridge: Polity Press,（＝２００８、片桐雅隆・森真一訳『自己論を学ぶ人のために』世界思想社）.
Gergen, K. J. 1999, *An Invitation to Social Construction*,（＝２００４、東村知子訳『あなたへの社会構成主義』ナカニシヤ出版）.
Goffman, E., 1952, "On Cooling the Mark Out: Some Aspects of Adaptation to Failure", *Psychiatry*, 15(4).
――― 1959, *The presentation of self in everyday life*, Doubleday & Company,（＝１９７４、石黒毅訳『行為と演技―日常生活における自己呈示』誠信書房）.
Hochshild, A. R., 1983, *The Managed Heart: Commercialization of Human Feeling*, University of California Press,（＝２０００、石川准・室伏亜紀訳『管理される心―感情が商品になるとき』世界思想社）.
Holstein, J. A. and Gubrium, J. F., 1999, *The Self We Live By: Narrative Identity in a Postmodern World*, Oxford University Press.
本田由紀、２００５、『多元化する「能力」と日本社会―ハイパー・メリトクラシー化のなかで』ＮＴＴ出版。
門脇厚司、１９７８、『現代の出世観―高学歴化でどう変わったか』日本経済新聞社。
苅谷剛彦、１９９５、『大衆教育社会のゆくえ―学歴主義と平等神話の戦後史』中公新書。
古賀正義、２００１、『〈教えること〉のエスノグラフィー―「教育困難校」の構築過程』金子書房。
―――２００６ａ、「進路多様校におけるフリーター産出過程の継時的研究―高校卒業時までの第１次調査の結果から」『中央大学教育学論集』48、１８５～２１８頁。
―――２００６ｂ、「自分探しをする若者たち―青少年問題のいま」中央大学文学部編『恋愛　家族　そして未来』中央大学出版部、２６１～２８２頁。

――2007、「進路多様校におけるフリーター産出過程の継時的研究(2)―高校卒業後の第2次調査の結果から」『中央大学教育学論集』49、57〜85頁。
古賀正義ほか、2008、「高卒フリーターの産出過程に関するエスノグラフィー研究―進路多様校卒業生追跡調査の結果から」『中央大学教育学論集』50、1〜70頁。
古賀正義、2009、「録音素材から調べ構築するリアリティの重層性」『社会学評論』60(1)、90〜108頁。
――2010、「高卒フリーターにとっての『職業的能力』とライフコースの構築」本田由紀編『転換期の労働と「能力」』大月書店、147〜182頁。
文部科学省、2002、「確かな学力向上のための2002アピール―学びのすすめ」http://www.mext.go.jp/a_menu/sports/dokusyo/hourei/index.htm
――2006、「小学校・中学校・高等学校キャリア教育推進の手引―児童生徒一人一人の勤労観、職業観を育てるために―」http://www.mext.go.jp/a_menu/shotou/career/06122006.htm
中留武昭、福岡県立城南高校、2002、『生徒主体の進路学習ドリカムプラン：福岡県立城南高校の試み』学事出版。
中西新太郎、1998、『情報消費型社会と知の構造』旬報社。
Oakes, J., 1985, *Keeping Track: How Schools Structure Inequality*, Yale University.
岡田斗司夫、2008、『オタク学入門』新潮社。
斎藤環、2003、『心理学化する社会―なぜ、トラウマと癒しが求められるのか』PHP研究所。
Spranger, E., 1963, *Psychologie des Jugendalters*, Aufl- Quelle.（=1973、原田茂訳『青年の心理』協同出版）.
竹内洋、1991、『立志・苦学・出世―受験生の社会史』講談社。
Young, M. 1961, *The rise of the meritocracy*, Pelican books.（=1982、窪田鎮夫・山元卯一郎訳『メリトクラシー』至誠堂）.
Žižek, S. 1999, *The Ticklish Subject: the Absent Centre of Political Ontology*, Verso.（=2005、鈴木俊弘・増田久美子訳『厄介なる主体1―政治的存在論の空虚な中心』青土社）.

第2部　〈人間形成〉を社会学する——教育社会の「成立」

第6章　アリエスの〈教育〉理論を読む
——「近代と教育」研究のシステム論的展開

越智　康詞

「子どもは近代に誕生した」。「私たちのよく知るあの教育もまた、近代に特有の産物である」(1)。こうしたセンセーショナルな主張のもと、アリエスの『〈子供〉の誕生』を嚆矢とする一連の社会史・心性史的手法を用いた「近代と教育」研究は、〝教育は永遠普遍の営みであり、その究極の理念を探究することが教育学の使命である〟と信じてきた教育学の幸福な眠りに激震を走らせた。

アリエスの社会史的探究の方法や教育に着眼するその仕方は、教育を「社会学する」ことをめざすわたしたちにとっても興味深い。なぜなら彼の歴史記述は、子どもが〈子ども〉であり、〈教育〉が不可欠であると感受されることの「ありそうもなさ＝非蓋然性」を浮き彫りにしつつ、家族・学校・社会等の諸条件が複雑に絡み合うなかで、いかにして〈子ども／教育〉が必然・不可欠なものとして構成されるのか、その事情を解き明かそうとするものだからである。「社会秩序はいかにして可能か」を問うことは、社会学という学問領域に固有の問いであり、「教育はいかにして可能か」の解明は教育を社会学する上での主要な課題であるといえるが、アリエスらの研究は、まさにこの課題を大きく前進させるものなのである。

さらに、教育の社会学的解明に関連してアリエスに学ぶべきは、彼が教育の理念や個別の内容にではなく、教育の実践形式やその相互連関性に注目し、その観察を行っている点である。通常、わたしたちは「教育」、「子ども」、「学校」の存在・存在意義や意味内容を自明視して、―学力をどうするか、健康・安全をどうするか、道徳性をどうするかといったように、―「〇〇をどうするか」といった「〇〇」の中味を巡る議論に追われている。これに対しアリエスは、「大人の社会から子どもを引き離す様式」といった教育実践に付随するその形式に注目し、教育的配慮を強めるほど子どもが社会的現実世界から切り離されていく様子や、そうした教育実践の集積、とりわけ「大人と子どもの距離を物質化した制度」(森 1999)である学校が、翻ってわたしたちの教育の営み(教育的心性)を下支えしている、といった実践・制度・構造の相互連関性について解明しているのである。

たしかに、教育学の領域においては、過剰な教育的配慮が子どもたちを「無菌空間」に囲い込み、かえって現実社会への適応を困難にするといった教育に内在する逆説的事態の存在は共通了解事項として定着しつつある。だが、アリエスの提起した課題は、ただその結論的教訓を受け止めればすむという問題ではない。それどころか、学校スリム化論がそうであるように「学校は知識教育に限定し、余分な教育的配慮は排除すべき」といった性急な判断に至ることは危険である。子どもを大人の社会から「引き離す」様式は、教育実践にともなう副産物というよりも教育を構成する条件であり、こうした作用を排除して「計画した内容を過不足なく与える」合理的な教育はそもそも不可能なのである(2)。

本章の課題は、アリエスの「近代と教育」研究を、教育を社会学する観点から引き継ぎ、展開していくことにある。

もちろん、15世紀ヨーロッパ人文主義者の間で芽生え、17・18世紀に広がってきたある特有の教育観念に注目する「近代と教育」研究はおびただしいほどある(3)。だが、本稿が取り上げようとするのは、アリエスが教育に向けるそのまなざし(教育の理論)のほうである(4)。教育が近代に特有のものである事情を浮き彫りにする上で、アリエスは一体どのような出来事に注目し、そこにいかなる方法で近代教育の立ち上がりを見て取ったのか。

そして、教育に関わるアリエスの歴史記述の中にその教育理論を掬いあげる上で本稿が依拠するのは、システム論の枠組みである(5)。本稿の出発点となる主張は、アリエスの歴史記述、あるいはアリエスを引き継ぎつつ森重雄らが提唱する「教育は近代に誕生した」とするテーゼは、「近代になり、〈教育は教育システムの中の教育として〉成立した」といったように教育と教育システムを同時に観察する視点を導入することでより整合的に解釈することができ、またそう解釈することでより生産的に議論を引き継ぐことが可能になる、というものである(6)。(逆にいえば、なかなかその姿をつかみにくい、教育システムの作動様式を浮き彫りにする上で、アリエスの教育の生成場面の描写は大いに参考になるということである。)

それではシステムという視点、すなわち「システム/環境」区別を用いて社会(現象)を観察するとは、どういうことなのか。ここでは、本稿の議論を展開する上で必要な最低限の理解(出発点)を得るために、社会システムについて、「相互に回帰的に関連しつつ遂行されるコミュニケーション。その遂行が同時に環境との差異を生み出すコミュニケーションのつながり」とゆるやかに定義しておく(7)。個々の教育コミュニケーションがその集合的帰結として回帰的ネットワーク(文脈のようなもの)を生み出すわけだが、教育コミュニケーションの新たな要素は、そうした回帰的ネットワークに支えられて可能になるのである。わたしたちがいちいち教育の根拠や土台、―教育／子どもとは何か、なぜ子どもに教育は必要か、学校は本当に教育を行う場所なのか、といった根源的な問い―に立ち返ることなく、日々の実践課題に勤しむことができるのは、こうした回帰的ネットワークがその前提・文脈を支えてくれているからである。

ところで、「教育は近代に誕生した」とするテーゼを、「近代になり、教育は〈教育システムの中の教育〉として成立した」と抽象的に言いかえても、その具体的イメージはつかみにくいかもしれない。だが逆に、近代以前の「教育?」がこうした状況―教育コミュニケーションが相互に回帰的に結合しあっているなかで教育が実践される状況―にないことは、ただちに了解できるのではないか。「教育」をいかなるものとして定義するにせよ、近代以前においては、子どもたちを体系的・計画的に教育する必要などなかったし、ましてや教育(人間形成それ自体)のための教育や教育論議はありえなかった。彼らは短い幼児期を脱するとすぐ「多様な人間関係の網の目から構成された社会」へと投げ込まれ、社会生活を営む上で必要な技術や作法は、「実際の振る舞いを通して身につけられていた」からである(森田1988、106頁)。とはいえ、ここで「教える」行為やわたしたちの目から見て「教育」とみられる作用そのものが存在しなかったと主張しているわけではない。わたしたちが、それを「教育」として定義するような行為は、どの社会にも「発見」することは可能だろう。だが、こうした「行為」を「教育」として観察するのは、既に教育システムに内属しながら「教育」を観察するわたしたちの視点なのである(8)。

では、近代において教育、あるいはそのなかで教育コミュニケーションを産出しつつ自己を展開する教育コミュニケーションのシステムは、いかにして生成、発展してきたのか。本章の前半部分ではアリエスの「教育の問題」(Ariès 1972＝1983)を手がかりに、この課題を追究していくことにしよう。

1 コレージュにおける教育空間(教育／教育システム)の誕生

「人文主義の黎明期」における(新しい)コレージュの出現(9)。アリエスによれば、この出来事こそ、「教育がしだいに学校によってとりこまれていく斬新的な変化」(Ariès 1972＝1983、147頁)の始まりであった。

まずはこの記述、「教育が(しだいに学校によって)とりかこまれていく」という記述に注目しよう。このなにげない記述の中に、教育がシステムとして成立しはじめる様子が集約されている。すなわち、社会・共同体の諸実践に埋め込まれ、それまで分散状態にあった教育以前の「教育(これを「教育Ⅰ」としよう)」が、教育を教育として実践するその連続体の中で、相互に回帰的な関連をもちつつ、意図的に実践される教育(これを「教育Ⅱ」としよう)に取って代わられようとしている様子が、ここに描写されているのである。

また、この記述を、強調点を反転させて「(教育がしだいに)学校によって(とりこまれていく)」という表現として観察してみよう。すると教育システムの分出は、ある特定の知識伝達を目的とする場（これを学校Ⅰとしよう）が、教育Ⅱをその中に内包することで、教育的に統合された近代的な学校（学校Ⅱ）へと生成変化していくプロセスとしても読める。教育史の定説によれば、知識伝達に専門特化した場所、「教え手」、「学び手」、「伝達される知識」、「知識を伝達するための特別な場所」という四つの構成要素を形式的に兼ね備えた学校（学校Ⅰ）は、遙か昔、古代メソポタミア文明の頃から既に存在したとされる。そして、もちろん学校Ⅱが誕生する前の中世においても存在した。しかし、こうした古代や中世の学校（学校Ⅰ）は、わたしたちのよく知るあの学校（学校Ⅱ）とはその内実において大きく異なっている。アリエスによれば、中世の学校は、ラテン語を必要とする「少数の聖職者の聴衆のもの」であり、そこで学ぶ人間は学校に所属する「生徒」というより、司祭などに預けられ仕える「徒弟」であった。そして何よりも彼らはラテン語や自由学芸を「指物師の仕事や他の手仕事といくらか似たやり方」（Ariès 1972 = 1983、148頁）で学んだのであって、そこに何か特別な意味（教育?）が付与されていたわけではない。彼らにとってこうした場所は、他の職業見習いの場と異なる何か特別な場所（学校Ⅱ）ではなかったのである(10)。

では、アリエスがそこに近代教育の誕生を見た、人文主義の黎明期に出現したコレージュとは一体どのような場所（学校）だったのか。このコレージュにおいて、いかにしてあの教育（教育Ⅱ）が宿るようになったのか。以下ではアリエスの記述するふたつの出来事に注目し、そのシステム論的意義について検討する。一つは、教育なき〈学校Ⅰ〉と〈教養の観念〉の融合という出来事であり、もう一つは〈学寮＝共同生活〉と、〈講義＝教授関係〉の融合という出来事である。

2　人文主義革命のもたらしたもの

コレージュにおける教育の誕生と関連してアリエスが注目したのは、人文主義革命による「教養」の観念の発明である。この教養の観念の取り込みにより、コレージュはすべての人間の形成に必要な普遍的教養を与える場所となり、教育の場へと生成変化するための一つの条件を整えることになった。それにしても、なぜ人文主義的な教養の観念が、学校Ⅰを学校Ⅱ（教育の場）へと変容させる上で重要な意味をもったのか。

まず、ここで「教養」の観念の成立を支えた具体物（の特性）について検討しておこう。その具体物とは、人文主義者がラテン文学を歴史から切り離し、模範を取り出し編むことで形成された「特別の著作家と作品との抜粋集」である。つまり、この「抜粋集」は、それ自体が現実の社会や歴史から切り離され「完全」なものとして編集された作品集であり、「それ自身価値あるものとして、それ自身のために学ばれるべきもの」（Ariès 1972＝１９８３、１６８頁）として、自らを提示するほかないものであった。まさにこの形式（歴史・現実からの「切り離し」と純化！）こそ、人間を完成する手段としての「普遍的超時間的教養」という観念の成立を支えたのである(11)。

ここにわたしたちは近代教育の原罪を読み取ることができるし、実際アリエスも、「古典ラテン語の完成された学習が、生きたラテン語を殺した」といったように、批判的な表現をたびたび使用している(12)。しかし、わたしたちは性急な価値判断を下す前に、近代教育の成り立ち（構成）の解明を、ここに読み込む必要がある。すなわち、「教養」であれ「ラテン語」であれ、それらは現実の生きたプロセスから「切り離される」ことではじめて教育の「素材・対象」となるのであり、とりわけ、歴史的文脈から「切り離され」、「完全なもの」とされ、「普遍的超時間的教養」へと生成変化した教養の観念（形式）こそ、学校Ⅰを学校Ⅱへと転換させる、決定的な「支え」なのである。この教養の観念によって学校は、「聖職者の特別養成機関」、あるいは「法律・医学研究の準備教育機関」といったその「功利的性格」から解放され、「すべての人間の形成に必要な普遍的教養を与える場」へと生成変化することになったのである（Ariès 1972＝1983、154頁）。

ところで、「功利的性格」に限定された学校から「普遍的教養」を与える場としての学校に学校が生成変化することには、システム論的に見て、二つの重要な意義がある。

一つは、職業上必要とされる知識・技術をただ伝達するだけの、いわば外部世界に従属した学校が、人間形成的な価値に準拠して自らその教育内容（知識）を選択・構成する学校へと生成変化する、という意義である。「普遍的超時間的教養」という知の形式によって、学校そのものが「現実世界」から切り離され、一定の自律性をもつことになったのだ。この移行を「職業・実学教育」対「一般教育（教養）」といったカリキュラム上の対立と混同してはならない。なぜならこの対立は、学校がひとたびカリキュラム選択における自律性を獲得した後、その内部で構成された選択肢における対立（選択可能な内容）にすぎないからである。

この生成変化に関わる第二の意義は、学校で与えられる知識の社会的意義、あるいは学校に通う者にとってその知識のもつ意味が大きく転換することである。「功利的」な学校で与えられる知識は、これを職業上必要とする人間が、職業上必要であるがゆえに学ぶのであり、それ以上でも以下でもない。これに対し「それ自身に価値を持つ」と想定された教養＝知は、それが誰であろうとそれを保持する（と想定される）人間の価値を社会全体に対して表示する記号＝メディアとなる。教養＝知の形式は、知を獲得することの社会的意義の一般化を推し進め、「学校へ行く／行かない」という単なる差異を「教養がある立派な人間／教養の欠如した粗雑な人間」といった人間的差異へと変換するものとなるだろう。こうしてゆくゆくは、あらゆる人間を、したがって学校に行かない人間をも含めて教養＝知の「有／無」によって価値づけられた世界へと包摂する可能性を準備したのである(13)。

ただし、ここで付言すべきことがある。それは、「普遍的無時間的教養」の観念は歴史的な「移行対象」とでもいうべきものであり、学校知の普遍的な形式というわけではない、ということである(14)。外部世界との直接的対応関係を断念すること（切り離し）は、学校知（カリキュラム）が成立するための不可欠な条件であるが、このことは必ずしも「普遍的無時間的教養」がそうであったように、学校知が現実社会と無関連な内容となることを必然化するわけではない。むしろ人間形成的価値といった内的価値に準拠することは、複雑な環境世界のなかから自ら望ましいと考える情報を選択する方法であり、教育システムが外部世界と（途方に暮れることなく）一定の関係を保つ一つの仕方なのである。

実際、普遍的超時間的教養の観念が衰退した後に登場してくる陶冶や啓発の概念においては、「世界を豊かに認識すること」が「人間の価値を高める」といったように、知の二面性が鮮明に打ち出されている(15)。ここに「〇〇（世界・知識）の学習を通して△△（思考力・真理への洞察）を達成する」といった知の重層化の形式が生まれるが、この二重化形式、―現実世界で求められるニーズや価値を参照（他者準拠）しつつ、その人間形成的意義を吟味する（自己準拠）二重化形式―によって、教育システムはより自由で柔軟にそのカリキュラムを選択していくことが可能になったといえるだろう(16)。

3　共同生活と教授関係の出会いと教育空間の生成

実学の場から普遍的な教養を得る場へと転換することで、学校はあの教育的な学校（学校Ⅱ）へと近づいた。しかし、コレージュによる教育の誕生は、人文主義革命による教養の発明によってのみ可能になったわけではない。普遍的教養を身につけるためというだけであれば、たとえば大学やカルチャーセンターのような場所でもよかったはずである。

アリエスが注目する第二の出来事は、「学寮」と「教場」の結合によって生じた化合物、すなわち新たなコレージュの誕生である(17)。では、コレージュとは一体どのような場所だったのか。そこにおいて、いかにしてあの〈教育〉が可能になったのか。

コレージュの一つの特徴は、そこが「階層的・権威的な関係を通しての教育」と「規律を重視した共同生活」が同時に進行する教育施設である、という点にある。このことはもちろん、コレージュが道徳的社会的規則、友愛に基づく共同生活を重視する修道会規則の影響を強く受けた「学寮」から派生して形成された教育施設であることに関係している。とはいえ、その権威や規律の内実はただの学寮であった頃のコレージュと、教育機関と生成変化した後のコレージュとでは、全く異質なものへと生成変化したことに注意しよう。「小規模で民主的な給費生の共同体」であった学寮内部における権威の差異は、あくまで相対的なものにすぎず、その秩序は具体的な人格関係の上に成り立っていたにすぎない。これに対し、〈教え、学ぶといった教授関係〉をその内部に取り込んだ教育施設である新たなコレージュは、「総監職を持つ学寮長と、彼が選んだ教師たちが、多数の生徒たちを強制的な規律に従わせている階層的で、権威的な制度」(Ariès 1972 = 1983、147頁)へと大きくその性質を変化させたのである。

こうしたコレージュの突然変異は、同時に、それまでの教える立場にある者(教師)と学ぶ立場にある者(学生)のあいだに結ばれる「関係」の性質をも大きく変化させた。すなわち、中世において一般的であった〈教え=学ぶ〉関係は、いわば徒弟制をモデルとする、同じ仕事(学問)を追求する先達と後輩の比較的連続した〈ヨコ=ナナメの権威関係〉であったが、コレージュに組み込まれた後の〈教え=学ぶ〉関係は、もっぱら教育・配慮する側に立つ教師と、教育・配慮の対象である生徒のあいだの全人格的な〈タテの教育関係〉へと変質したのである(宮澤 1992、1998)。

規律の働きに関連して押さえておくべき二つのポイントがある。一つは、コレージュ内部における「タテの教育関係の確立(「教え手」と「学び手」の距離の拡大)」と「規律強化」とのあいだの相互促進関係である。教育空間の内部で規律が強調されるようになると、それに応じて「教師/監督者」と「生徒/保護対象」のあいだの社会的距離も増大するが、こうした距離の拡大によって成立したタテの複合的な教育関係は、翻って「規律」を生徒の「精神形成」のために不可欠な要素として感受させるものとなる。そして、魂の救済への配慮(規律)が、教師の責任として観念されればされるほど、空間内部での監視の必要(心性)も強まっていくのである(18)。

だが、規律に関してさらに注目すべき特徴は、それがコレージュ空間「内部での変化」を「外部社会に対しても意味のある変化」へと転換する作用を併せ持つ、という点である。すなわち、コレージュ内部の秩序を強化するための規律は、それ自体が普遍的な教育的・人間的価値を示す象徴として、社会的意義をもつようになるのだ。森重雄(1999、134~135頁)の次の描写は、この点を鋭くえぐるものとなっている。

「はじめ若い学生は、たとえば法律がラテン語であるがゆえに、その前段としての古典語とそれによって書かれた文献すなわち人文主義的教養を学ぼうと、パリに集まったのであった。しかしいまや、古典語主義を体現した教師に学ぶためには、つまり教授をうけるためには、彼らは閉じ込めの場であるコレージュの集団規律に従わなければならない……この学院すなわちコレージュに生まれた規律は、人間形成とされるものの条件であると同時に内容となる。これが教育の立ち上がりなのであり、それは16世紀には通学生にたいしても開かれていく。そしてかれらにたいする規律の厳格化は、17世紀のジェスイットの教育―そこではもはやギリシア・ローマの文化内容ではなくコレージュの規律形式が売り物になっている―の成功をみちびいてゆく。ここでは規律が、社会化を教育へと屈折させている。」

コレージュは「規律」という、まさに意図しない効果によってその評判を向上させた。コレージュは規律を与える教育機関として、いわば「人間形成（よきふるまいの道徳）」のための好ましい場所としてその信任を得ることになり、多くの学生（家族）が、その評判にあやかろうとしてコレージュをめざした。そして多くの学生がコレージュをめざすことにより、コレージュの価値は社会全体に広がっていくことになる(19)。

さらにここで興味を引くのは「規律が、社会化を教育へと屈折させている」という表現である。この表現は、「規律が教育を偽装している」ことの指摘としても読める。ここで前節の教養の意義に戻るが、なるほど普遍的教養は「それ自体に価値をもつ」と観念されるようになったものの、それが本当に身についているかどうか、教養を身につけることに具体的にどのような価値があるかは、外部からは見えにくい。これに対し規律は「身体＝振る舞い」に付着し、その効果も含め外部から「見えやすい」ものである。その上、規律の強化（慣れ）には、規律を愛し、無規律を嫌悪する心性を自己強化的に醸成する傾向が内在している。こうした可視的・自己強化的性質を持つ規律は「教養の意味論」や「教養を持つ人間（＝ブルジョア）の地位」との混同を通して、なにがしかの人間的価値を表現する媒体となった。すなわち、規律化された身体は、「学校に行く／行かない」という単なる差異を、「教育がある者／ない者」という全体社会に流通可能な身分コードへと変換する上で重要な媒介者となったのである。

もちろん規律の「有／無」が社会的価値をもって広がるというこうした効果は、規律を求める時代の要求にマッチしていたために可能になった。コレージュが生まれた15・16世紀は、いわば絶対主義体制が確立される前夜の時期にあたり、理性的で合理的な自己制御能力を身につけていることが、身分が高く、文明化された印として意識され始めた時代だった（Elias 1969＝1978）。このような社会背景がなければ、コレージュの高度な規律は、ただひたすら異様なものに映っただろう。実際、過度の規律は、社会的従属の印にもなりうるのである。

4　中間考察

以上、近代教育の立ち上がりについて、人文主義的教養と規律空間の成立という二つの出来事の観点から検討してきた。この二つの出来事を統合した場所に、近代教育の姿がその近似的な「像」を結ぶことになるわけだ。ここでアリエス自身の近代教育に関する描写を中間考察的に吟味し、後半の議論につなげていくことにしよう。アリエスは近代教育を、次のように特徴づけている。

「見習奉公と学校での知育という二つの別々の観念に対して、一つの新しく、より一般的な、そして、子ども時代の特有性とそれを守る必要性の発見から生まれた別の観念がとってかわった。教育は、子どもに『学問』と『よき習俗』（見習奉公）とを同時に与えるために、大人の社会から子どもたちを引き離す様式である」（Ariès 1972＝1983、185頁）。

この凝縮された表現に、近代教育に関わる二つの特性が映し出されている。

一つは、近代教育は、「学問」と「よき習俗」（見習奉公）の二重の側面をもつ実践として構成されている、ということである。表向き学校は、「学問＝知」を伝達する教授空間となることで自由・理性・合理性を自認する近代的理念とのつながりを得ている。けれども学校が、この世界において誰にとってもリアルで価値をもつ場所と観念され、それなりの厚みをもった空間として成立しうるのは、そこが「よき習俗」や「規律」が身につくとされる共同生活の場所だからである。

さらに、この二重の側面をもつ教育内容／カリキュラムは、それぞれ「教育内在的な価値（教育的によい／悪い）」という自己準拠と「環境世界での情報的価値（情報／非情報）」という他者準拠との二重の観点から構成されている。すなわち、一方で学問＝知には「教養・人間形成」といった内在的価値と「社会的有用性」といった外的価値の二重の意義があり、「規律」においても、「主体形成」という内在的価値と、「社会秩序の維持」という外的価値の二重の意義が備わっている(20)。

アリエスの導き出した近代教育の第二の特性は、教育の実践は「大人の社会から子どもたちを引き離す様式」として構成されている、というものである。ここには、「現実世界での責任を猶予された安全な空間」に子どもを囲い込むといった直接的な方法もあるが、子どもが学ぶ知識や体験を教育的に吟味し無害化した上で提供する、といった間接的な方法も含まれる。とはいえここで、教育の様式（実践形式）のレベルと教育内容（プログラム）のレベルを区別しておくことが肝要だ。ルソーのように、子どもを「大人の社会から引き離す」こと自体をその教育内容として求める、教育の「形式」と「内容」の一致を理想とする教育観もあるが、逆に、子どもを「現実社会に徹底的にさらすべき」といった、その「形式」を否定するパラドキシカルな「内容」をもつ「教育」もありうるだろう(21)。

さらに、ここで「子どもたちを大人の社会から引き離す様式」という表現にはシステムの作動という観点から見て、二つの意味が含まれている。一つは、教育の実践はそれ自体、「子どもたちを大人の社会から引き離す」作用をもつ実践であり、そうした実践の集合的帰結として子どもは〈子ども〉として構成される、といった「作用」面での意味である。もう一つは、教育の実践は、子どもが「大人の社会から引き離されている（子どもが〈子ども〉として構成されている）」ことを前提としてはじめて可能になる、といったように教育を支える「条件」としての意味である。

以上、わたしたちは近代教育の特質として、その実践に内在する「引き離し」の様式と、この「引き離し」の様式＝作動が生み出す、教育の自己準拠的なシステム連関について考察してきた。とはいえ、この「引き離す」様式は、教育システムに特有の様式なのではない。より抽象のレベルを上げていえば、それは近代社会そのものに当てはまる特質である。また、「大人の社会から子どもを引き離す」様式という子どもに限定した「切り離しの様式」に限っても、やはりまた教育システムに特有の性質ではない。それは、近代家族の特性でもあるのだ。ここにわたしたちは教育と家族の関係、教育と近代社会の関係を見ることができるという希望をもつ。続く二つの節では、「切り離す様式」を切り口に、教育と近代家族との関係、教育と抽象的な〈人間〉を構成する近代社会との関係について検討を進めていくことにしよう。

5 教育システムと家族システムの結合関係

「大人の社会から子どもたちを引き離す様式」という近代教育についてのアリエスの観察からわたしたちは、近代教育を、〈子ども〉の観念（＝大人と子どもの差異）を（再）生産する実践であると同時に、〈子ども〉の観念に支えられて可能になる実践であること、つまり、それらの実践はシステムとして連関して生じている様子を見いだした。

しかし、〈子ども〉の観念によって支えられ、またその構成に関与する存在はひとり教育システムだけではない。近代化の過程そのものが大人と子どもの差異を構成・拡大していくが、そのなかでも重要なのは、公的領域／私的領域の分化、あるいは、ウチ／ソトの分化によって成立するブルジョア＝近代家族（家族システム）である。こうした家族という私的領域の内部において、〈子ども〉（子どもを〈子ども〉として特別にかわいがり・配慮する実践）は構成されてきたのである(22)。

近代以前の家族は、これを図式化していえば、世襲財産の維持・伝達を中心に組織された制度としての家族であり、その家族は共同体の秩序・役割体系の中に組み込まれ、その境界も絶対的なものではなかった。これに対し、近代家族（ブルジョア家族）は、家族水入らずの感情生活（ウチ／ソト区別）を中心に組織されるシステムになった。こうしたウチ（私的・親密）／ソト（公的・ライバル）の区別を通して組織される近代家族は、外部世界（公的領域）での交流を男性に代表させる一方、愛情・情愛を強調することでケアする存在としての〈女性〉、ケアされる存在としての〈子ども（老人）〉をその内部に取り込むものとなる。このように内部の情愛関係を重視し始めた近代家族は、子どもを愛し大切に育てることにその家族アイデンティティを託するものとなり、子ども時代は「一刻も早く通り過ぎ、一刻も早く忘れ去られるべき一段階ではなくなった」（Ariès 1971＝1983、89頁）。

直接的な地位・身分・財産の伝達（再生産）が家族の第一義的役割でなくなり、また家族がその力を失うことで、子ども自身にその将来の生活や成功に向けてなにがしかの「力」を与える必要も生じてくる。このように、家族システムそれ自身の自己準拠的展開によって、〈子ども〉は未熟で汚染されやすく将来に向けて配慮されるべき「保護と教育の対象」として構成されたのである。こうした〈子ども〉の意味論が教育と囲い込みを同時に与える新しい学校（コレージュ）の枠組みに適合したことはいうまでもない[23]。

ここで、教育と家族は子どもを「引き離す」様式をもち、子どもの〈子ども〉らしさを構成するという点で互いに互いを支え合う関係にある。教育が〈子ども〉の構成を媒介として教育を支えるといった教育システムのトートロジーは、こうして隠される。とはいえ、学校と家族とでは、〈子ども〉を構成する仕方や内容は、必ずしも同じではない。

たしかに、ある時期まで「学校」と「家族」は、子どもを「大人の社会から切り離」し、同時にその保護空間内部での権威関係を確立する上で互いに強化し合う関係にあった。だが、本来的に学校・教育は子どもを一旦社会から「切り離す」という方法を通してあらためて「結びつける」ことを目指す場所でもある。子どもを一方的に社会から「切り離し」、その内部に閉じ込める傾向の強い家族とはその性質を異にしている。また、現在の家族は、保護空間内部での権威関係（権威主義的な父に代表される内部に含まれた他者性）を衰退させ、情緒的で親密な関係性を強化する方向に変化しつつある。家族空間内部でのこうした〈子ども〉の構成は、教育空間における秩序の維持や教えるための権威の確保を困難にしている。こうして現在の教育の困難は、家族と学校の〈子ども〉の位置づけや構成の仕方の齟齬に由来する部分も大きいといえるかもしれない。

6　近代社会空間における〈人間〉の誕生と教育システム

教育は「切り離す様式」を一つの特徴とするが、この様式をさらに抽象度を上げて受け取るならば、それは近代社会そのものの特徴であるといえる。この点に関して興味深いのは、〈人間〉の構成（誕生）に関する森重雄（１９９８、１９９９）の議論である。彼は、「近代と教育」の深いレベルでの結合関係を解き明かすには、近代における〈人間〉の誕生について理解する必要がある、と主張する。だが、なぜ〈人間〉の誕生の機制を理解することが教育の誕生をより深いレベルで理解する鍵となるのか。そもそも〈人間〉が誕生するとは、一体どういう事態を示しているのか。

わたしたちにとって〈人間〉の存在ほど自明なものはない。自分がそうであるし、目の前に人間はいくらでも存在するではないか。しかし、Ａという人物はその本質から王様で、Ｂはその本質から農民、そしてＣは生まれながらの罪悪人（異端者）であるような世界ではどうだろう。森はそうした近代以前の世界に〈人間〉は存在しなかったとし、〈人間〉の誕生を、西欧的近代における「中世都市」並びに「（近代）国家」の成立を契機とする、社会空間の近代的編成と相関して生じてきた出来事として見いだしている。

「中世都市」とは、大地を直接耕作することのない職人や商人が勢力を増し、多様な人々の社会的交通が活発化することで、ヒトと大地の結合体である共同体が弱体化することで出現した社会空間である[24]。ここでポイントはヒトの大地（土着的な共同体）からの「切り離し」である。そして、こうした「切り離し」を、さらに社会の隅々にまで押し広げたのが国家である[25]。中央集権的な近代国家は、その領土内空間を均質化・平準化していく強力なブルドーザーのように作用するが、この暴力的な空間の均質化・平準化作用により、ヒトはその土着する大地を剥奪され、その地位・役割・アイデンティティを自ら獲得していかなければならない〈人間＝主体〉として生み出されることになったのである[26]。

以上、要するに〈人間〉とは、近代の「多様な人びとつまり多様な個性の『通分』によってはじめて生じる」（森 1999、96頁）抽象化された存在の名にほかならない。ヒトが自由な主体として解放される近代化の過程とは、同時にヒトが本来的には「何者でもない」未規定な〈人間〉へと抽象化・主体化（自己準拠化）されていく過程なのだ。

さて、まず確認しておくべきことは、安定した大地や社会関係を剥奪され、自在に社会空間を移動し、自らの手で何事かを成し遂げ何者かにならねばならない〈人間＝主体〉のこうした構成こそが、ヒトが所有する教養・知識・能力が、あたかもヒトの価値を表示する社会的通貨となるための前提をなす、という点である。

とはいえ、現実の人間・大人は完全に未規定な状態に置かれているわけではない。彼らは可能性として抽象化されているのだが、それぞれに職を持ち、それなりに独自の社会空間に属してもいる。ところが、ある意味でこうした可能性を現実化した理念的な存在者が近代社会には存在している。いうまでもなく、それが〈子ども〉にほかならない。

〈子ども〉は、近代社会空間、そして教育空間という二重の遮断膜により、現実世界との具体的結合を奪われ、「誰かになっていく誰にでもなりうる誰でもない者」(森 1998、31頁)として抽象的に構成されている。こうした「誰にでもなりうる＝無限の可能性を持つ」〈子ども〉の構成は、教育にその勇気を与え、教育を近代社会(自由、平等、友愛の理念)に不可欠な装置として成立させているともいえよう(27)。

それにしてもなぜ学校はこれほどまでに成功・拡大したのか。その一つの理由は、一方で近代／教育／学校は、ヒトを、とりわけその人生の出発点(子ども)において、その由来・所属・属性を剥奪された「未規定」な状態に置くことで、「私は誰か・何が正しいか・将来はどうなるのか」といった存在への不安を生み出す巧妙な仕掛けとなり、他方で近代／教育／学校は、〈人間〉という抽象化された存在が新たに拠り所とすべき「教養・人格」や「能力」などの尺度(規定された不安・欠如)を生み出し、教育を受ける(学校に行く)ことが、この不安・欠如を埋める唯一の手段(儀礼)となったことにある(28)。

おわりに――「切り離し」の作動の社会的機能についての考察

教育という言葉でわたしたちは、何がしかの知識や価値を「教える＝与える」行為と考え、学校は「教育」を与えるための「組織＝手段」として設定する。近年の教育改革は、学校のこの「手段」としての性能を高めることにねらいを定め、推進されている。しかし、与える教育の効果は、過信すべきではない。そもそも教育は「技術欠如」（Luhmann 2002＝２００４）を特徴とする。実際、計画した内容を過不足なく与える学校をめざしてその改革を進めれば進めるほど学校はぎくしゃくし、挙句の果て改革者は、学校・教師がいかに非合理的な存在であるかを、ひたすら嘆くことになる(29)。

教育の効果は、良くも悪くも「切り離し」の作動それ自体によってもたらされるものも少なくない。子どもを現実世界から「切り離す」ことのもつ「隠れたカリキュラム」としての効果はもちろん、リアルな社会的世界や現実的必要性から「切り離す」この作用において、教育は社会に多大な影響を及ぼしているのだ(30)。

なるほどアリエスらの研究の成果を教訓として受け取り、教育が子どもを現実世界から切り離す作用の逆説的な帰結にのみ注目するなら、教育を合理的な営みへと洗練させようとする試みほど「正しい」選択はない、ということになる。だが、ここで忘れてはならないのは、「切り離し」の作動は、教育の非合理な部分（取り除くべき暗部）というよりも、教育そのものの構成的条件である、という点だ。すでに触れたように、教育を現実（職業）と結合することも、また、過剰な教育的配慮を排除することも、一つの教育的配慮としてしか可能でないのである。

もちろんわたしたちは、悲観的な結論を導くために、このような主張を行っているわけではない。最後になるが本稿では、教育における「切り離し」の様式が含み持つ意義・可能性について簡単に触れておくことにする。

第一に、教育が子どもを社会・属性から「切り離し」、「再定着」させる作動は、社会の直接的な再生産過程を一旦「切断・停止」することで、社会全体に「浮遊空間」を創出し、全体社会を多様で新しい可能性に向けて開く機能を果たしてきたといえるだろう。教育社会学はこの「切り離し」、「再定着」に向けての一連の過程を、「属性主義から業績主義へ」といったメリトクラシーの観点から観察してきたが、「切り離し」の作動は単に再生産の中断（機会の平等化）だけでなく、社会構造の再生産そのものの中断でもある。つまり、教育システムは、社会全体の構造的硬直性を打破し、全体社会をその変化・発展に向けて可動的・流動的な状態に置くことに貢献しているのである。

第二に、「大人社会から子どもを切り離す」教育の作動は、ある意味で、ヒトを大地（共同体）から切り離し、過度に機能的・競争的な関係へと組み込もうとする現代社会において、逆にその重要性を増してきているといってよい。なぜなら、剥き出しの競争・排除社会から子どもたちを「切り離す（保護する）」教育空間は、「民主的なコミュニケーション」のリハーサルの場となり、他者や世界への信頼を担保する重要な橋頭堡となりうるからだ(31)。子どもを家族（出身階層等）から「切り離し」、その社会的役割を一旦チャラにすることは、それ自体が「無知のヴェール」の作用をともない、社会的連帯を確保する方法にもなってきた。

最後に、教育空間における、教育者と被教育者の「切り離し」という作動についても、それは教育主体（教師）が、自らの実践を反省的にとらえ、改善していく上での不可欠な条件であり、実際、多くの教育現場では、そうした可能性が実現しつつある、という事実を忘れてはならない。なるほど、初期段階における教師と生徒の「距離の拡大」は、教師による子どもの人格的な支配関係を強化するよう作用してきた。そこからさまざまな否定的帰結が生み出されてきたのは事実である(32)。だが、教育者と子どものあいだの必要十分な距離は――たとえば教育者が転移／逆転移関係に巻き込まれることなく、むしろそうした関係を活用しながら実践を進めていくなど――、教育者がより純粋に子どもの形成の観点に即して実践を進めていくための条件でもある[33]。

もちろん、教育コミュニケーションのこうした非対称的なあり方にこそ、教育の見通しがたい困難や倫理的課題が潜在していると批判することもできる[34]。しかし、教育のコミュニケーションを停止することは不可能である。たとえ、「学校＝教育をスリム化する（教育的配慮を最小限にする）」という提案を受け容れたとしても、わたしたちは、それを教育的配慮による選択の結果として受け容れたのであり、システムの作動それ自体から抜け出したわけではない。教育コミュニケーションは、配慮しないという配慮により停止させてしまうべきではなく、配慮を停止した場合の効果についても他の可能性と合わせて配慮（考慮・省察）するといったように、さらに展開させていく必要がある。

注

（1）「教育は近代に誕生した」というテーゼをより鮮明に打ち出したのは、森重雄（1987、1993）である。本研究は、より正確にいえば、アリエス＝森理論を引き継ぎ展開しようとするものであるといえる。

（2）また、教育が子どもを「引き離す」様式で作動することは、教育の内容が子どもを「引き離す」ものであることを直接意味するわけではない。様式（作動）レベルと内容（プログラム）レベルを区別して考えることが重要である。

（3）教育史的にアリエスを引き継ぐ「近代と教育」研究は、近代教育のメルクマールを、たとえば、そこに「よき意図」や「自己保存の視点」（中内 1990、10頁）が含まれている、といったその内容上の特徴、あるいは、近代教育の近代社会のなかで果たす機能の観点からとらえることが多かった。

（4）森重雄（1987、1993、1998、1999、2003）や田中智志（1999、2003）など、社会学

的な観点からアリエスのモチーフを引き継ぐ研究もいくつか存在する。そこでは、教育という言葉・まなざしの生成やそれを可能にする装置について、問い直しが行われている。

（5）アリエスはある意味でシステム論的な観察法をもっていた、というのがわたしたちのとらえだ。たとえば宮澤（1988）は、〈子供〉の誕生に関するアリエスの記述には、因果関係的観点からすると混乱した叙述が多々見られることを指摘しているが、これは逆にいうとアリエスが因果的図式に囚われず、相互連関性を尊重して現実の観察を行っていたことを示している。システム論的に見れば、〈子供〉と家族システムや教育システムが同時に（トートロジカルに）構成されることはむしろ当然なのだ。さらに、本稿でシステム論の視点を持ち出す第二の理由は、近代以前に教育が「存在した／しなかった」といった不毛な実証論争に終止符を打ちたいからである。わたしたちが考えるような教育を近代以前に見つけたからといって、わたしたちのよく知るあの「教育」がそこに存在したことの証明にはならない。事後的にそれを発見することはいつでも可能なのだ。この点を明示するには、システム以前と〈システムの中での教育〉を区別することが妥当であるというのが本稿の主張なのである。最後に、アリエスの教育理論をシステム論的に読み替えるメリットは、システム研究の成果を使ってアリエスの記述を、見通しをもってさらに展開することが可能になることにある。たとえば、オートポイエーシス理論の研究成果を借りることで、作動の閉鎖性がシステムの開放性の条件となる、といったことが見えてくる。

（6）教育のシステム論的分析については、ルーマン（Luhmann 2002＝2004）などによる研究の蓄積があるが、本稿は、あくまでアリエスらの「近代と教育」研究から出発し、教育システムについての理解を深めることをめざす。もちろん、本研究は、ともすれば（他の研究成果から）孤立しがちなルーマンの教育システム論と、これまでの近代と教育研究の成果とを架橋するための、その一歩となろうとするものである。

（7）ルーマンは、「コミュニケーションは、必然的に社会的な作動となる。それは、他のコミュニケーションとの回帰的な網目状の結合を通してのみ構成される（孤立して出てくるわけではない）。システムの形成は、コミュニケーションの遂行により、他のコミュニケーションとの選択的な結合を通し、その遂行が同時に環境世界との差異を生み出すことから、行われる」（Luhmann 1990、28頁）と述べている。

（8）社会過程に埋め込まれ、散発的な教育と〈教育システムの中での教育〉の違いは、教育言説のあり方の違いのなかにも表現されている。たとえば、プラトンは教育について論じており、この意味で教育は古くから存在したといえるが、あくまでもプラトンは、「国家社会の正しいあり方と、その国家社会を構成する一人ひとりの人間の正しい生き方とは何かという問題を一体化して検討している」(宮澤 1993、17頁)のであって、「教育」という固有の問題を取り上げ、そのあり方そのものを論じたわけではないのである。

(9)コレージュとは、もともと危険や誘惑の多い街の生活から学生(若い教師と生徒たち)を保護する共同生活の場として発展してきた「学寮」である。森田(1988)によれば、コレージュは次のような特徴をもつ教育施設であった。①古典文学の教育が重視されていたこと。②複数のクラスが置かれ1クラスに1人の教師が置かれるようになり、進級の制度ができたこと。③独立した建物を有していたこと。④公共性の強い開かれた制度であったこと(新たに発展してきた都市の市民によって支えられた学校)。⑤この学校では、監視や規律による人間形成が中心的に行われ、「子ども」に対する新しいまなざし・心性がそれを支えたこと。

(10)中世の学校の内容面での特徴についてアリエスは、「段階化されたプログラムの欠如、難易性のちがう学問を同時に教育していたこと、さまざまな年齢の生徒・学生が一緒にされていたこと、それに生徒の放任」(Ariès 1960 = 1980、140頁)をあげている。

(11)教養の観念が広く受け入れられた背景には、それが新しく勢力を増しつつあったブルジョアジーにとって、その自己イメージに見事に適合し、またその地位を正当化する上でも有効だったことがある(Ariès 1972 = 1983、155頁)。

(12)デュルケームも、人文主義革命が知識を社会的実践的文脈(実用的価値)から切り離し、知の装飾的意義を賛美し、「知ること自体がよいこと=目的である」という思想を生み出したことを指摘している(Durkheim 1938 = 1981、437頁)。

(13)特定の効用と結びつかない教養=知の形式は、使用価値を断念することで普遍的な交換価値を保持するにいたった貨幣のようなメディア的機能を担うようになったといえるかもしれない。

(14)実際、社会の変化に応じて教養も、人文主義的な古典という実体から、そして社会の位階制構造から解放されることが必要であった。社会の複雑化・機能分化を背景として、19世紀には「教養」を支える「完全性」という意味論は崩壊し、「人間の完成可能性」や「子どもの教育可能性」へと置き換えられることになる（田中１９９９）。
(15) ルーマン（Luhmann 2002＝２００４）は「啓発」について「啓発は主体の内部参照と外部参照の関係、すなわち自分自身及び世界との関係として、理解される。このモデルの説得力は、自己参照と外部参照がそれぞれ独立しては可能でないという洞察に、基づいている」（２６０頁）と述べている。
(16) この点は石戸（２００３）のシステム論的カリキュラム論と接合可能である。彼はカリキュラムを、「情報／非情報」という外部準拠と、「(教育的に) 良／否」という自己準拠の二面性によって構成されるものとしてとらえている。
(17) 田中（１９９９）も次のように指摘している。「モダンな社会における教育は、もはや父親・親方の果たすべき義務ではなく、おもに学校の果たすべき義務となっていった。〈教示 instruction ―学校 schola〉連関と〈養育 educare ―家 domus〉連関との区別はなくなり、あらたに〈教育的な教授―家庭的な学校〉連関が作られていった。」（３１３頁）
(18) コレージュでは、大量の生徒たちをその細部にまで監視し、規律化するためのさまざまな仕掛け―監視・体罰、恥辱感の利用、競争、密告など、さまざまなシステム―が張り巡らされていくが、これらの仕掛けは、翻って学生組合的連帯を破壊し、教師に従順で配慮の必要な「生徒」を生み出すといった、循環をも形成する（Ariès 1960＝１９８０、２４１頁）。
(19) この時代は、ラテン語を必要とする職業・人口が増えた時代であり、ラテン語の異なる使用可能性が教育需要拡大の背景にある。だが、わたしたちにとって重要なのは、規律とラテン語のどちらが本当の原因かではなく、双方が教育の解放・一般化の契機として機能したという事実である。この点において二つの要因は機能的に等価なのである。
(20) 教育の理論・言説はしばしば、この二つの価値の一つの立場からもう一方の価値を否定するイデオロギー化の傾向をもつが、これは現実の誤認に基づく。たとえば、教育に内在的な価値を重視する立場から、自由な主体性を強調しつつ「規律」を教育から排除しようとする言説もあるが、こうした言説は、主体という形式の内に規律（自己統治）が内包されている現実に目をふさぐことで可能になっているにすぎないのである。
(21) ルソーの教育言説のもつパラドックスについては森田（１９８６）や鳥光（１９８８）の議論が興味深い。
(22) ここで参照するのは、アリエス（Ariès 1960＝１９８０、1953＝１９８３）であるが、宮澤（１９８８）のアリエス解釈からも多くのヒントを得ている。

(23) ここで、家族の変容が学校の内部構造（権威関係）の変容を支えた相互関係も重要だ。コレージュは、それにより「教師／学生」の二者関係で構成される教授の場から、家族（家父）から委託されて教育を遂行する「父母／教師／生徒」の三者関係で構成される教育の場へと変容したわけである（宮澤 1988）。

(24) コレージュが発展したのはこうした都市においてであり、近代家族の先駆形態となり、教養の発見、子どもの誕生を支えたのも、彼らブルジョアであったことを思い出そう。

(25) 森は近代国家の成立・拡大過程を、「自立自存していた共同体としての地方（ローカル）を、中央に依存する行政区画としての地域（プロビンス）へと暴力的に不具化」（森 1999、110頁）し、社会空間を均質化・平準化する過程としてとらえている。

(26) もちろん、こうした社会の均質化（超越性の解体）を推進する最大の要因は大澤（2007）の詳細な分析が示すように広義の資本主義であるといえる。この（超越論的第三者の）解体作用は現在なお進行中であり、今度は〈人間〉を解体する勢いですらある。だが、こうした問題は本稿を超える課題である。

(27) 田中智志（2003）は、「教育は、不安で孤独なひとを自由で平等な人間主体にかえる社会的なプログラムとしてこの社会に登場した」（184頁）と指摘しているが、近代は教育の意味論を通して矛盾を解決し、自らを賛美するために子どもを賛美したともいえよう。

(28) なるほど多くの教育言説は、人間を能力や有用性ではかってはならないと学校の選抜機能を批判してきた。けれども、人間を社会的文脈から切り離し、その存在論的安心を、人間＝個人としての存在意義の確保に求めようとする点では、まったく同じロジックの上にあるといえる。

(29) 現在、こうした合理性という幻想を求める改革は、質保障、スタンダード、カリキュラムマップ、アカウンタビリティ、評価サイクルなどあの手この手の手法を用いて推進されているが、もしこうした改革が（学校・大学の過剰なたるみを矯正するレベルを超えて）字義通り推進されるとすれば、「角を矯めて牛を殺す」結果を招くことになるだろう。

(30) この結論は合理主義者には逆説的でも、日々実践に携わる者にとっては、むしろ常識に近いものではないか。教育を「何かを与える」行為、学校をその合理的手段と見なせば、学校過程のほとんどが、思考不可能性・非合理性・技術欠如となる。逆に、教育を「〜を与えない」「〜から切り離す」という囲い込みの実践として観察するならば、学校がいかに教育の「技術欠如」(Luhmann 2002 = ２００４)を克服し、その影響力を保持してきたかが理解可能になる。

(31)学校が「中間集団」的な場としての性質—命を奪われたり、経済的に破産したり、全人格的に敵対する恐れなく、自由に試行錯誤できる空間であると同時に、大勢の中の一人でありかつかけがえのない存在として扱われる場—としての性質を保持する限りで、流動化社会で生きていく土台＝基本的信頼を育てる場となりうるのである。

(32)イリイチ(Illich 1971 = １９７７)は、教師が「保護者」「道徳家」「治療者」といった三重の権威をもつ存在となっており、いかに抑圧的な存在であるかを示した。

(33)たとえば、近年教育のコミュニケーションは、子どもの「行為」を制御する「支配・管理」過程から教育の実践を区別し—たとえば、「教育者は子供を〈まず行為する者〉としてばかりでなく〈体験する者〉としてとらえるべき」であり、「動機となった体験を再構成」し、「別様に体験できるかどうか」を考慮した上で制裁すべきだといったように(Luhmann 2002 = ２００４、１１４頁)—子どもの「体験＝学び」に徹底的に準拠したものへと変容を遂げつつある。

(34)たとえば、こうしたソフトな変容を、規律訓練権力から管理権力に移行してきたとする観点から批判することもできる。

引用・参考文献

Ariès, Ph., 1960, *L'enfanto et la vie familiale sous l'ancien regime*, (＝１９８０、杉山光信・杉山恵美子訳『〈子供〉の誕生』みすず書房).

——— 1971, "L'enfant dans la famille", *Histoire des populations françaises et de levrs attitudes devant la vie depuis le* 18e *siècle* (＝１９８３、中内敏夫・森田伸子編訳「家族の中の子ども」『〈教育〉の誕生』新評論、81〜１１４頁).

——— 1972, "Problèmes de l'éducation", *La France et les Français*, Gallimard (＝１９８３、中内敏夫・森田伸子編訳

「教育の問題」『〈教育〉の誕生』新評論、１１５～２４９頁）.
Durkheim, Emile, 1938, *L'e'volution pe'dagogique en France*, Felix Alcan, 2 vols.,（＝１９８１、小関藤一郎訳『フランス教育思想史』行路社）.
Elias, Norbert, 1969, *Über den Prozess der Zivilization*, Francke Verlag,（＝１９７８、赤井慧爾・中村元保・吉田正勝訳『文明化の過程　上』、波田節夫・溝辺敬一・羽田洋・藤平浩之訳『文明化の過程　下』叢書ウニベルシタス、法政大学出版局）.
Hamilton, David, 1989, *Towards a Theory of Schooling*, Taylor & Francis Group Ltd.,（＝１９９８、安川哲夫訳『学校教育の理論に向けて』世織書房）.
原聡介・宮寺晃夫・森田尚人・今井康雄編、１９９９、『近代教育思想を読みなおす』新曜社。
Illich, Ivan, D., 1971, *Deschooling Society*, Harper & Row,（＝１９７７、東洋・小澤周三訳『脱学校の社会』東京創元社）.
石戸教嗣、２０００、『ルーマンの教育システム論』恒星社厚生閣。
――２００３、『教育現象のシステム論』勁草書房。
Luhmann, Niklas, 2002, *Das Erziehungssystem der Gesellshaft*, Suhrkamp Verlag, Frankfurt am Main,（＝２００４、村上淳一訳『社会の教育システム』東京大学出版会）.
――１９９０、「システム理論の最近の展開」土方透編『ルーマン／来るべき知』勁草書房、16～30頁。
宮澤康人、１９９３、『近代の教育思想』放送大学教育振興会。
――１９９２、「学校を糾弾する前に　大人と子どもの関係史の視点から」佐伯胖・汐見稔幸・佐藤学編『学校の再生をめざして』東京大学出版会、１６１～１９５頁。
――１９８８、「アリエスの近代と子ども・家族・学校――『〈子供〉の誕生』を超えるまえに」宮澤康人編『社会史のなかの子ども』新曜社、３～98頁。
森重雄、１９８７、「モダニティとしての教育―批判的教育社会学のためのブリコラージュ」『東京大学教育学部紀要』第27巻、91～１１５頁。

――1993、『モダンのアンスタンス　教育のアルケオロジー』ハーベスト社。

――1998、「学校の空間性と神話性」『季刊子ども学』第18号、ベネッセコーポレーション、64～73頁。

――1999、「近代・人間・教育――社会学的人間論からの構図」田中智志編『〈教育〉の解読』世織書房、67～165頁。

――2003、「行政と学政――国民国家と地域支配」森重雄・田中智志編『〈近代教育〉の社会理論』勁草書房、197～239頁。

森田伸子、1996、『子どもの時代　『エミール』のパラドックス』新曜社。

――1988、「アンシャン・レジームにおける子どもと社会――その心性とイデオロギー」宮澤康人編『社会史のなかの子ども』新曜社、99～154頁。

中内敏夫ほか、1990、『教育――誕生と終焉』藤原書店。

大澤真幸、2007、『ナショナリズムの由来』講談社。

越智康詞、2008、「学校」田中智志・今井康雄編『キーワード現代の教育学』東京大学出版会、201～214頁。

高橋徹、2002、『意味の歴史社会学　ルーマンの近代ゼマンティク論』世界思想社。

田中智志編、1999、『ペダゴジーの誕生――アメリカにおける教育の言説とテクノロジー――』多賀出版。

田中智志、2005、『人格形成概念の誕生　近代アメリカの教育概念史』東信堂。

――2003、「自己言及する教育学」森重雄・田中智志編『〈近代教育〉の社会理論』勁草書房、163～194頁。

鳥光未緒子、1988、「近代のプロジェクトとしての教育学」宮澤康人編『社会史のなかの子ども』新曜社、227～276頁。

柳治男、2005、『〈学級〉の歴史学』講談社選書メチエ。

第7章 「私淑」とメディアクラシー

稲垣 恭子

1 「私淑」とは

幼稚園から大学にいたるまで学校という場では、授業やクラブ活動、学校行事など、誰でも何らかの形で教師との関わりを経験している。だから「先生」というと、まず学校の教師のことが思い浮かぶ。担任や授業以外ではほとんど交流のなかったような場合も含めて、「先生」ということばは、まずこのようなフォーマルな制度的関係を示すことばとして使われることが多い。

しかし逆に、そうしたフォーマルな指導関係にはない場合でも、個人的に敬慕する人を「先生」と呼ぶこともある。たとえば、塾や習い事の先生に影響を受けたりいろいろな悩みを相談したりするような場合、「先生」ということばには、ただ勉強や技能を教えてもらう相手というだけでなく、「人生の師」といったニュアンスが含まれることが多い。さらに、直接に教えを受けたりしてはいないが、テレビや著作、作品などを通して間接的に影響を受けた人物を、いわば「心の師」というような意味で、個人的に「先生」と呼んだりする場合もあるだろう。

　このように、「先生」との関係にはさまざまなタイプがある。このような指導関係をとらえるために、「人格的―没人格的」という軸と「直接的―間接的」という軸の二つによって類型化を試みたのが、図７・１である。

　まず、直接的・対面的な指導関係にあって、しかも学識だけでなく人格も含めた全面的な関わりをもつようなタイプ（Ⅰ）を、ここでは「師弟（原型）」型と呼んでおく。孔子と子路、法然と親鸞など、いわゆる古典的な師弟関係がその例としてあげられるだろう（山折 ２００３）。その対極にあるのが、間接的で没人格的な「疎遠」型（Ⅲ）の関係である。「師弟」型のような感情的な交流やパーソナルなつながりは薄く、互いの距離も遠いような関係である。卒業するまで互いに名前を覚えていない、大講義室で講義を聞くような関係というとイメージしやすいかもしれない。それに対して、直接的な指導関係にはあるが、知識や技能の伝達といったフォーマルな役割関係以外では接触があまりないような没人格的な関係が「ツール」型（Ⅱ）である。ウォーラー（W. Waller）も指摘しているように、近代社会においては、学校のような制度的な教育の場では、個人間の自然で人格化された相互作用をもとにした「人間的指導」（personal leadership）よりも、合理的で没人格的な「制度的指導」（institutional leadership）がその中心になっている（Waller 1932＝１９５７、２４０〜２４４頁）。「制度的指導」のもつ関係の希薄さの側面が強調され

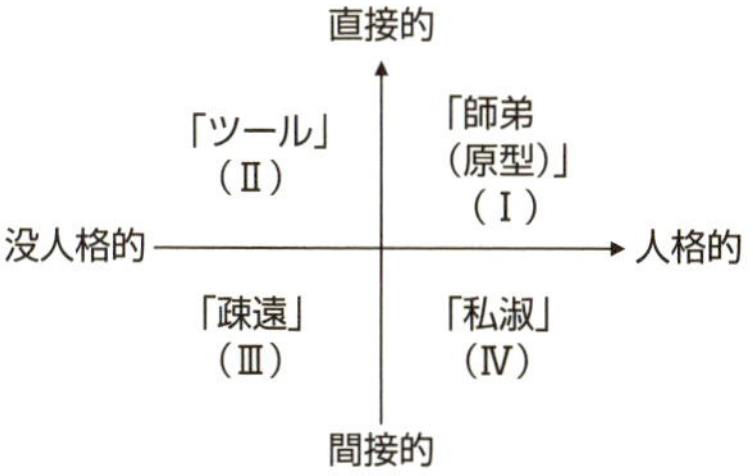

図７・１　指導関係の類型

たのが「疎遠」型に近いとすれば、その合理的側面が強調された関係が「ツール」型ということもできるだろう。制度化された役割関係が徹底されていくと、互いを自分の目的に合わせて「ツール」として利用し合う道具的側面が前面化されやすい。積極的ではあるが人格的・感情的な交流は薄い、その意味では現代的な関係ということもできる。教師と生徒（学生）の関係においては、教育関係の原型である「師弟」型のような濃密な関係よりも、基本的にこの「ツール」型と「疎遠」型が中心になりつつあるということができるだろう。

しかし、先生を尊敬し自らのモデルとして模倣するような「師弟」型の関係がまったくなくなったわけではない。たしかに学校のような制度的場における直接的な指導関係は「ツール」化の傾向が強くなりつつあるが、著作や作品などを媒介した間接的な関係を通してひそかに敬慕するというような例は決して少なくない。たとえば、誰かの著書を読んで感銘を受けて書いたものをすべて読破し、さらにはその人の日常生活や趣味まで気になり始め、その生き方全体を自身のモデルにするというような場合である。このような間接的ではあるが情緒的な絆を含む人格的な関係を、ここでは「私淑」型（Ⅳ）と呼ぶことにする。近年では、著書や作品に限らず、テレビやインターネットのブログなどメディアを介したさまざまな形の「私淑」が、新しい師事のスタイルとして広がりつつある。

一般には、直接指導を受けている「先生」のほうが、著書やテレビを通して間接的に接触する「先生」よりも影響力があると考えるのが普通だろう。しかし近年では、フォーマルな指導関係が希薄化し「ツール」化していく一方で、メディアを通したバーチャルな関係である「私淑」のほうが、むしろより大きな影響力をもつという場合も少なくない。本章では、この「私淑」という師事のスタイルに焦点をあて、その変容と現代における社会的意味を考えていきたい。

2 「私淑」の変容

「私淑」ということばは、もともと孟子が孔子の教えを学ぶにあたって、「実際に弟子になって教えを受けることはできないが、ひそかにその道について聞き知り、それを淑く学んだ」という意味で使ったのが基になっているといわれる。このような間接的で一方向的な師事のスタイルが「私淑」である。

その中には、フォーマルな指導関係とは別にインフォーマルに出会った人物への個人的で一方的な「私淑」から、新聞、雑誌、著書といった出版メディアを通したより間接的な「私淑」、さらに近年ではテレビやインターネットのブログ等のメディアを介した「私淑」まで、多様なスタイルが存在している。これらのスタイルは同時に併存しうるが、全体としてみれば、メディアの変化にともなって「私淑」のスタイルや意味も段階的に変容している。その意味では、「私淑」の変容を考える上で、それを媒介する装置であるメディアとの関係は重要である。そこにはまた、学問の世界におけるアカデミズムとジャーナリズムの関係も映し出されている。

こうした観点にたって、ここでは、擬似師弟関係としての古典的な「私淑」から、出版メディアを通した積極的で選択的な「私淑」、さらにインターネットのブログ等を通したメディア上でのオープンな「シシュク」へという三つの段階（フェーズ）を設定し、それらの出現と変容の過程を分析・考察していくことにする。

(1) 擬似師弟関係としての「私淑」

古典的な「私淑」は、できるだけ直接教えを受けるのに近づけようとする代替的な師事のスタイル、いわば擬似的な師弟関係ともいえるものである。

このような擬似師弟関係としての「私淑」のひとつの例として、ここでは『こころ』(夏目漱石)における「先生」と「私」の関係を取り上げてみよう。小説の冒頭で「私はその人を常に先生と呼んでいた。だから此処でもただ先生と書くだけで本名は打ち明けない。これは世間を憚る遠慮というよりも、その方が私に取って自然だからである」と述べられているように、この小説のなかでは、「先生」と「私」が本名やそれ以外の固有名詞でてくることはない。しかし「先生」といっても、学校で教師として教えているわけではなく、もちろん「私」は先生の指導を受けている学生でもない。

「私」が「先生」と知り合ったのは、鎌倉に海水浴に行ったときである。名前も知らないまま言葉を交わすようになった際、つい口をついて「先生は?」という言葉が出てからその人を「先生」と呼ぶようになるのである。東京に帰った後、授業が始まるまでは「先生」のことも忘れていたが、「授業が始まって、一カ月ばかりすると私の心に、また一種の弛みができてきた。私は何だか不足な顔をして往来を歩き始めた。物欲しそうに自分の室の中を見廻した。私の頭には再び先生の顔が浮いて出た。私はまた先生に会いたくなった」のである。そうして「先生」の自宅をふいに訪ねていき、それからしばしば通うようになっていく。

「先生」は、大学を出て学問や教養もあるのだが定職はもたず、毎日、本を読んだりして過ごす高等遊民のような生活をしている人物である。「私」は「先生」のそうした生活ぶりに「近づきがたい不思議」

を感じ、「先生」に惹きつけられていくのである。「先生」が家にいるときは、本のことや人物のことなどさまざまな話題について話し、また散歩や外出についていったり、夕食やビールをご馳走になったりする。たまに「先生」が不在のときには、奥さんに「先生」の昔の話を聞いたりすることもあった。そうした日常の何気ない会話や接触のなかで、「先生」の思想や生き方に少しずつ近づいていこうとするのである。

「先生」は、私が自宅に出入りするのを嫌がるわけではないが、あまり一途に接近しようとすると躊躇する様子をみせたりもする。それでも、大学の授業や学生生活に何か満たされないものを感じていた「私」には、大学で講義を聞くよりも「先生」と会話するほうが有益で、「教壇に立って私を指導してくれる偉い人々よりもただ独りを守って多くを語らない先生の方が偉く」みえるのである。その意味では、「私」と「先生」の関係は、「私」の方が一方的に敬慕し師事する「私淑」の関係にあるということができるだろう。

「私」が惹かれていった「先生」のもつ不思議さの内実は、後に「先生」の「遺書」の中で明かされることになる。「遺書」を読んだ「私」が、そこに書かれている通りの倫理的苦悩を「先生」の「真実」として読み取ったのか、あるいはもしかしたらそれを空虚な「内面」を糊塗する自己欺瞞として読み取ったのかはわからない。しかし少なくともそれまでの「私」にとって「先生」は、講義以外にほとんど接触のない大学の教授以上の実質的な「人生の師」だったのである。

「私」と「先生」のような関係は、当時の高校生や大学生にとってはリアルなものであった。『こころ』が「朝日新聞」に連載され、岩波書店から出版されたのは大正3（1914）年であり、この頃からいわゆる教養主義が旧制高校を中心に広がっていった。一般に教養主義といえば、人文・思想書の読書による人間形成の側面に焦点があてられることが多いが、一方で教師との関係のなかでその手ほどきを受けた学生が少なくなかったことも重要である。たとえば、東京大学法学部教授を経て最高裁長官を務めた田中耕太郎は、新渡戸稲造校長の全盛期であった明治41（1908）年に一高に入学し、当時、一高の名物教師といわれた岩元禎の授業も受けたが、その頃の経験について次のように述べている。「向陵三年の生活をし、すくなくとも新渡戸、岩元先生などに私淑していた者にとっては、もっとも根本的な問題は何になるかではなく、如何に生きるかであったことはたしかである。明治的青年の立身出世主義は軽蔑された。生活のための職業以外に、はるかに崇高な世界があること、人間として身につけておくべき教養の権威が教えられた」（田中 1961、316頁）。

岩元禎といえば、明治32（1899）年から昭和16（1941）年まで一高でドイツ語と哲学を教えたが、家庭をもたず、金銭や名誉にも関心がなく、著書を著わすこともなかったため、「外からみればほとんど完全に自己表現の方法を失ってしまった、ただ西洋の学問への沈潜に生きるほかは何もしなかった人間」（高橋 1984、32頁）の典型と評される人物である。『三四郎』の中に「偉大なる暗闇」として登場する広田先生のモデルともいわれている。教科書に線を引くのを禁じたり、自分のつけた訳以外の訳し方をすると落第点をつけるなど、数々のエピソードの持ち主でもあるが、その書物に向かう態度と迫力に強烈な印象を受けたという思い出を語る人は少なくない。

しかし、このような旧制高校的な文化や教師との関係は、必ずしも卒業後も続くとは限らない。教養主義的な文化と最も連続性のある学部は文学部だったが、その進学率は大学生全体の10％ほどにすぎなかった。ほとんどは高校を卒業した後は法科や経済に進んで、今度は職業や試験に直接、結びつく専門の学問に専念するというのが一般的だったのである。

『こころ』における「先生」と「私」の関係も、こうした時代背景のなかにおいてみると理解しやすい。「私」にとって「先生」は、大学での教授とのフォーマルな関係のなかでは満たされない「人生の師」であり、その意味では擬似師弟関係としての「私淑」だったということができるだろう。

制度的な指導関係では望めない「人生の師」を求めての「私淑」は、男子学生だけでなく女学生の中にもしばしばみられた。後に少女小説作家として人気を得る吉屋信子は、栃木高等女学校の一年生だった明治41（1908）年に、女学校に新渡戸稲造が講演に来た時、良妻賢母よりもまず一人のよい人間となるために学ぶべきだと説くのを聞いて、「烈しい鮮烈な感動」に全身を揺すぶられ、「天の神の声を聞くように恍惚とした」とその感動を述べている（吉屋 1963、24～25頁）。しかし翌日、再び講堂に集められて、今度は教頭から、新渡戸先生は日本の女子教育をよく知られないのだけれど、本校はあくまでも良妻賢母を目的の教育を行うという趣旨の話があったという。それでも「生意気な少女の私は、その教頭よりはるかに新渡戸博士が人間として偉いと信じて昨日の感激を少しもそこなわず持ち続けた」（同書、25頁）と当時を振り返っている。新渡戸だけでなく、実用主義的な良妻賢母教育よりも教養主義的な女子教育をめざしていた明治女学校の厳本善治や第一高等女学校の市川源三、成女高等女学校の宮田脩などの下には、その思想に憧れて「私淑」する女学生も少なくなかったのである。

このように、古典的な「私淑」は、直接の師弟関係ではないものの、人生に大きな影響を与えた重要な他者＝「人生の師」との擬似師弟関係としての「私淑」である。

小島政二郎と永井荷風　同じように人生にとって決定的に重要な影響を与えたにもかかわらず、直接ことばを交わすこともなく終わった「私淑」もある。作家の小島政二郎と永井荷風の関係がそれである。小島は、中学時代から永井荷風に憧れ続け、直接その教えを受けようと慶應義塾大学に進学したのに、結局その機会に恵まれずに終わっている。その思いは、『小説　永井荷風』の冒頭で次のように綴られている。

「恋に『片恋』があるように、人と人との間にも、それに似た悲しい思い出があるものだ。私と永井荷風との関係の如きも、そう言えるだろう。もし荷風という作家が丁度あの時私の目の前にあらわれなかったら、私は小説家にはならなかったろうと思う。それほど―私の一生を左右したほど―大きな存在だった荷風に対して、私はついにわが崇拝の思いを遂げる機会にさえ恵まれなかった。」（小島 2007、3頁）

小島政二郎は、『眼中の人』『鴎外荷風万太郎』などの作品でも知られ、大正文学の一端を担った作家である。芥川龍之介や菊池寛らとの交流を綴った『眼中の人』や『私の履歴書』の記述をみると、師弟関係や交友関係を大切にした人であったことがよくわかる。そのことは、『私の履歴書』の中で、小島が自らの師弟関係について書いた部分が、彼の記述全体の24・3％を占めていることからもうかがえる。『私の履歴書』の執筆者全体（561名）の平均でみると、師弟関係の記述部分の占める割合は5・8％ほどだから、彼にとって師弟関係がいかに大きな意味をもっていたかがわかるだろう(1)。尊敬する荷風に直接師事できなかったことが生涯、忘れられなかったというのも納得できる。

小島政二郎の荷風への傾倒ぶりは、彼の書いたさまざまなエピソードからもうかがうことができる。

東京生まれの小島は、旧制中学時代には、慶應から発行されていた『三田文学』が主催する講演会があると三田の山の上まで聞きに行っていたから、その頃から荷風の顔は見知っていたという。その憧れの荷風に直接教えてもらえることを夢見て、慶應大学に入学するのだが、まだ本科の二年になるまでは講義に出ることができない。遠目に荷風の姿をみながら、近い内に教えてもらえるのだと思うと嬉しさもひとしおで、「週に二度ずつしずかに山を登って来る先生の姿を、私はどんなにあこがれのヒトミをこらして見迎え見送ったことだろう」というほどだった。しかしそれだけでは足りず、授業が終わってから荷風が久保田万太郎ら上級生たちと一緒に連れ立って木村屋という洋食屋の二階に立ち寄るのについて入り、近くの席にすわってそのやりとりを盗み聞きするのを楽しみにしていたというのだから、相当な思い入れである。ただし、「荷風は文学の話なんかこれっぽっちもしないで、パリと東京の靴の出来の違いや、女を買って翌る朝帰ろうとすると、女が手渡してくれる身のまわりの品々の順序が、日本人の場合とは全く逆であることや、その月見た歌舞伎の噂をしたり、浮世絵の話をしたり、平談俗語が多」（小島 2007、233頁）く、文学談義などはなかったことにはちょっと失望したらしい。それでも、「もう二年たてば、私も先生に教えてもらえるのだ」と思ってフランス語の勉強などをして準備していたという（小島 1983、364〜365頁）。

ところがそうまでしていたのに、実際に講義を聴く機会に恵まれる前に、荷風は慶應を辞めてしまう。小島は、「荷風にいなくなられた私は、一生の希望を失ったような気がし」（小島 2007、370頁）て、勉強する気も失ったと当時を回想している。結局、その後もあれほど憧れていた荷風に直接、師事するチャンスはないまま、むしろちょっとした行き違いから、間接的にではあるがその関係はねじれていくことになる。しかしだからこそ、荷風への思いは格別なものだったのだろう。「私淑」とはいえ、永井荷風は小島政二郎にとって一生を左右するほどの重要な存在だったのである。

荷風には師事できなかったが、小島は、荷風が慶應を辞めた後、講義後まで続く文学談義の面白さを教えてくれた馬場胡蝶や、慶應に残ることを勧めてくれた沢木教授とは良好な関係をつくっている。とくに馬場胡蝶の授業では、作家の生活や裏話まで入ったリテラリーチャッツと読書指南に大いに影響を受け、「荷風を失った代償を、私は一週二度二時間の胡蝶との接触によって得た」（同書、280頁）と述べている。講義の時間だけでなく、放課後も、「先生と一緒にブラ〳〵歩いて銀座へ出たり、丸善へ行ったり、神田の『いせ源』へ行って鮟鱇鍋を突ついたり、そのあとで小柳亭へ講釈を聞きにはいったり、私は特に豊竹呂昇のよさを教えられて彼女が東上するつど有楽座へ聞きに行ったりした」（同書、280頁）と、その点でも荷風とは満たされなかった師弟関係の楽しさを得ることができたようである。小島政二郎にとって、直接師事することの醍醐味は、こうしたインフォーマルな関係を通してその見方や考え方を体得し、自分もその一員になりたいと思っている作家の世界を身近に知ることができることであった。そこには、「私淑」だけでは得られない、直接師事することの魅力があったのである。

『こころ』の「私」の場合も小島政二郎の場合も、「私淑」がそれぞれの人生にとって大きな影響を与えている。だから「私淑」の仕方にも、直接指導を受けるのと同じ、あるいはそれ以上の思い入れが感じられる。その意味では、直接的な師弟関係と同質的、連続的な性質をもった代替的、擬似的な師弟関係とみることができる。古典的な「私淑」のスタイルは、このようにフォーマルな指導関係とは別に、学問や職業、生き方を含めて自らのモデルとなる人物との擬似的な師弟関係という側面をともなうことが多いのである。

(2) 出版メディアと「私淑」の広がり

積極的選択としての「私淑」　しかし「私淑」には、このような代替的、擬似的な師弟関係ではなく、より積極的な選択としての「私淑」も存在する。この新しい「私淑」のスタイルを生み出す土壌になったのは、大正期以降、大学や旧制高校を中心として広がっていった教養主義的な読書と、それにともなう出版メディアの拡大である。

ここでは、そうした新しい「私淑」のスタイルの例として、阿部次郎の『三太郎の日記』を取り上げてみよう。『三太郎の日記』は、『こころ』と同じ大正3（1914）年に出版され、その後大正7（1918）年に合本として岩波書店から出て以来、旧制高校生の必読書といわれた教養主義の中心的な著作の一つである。著者の阿部次郎は、この本の冒頭で「三太郎の日記は三太郎の日記であつてその儘に阿部次郎の日記ではない」（阿部 1960、9頁）と述べているが、実質的には阿部が30歳前後10年間くらいの間の内面を綴った「内省記録」（井上 1960、566頁）である。

このなかでは、書物を通して著者の内的過程をたどり直し、その人のものの見方や考え方を体得していくような読書の仕方、いわば読書による人格形成が随所で説かれている。いわゆる教養主義的な読書である。本章の関心にそって言い直すと、書物とその著者に師事するという意味で、読書を通した「私淑」ということができるだろう。

三太郎は、まず師弟関係そのものについて次のように述べている。「師弟の関係をもつて奴隷と暴君との関係と見る者は浅薄である。師弟とは與へられるだけを與へ、受けられるだけを受けむとする、二個の独立せる、しかも相互に深く信頼せる霊魂の関係である。弟子をその個性の儘に一人の『人』とするところに師の師たる所以があり、その稟性に従つて一個の独立せる人格となるところに弟子の最も多くその師に負ふ所以がある」（同書、466頁）。理想的な師弟関係は人格形成にとって欠かせないものだとして肯定的にみているのである。しかし、「我らの時代はあまりにも師弟の関係の薄い時代である。我らの間には、十分の責任を帯びて他人の霊魂の教育を引き受ける心持も、尊信と親愛とを傾けて、自己の霊魂の訓練を長上に託する心持も―これらの崇高な、深入りした心と心との交渉が余りに少ない」（同書、465頁）というように、現実にはもはやこのような理想的な師弟関係は望みにくくなっていると指摘している。

そして、それに代わりうるものが書物だというわけである。「我らの師を求むる心が、おのづから身辺の人を離れて古人に向ひ、直接の関係を離れて書籍に向はむとするはまことにやむを得ないのである。ゆゑに極めて幸福なる少数の人を除けば、我らが『師』を持つとは一人の人の生涯の著作を通じて、その人の内面的経験に参することである」（同書、465頁）というように、読書を直接的な師弟関係の衰退に代わる間接的な師事のスタイルとして位置づけている。

しかし、読書の仕方について具体的に述べている内容をみると、師弟関係の代替という消極的な意味だけではなく、むしろもっと積極的にその利点が強調されている。たとえば、トルストイとニーチェを例にあげて、自分が両方を「師」としたいと思ったとき、現実の師弟関係であればどちらか一方にしか師事することができないところを、読書を通してであれば「ニイチェがトルストイを悪く云つたり、トルストイがニイチェを悪く云つたりすることは、俺がニイチェとトルストイの両方の弟子であることを妨げない」（同書、318頁）という。

たしかに、直接の師弟関係にある場合、対立する別の師についたり、学ぶものがなくなったら去るなどということになれば、師との間に葛藤が生じたり感情的にこじれることにもなるだろう。また、近づけばそれだけ幻滅を覚えることも生じやすい。実際、三太郎は旧制高校時代に内村鑑三の文章を愛読し、できるなら親炙したいという気持ちもあったが、結局は「私淑」を選択したという。その気になれば、自分の私宅を訪問したり内村が主催する聖書講義に参加することもできたのにあえてしなかったのは、自分の個性が自立して先生にそむかなければならなくなったときに「先生の感ぜられるさびしさと、私の感ずべき呵責」（同書、123頁）を考えて、弟子になるのをためらったからだというのである。その自信を後で恥かしく思ったと述べてはいるが、直接師事するよりも「私淑」のほうを積極的に選んでいることは示唆的である。

「私淑」では直接、教わることのできないもどかしさがある一方で、師弟関係にともないがちな緊張や対立を経験することもない。いわゆる師弟の格闘は経験されず、理想的なイメージが維持されやすいところもある。擬似師弟関係としての「私淑」にとどまることの利点ともいえる。だから、直接に師事するよりも、好きな人物に好きなだけ師事できる「私淑」の自由さや快適さが強調されているのである。

先にあげた小島政二郎と永井荷風の場合も、憧れていた荷風に師事できなかったことは不運ではあったが、そのおかげで結果的には荷風のエゴイストぶりや金銭のルーズさに付き合わずにすんだ面もある。後に、真摯な論評のつもりで書いた一文が荷風を怒らせ、「九つの真心は彼の胸に届かず、僅か一つの直言によって終生の恨みを招いた」（小島 2007、3頁）ことを考えると、「私淑」に終わったことで深刻な葛藤に至らずにすんだともいえる。

「私淑」へのこのような態度は、師事することの意味も変えていくことになる。小島政二郎が上級生と一緒に談笑する荷風にまるでストーカーのようについて回ったのは、そうすることで荷風という人間全体と彼が属する世界に近づきたい一心だったからである。しかし、三太郎にとって、書物を通してさまざまな師に接することは、むしろ師の世界を自分の側に引き寄せ、取り入れることである。「すべての優れたる人は自分の師である。いかに多くの人の影響を受けても、総合の核が自分である限り、自分の思想はつひに自分自身の思想である」（阿部 1960、318頁）というように、「師」を理解し学びつつも、一定の距離を保ってその内容を吟味・統合する位置に自分を置いているのである。

このような読書スタイルは、社会的基盤をもたない内面的自由と「自己優越感」への耽溺として批判されることも多い（唐木 2001）。師との直接的で濃密な師弟関係は、その喜びや体得する確かさもある一方で、行き違いや乗り越えられない苦しさ、乗り越えられる寂しさといった困難もつきまとう。それは、簡単に言語化したり要約することができないような経験である。その点、読書を通した「私淑」であれば、そうした複雑な感情や関係を経験せずに、さまざまな師の教えを要約して自らの中に取り込むことができるし、それによる浮上感を味わうことも可能である。三太郎の勧める「私淑」的読書は、直接の師弟関係の代替としての「私淑」というよりも、精神的にも物理的にもコストの少ない、新しい「私淑」のスタイルの呈示としてとらえることができるのである。

「私淑」装置としての出版メディア　このような積極的選択としての「私淑」が広がっていく上で、出版メディアが果たした役割は重要である。新聞や雑誌、学術書などの出版メディアが大量に流通するのにともなって、そこに登場する著名な知識人や文化人に憧れて間接的に師事する「私淑」のスタイルが出現し、一般化していくのである。

なかでも、このような出版メディアを通した「私淑」が広がっていく土壌になったのは、学術・教養書や総合雑誌であり、その中心を担ったのが岩波書店である。すでに述べたように、『こころ』の出版が成功したのをきっかけとして、『三太郎の日記』(阿部次郎)や『出家とその弟子』(倉田百三)、『善の研究』(西田幾太郎)などが岩波書店から相次いで刊行され、ベストセラーになっていった。さらに、1927(昭和2)年に創刊された岩波文庫が読書層を広げていったことはいうまでもない。外国の文学・思想の古典の翻訳から日本の哲学・思想、文学、歴史、社会科学の各領域にわたる教養書が安価に手に入り、手軽に読むことができるようになった。これらの手に入りやすくなった多くの書物を通して、「私淑」層も拡大していったのである。

このような「私淑」は、必ずしも直接に教えを受けることができない場合の代替的な方法というわけではない。むしろ、古今東西の著名な学者や芸術家、思想家を「準拠的個人(referent person)」とすることで、直接には師事できないような人物に接近した感覚をもつことができたり、自らの人生をそれになぞらえて正統化するなど、「私淑」することによって浮上感や満足感を高める場合も少なくない。あるいは、「三太郎」のように複数の師に「私淑」することによって、自らをより優位な位置に置くこともできるだろう。政治家が古今の思想家を師としてあげたり、事業家や経営者が哲学者や芸術家に「私淑」したというエピソードの中に、そうした例を見つけるのはさほど難しいことではない。

日本医師会長を連続13期務めた武見太郎は、『私の履歴書』の中で、学校時代に直接教えを受けた先生とは別に、影響を受けた「人生の師」として18人の名前を挙げている。『私の履歴書』の執筆者全体の平均でみると、記述全体の中でそれぞれ1名程度であるのと比べると、ずいぶん多くの人を「人生の師」としてあげていることがわかる。そのなかには、学校時代や医局時代に支えられた先輩や恩師の他に、書物を通して影響を受けた「師」として、ルドルフ・クレール、マックス・ビュルガーらの医学研究者や西田幾太郎、寺田寅彦といった思想家・哲学者もあげられている。

丸善で本を山ほど買い集めていたというエピソードは有名だが、慶應医学部時代には、薄いレクラム文庫から始めて徐々に厚い本まで読みあさったという。厚い本を選ぶときは、「とにかく各界に名の通った有名な人の本にした。そして自分の興味のあるところを勝手に読んで一人で楽しんだ」(武見1984、461頁)という読み方だったらしい。「私淑」する「師」の著作を丁寧に読みこんでいくといった古典的な「私淑」とはちがって、合理的で良い所どりの読書スタイルである。

卒業後すぐに入った慶應の医局とは考え方が合わず、辞職して別の方向をめざすことになるのだが、それにはクレールの著書とビュルガーの老人医学、さらにその恩師でもあるシュッテンヘルムらによる雑誌を通して彼らの科学観に影響を受けたことが大きかったという。さらに、そうした見方に共感を覚え情熱を傾けるようになった背景には、若い頃に読んだ田辺元や戸坂潤、西田幾太郎らの哲学・思想書に負うところが大きいと述べている。彼らの思想や著作を自身のめざす医科学の文脈の中に取り込み統合していったわけである。それだけでなく、西田幾太郎をはじめ安倍能成、和辻哲郎、小宮豊隆らとは、その後、岩波茂雄を通して実際に親交ができてもいる。武見の「私淑」は、単に敬慕する師に書物を通して学び、近づきたいというだけではなく、それらの知的権威で武装することによって医科学における自身の立場を正統化し、確固としたものにしていく資本にもなっているのである。社会資本としての「私淑」ネットワークといってもいいだろう。

もちろん、武見のように「私淑」を実際に地位の形成に利用できることは多くないだろう。たいていは、書物を通した「私淑」によって、その思想や生き方を共有し、自らをそこに重ねることによって、アイデンティティを確認したり浮上感を得るといった個人的な満足である。先にあげた武見太郎の場合とは対照的だが、昭和17（1942）年に京都府立第一高女を出た卒業生の一人は、女学校時代の読書の思い出について、「家に岩波から出てたサックに入った世界文学全集があって、それを片っ端から読んでいました。デカメロンやとか何やわからんままに読んでたけど、そういうのが素敵なことやと思ってたんですね。そのうちヘルマン・ヘッセに惹かれてもう全部読んでました」と語ってくれたことがある。同級生の多くが少女雑誌や少女小説に夢中になっているなかで、少し差異化するような気持ちもあったという。そこには、大学や知識人の世界を背伸びして垣間見る喜びが感じられる。彼女たちの実人生と直接には縁のない世界であったにもかかわらず、読書を通した「私淑」によって学問的な香りを共有することで、ある種の浮上感があったことがわかる。

著書や雑誌といった出版メディアに登場する有名人への「私淑」は、実際の自己形成のための糧という以上に、「私淑」によって理想的自己のイメージを形成するというほうがより実態に近い。伝統的な「私淑」が実際に師事することができないために代替的に採られる方法であるのに対して、出版メディアの広がりによる新しい「私淑」は、手軽に浮上感を得られる積極的な選択という意味合いが強いことがうかがえるのである。

出版メディアによってリードされる「私淑」の広がりは、ジャーナリズムとアカデミズムの関係にも影響を与えることになる。もともと「マス文化界（ジャーナリズム）と純粋文化界（アカデミズム）の中間領域である民間アカデミズム」（竹内 2003、159頁）の位置を占めていた岩波教養主義文化の中心にいたのは、書き手である帝大教授とその読み手である旧制高校の生徒や文学部を中心とする大学生である。岩波教養文化がそのサークルの内部だけで流通している間は、直接の師弟関係と出版メディアを介した「私淑」とは相互補完的な関係にあった。哲学者の三木清は、一高時代に、まだ岩波から出る前に西田幾太郎の『善の研究』を古本屋で見つけて読み、京大の哲学科に入ろうと決心したと述べているが、そうした学生は少なくなかったのである（西田・三木 2007、82頁）。

しかし、出版メディアの広がりは、直接的な師弟関係とは独立した「私淑」層を成立させていくことになっていく。ひそかな個人的満足のための「私淑」も、「私淑」を自身の社会的な位置づけに利用していく場合も、直接の師事を代替するというよりも、「私淑」すること自体のメリットを生かした師事のスタイルである。出版メディアとともに広がっていった「私淑」は、学問への信頼と憧れによって牽引されていった側面もあるが、一方ではそれがアカデミズムとジャーナリズムの関係を逆転させていくことにもつながっていく。擬似師弟関係から積極的な選択としての「私淑」へとその中心が移行していく過程は、出版メディアの拡大によってジャーナリズムがより優勢になっていく過程と対応しているのである。

(3) 「私淑」から「シシュク」へ

出版メディアを通した「私淑」のスタイルは、近年ではさらに、テレビやインターネットなどを含む多様なメディアを通した「私淑」へとさらに広がりつつある。それにともなって、これまでのような個人的で一方向的な「私淑」から、ブログなどでオープンに「私淑」するような新しいスタイルも出現している。そこからまた、同じ「師」に「私淑」する弟子同士の間で、メディア上の「私淑共同体」のような交流の場が形成されたり、場合によっては、直接的には接点のないこうした「師」と「弟子」がインターネット上で交流するバーチャルな師弟関係の場が形成されていくこともある。

メディアの多様化と一般化のなかで出現したこのような新しいタイプの「私淑」を、ここでは「シシュク」と呼んでおこう。「シシュク」の出現は、直接の師弟関係を代替する擬似師弟関係的な「私淑」とも、また出版メディアと結びついた読書を通した「私淑」とも異なる特徴とスタイルを顕在化させることになった。

ニューメディアと結びついた知的ジャーナリズムの世界では、アカデミズムにおける権威や細分化された専門性の高さよりも、新しさや面白さ、わかりやすさがより評価される傾向がある。そこでは、伝統的なアカデミズムとは距離をとった、あるいはアカデミズムとジャーナリズムの境界を越えるようなスタイルをもった人物が、「師」としてより魅力的に映る。出版メディアと結びついた「私淑」が出現した頃からその兆しはあったが、とくに1980年代あたりから影響力をもつようになったいわゆる現代思想やニューアカデミズムは、このような「シシュク」層を拡大していくきっかけにもなった。

伝統的なアカデミズムとは一線を画する知的先端を担う人物を「師」とする「シシュク」では、「シシュク」する本人自身も一緒にそこに並ぶ感覚をもつことができる。擬似師弟関係としての「私淑」であれ、出版メディアを前提とする「私淑」であれ、制度化された学問体系の権威を前提とする限り、まずはその世界に入っていかなければならない。膨大にストックされ体系化された知を何らかの形で経験せざるをえないのである。しかし、「シシュク」においては、そうした下積み的な学習プロセスを経ることなく知的最先端を楽しむことが可能である。また、「シシュク」する「師」のパワーが翳ってくれば、別の「師」に「シシュク」先を変更することもできる。常に話題性と有名性をもった「師」に「シシュク」することによって、自身も知的先端に居続けることができるのである。このように、最小限の時間と労力で知的な浮上感を味わえることが、メディアを介した「シシュク」の魅力のひとつである。

また、「シシュク」の場合、個人的で一方向的な「私淑」とはちがって、ブログなどを通してメディア上に公開するよりオープンなスタイルをとることも少なくない。オーディエンスの存在を意識しながら、「シシュク」する「師」やその活動について自身の感想や批評を書き込んでいく過程は、バーチャルな擬似師弟関係を公に確認する作業でもある。その意味では、「シシュク」＝「公淑」ということもできるだろう。伝統的な「私淑」における擬似師弟関係とは違って直接の関係を志向するわけではないが、メディアを介したリアル感は増すだろう。

このような「シシュク」＝「公淑」をベースとして、共通の「師」をもつ「弟子」同士の間に「シシュク共同体」のような議論の場が形成されたり、さらにそこに「師」が参加してコメントやアドバイスをするバーチャルな「師弟共同体」に発展することもある。このような「師弟共同体」には、弟子になるための条件や制約のようなものはなく、誰にでも開かれている。そうしたオープンな場のなかで、「師」や他の「弟子」たちとの間の相互のコミュニケーションが展開していくことになる。場合によっては、そのなかから「師」をモデルとした新しいスターが生まれることもあるだろう。

このようにして、オーディエンスを意識したメディア上の相互作用は、有名性への欲望を再び掻き立てる。そもそも「私淑」は、「師」へのひそかな思い入れに支えられた個人的な師事のスタイルであったが、メディアを通した「シシュク共同体」や「師弟共同体」は、自己満足を超えて有名性への欲望を喚起する現実的な回路を用意する。メディア上の「シシュク」が、現実の指導関係に取って代わる可能性を持ち始めるのである。メディアを媒介とする「シシュク」の出現は、間接的な師事のスタイルを迂回しながら、新しい形の「師弟共同体」の再生を担い始めているといえるかもしれない。

3 「シシュク」とメディアクラシー

「私淑」は、擬似師弟関係としての「私淑」から、積極的選択としての「私淑」、さらにメディアへの公開や新しいネットワークへと展開する「シシュク」へと、メディアとの関係の中で大きく変容してきた。岩波教養主義を中心とする出版メディアによる「私淑」層の拡大は、ジャーナリズムの魅力を押し上げたが、一方ではアカデミズムとジャーナリズムを架橋し、その権威を相互に補強する側面もあった。しかし「シシュク」の出現は、あらゆる学問領域における伝統的アカデミズムとジャーナリズムの関係の逆転を顕在化させることになる。ストックとしての知識や教養を核とする伝統的な学問の世界では、制度化された学問の長期にわたる伝授の過程でいわゆる師弟関係がつくられてきた。そこには、師弟間のフォーマル・インフォーマルにわたる密接な関係が形成されると同時に、確執や葛藤が生まれることも少なくない。しかし、高等教育の大衆化がすすみ、流動的で融合的な知の消費が流行するのにともなって、アカデミズムの正統性や権威は急速に弱まりつつある。それと同時に、学問の権威を土台にした師弟関係も空洞化し、籍を置いているだけの形式的な関係や必要な部分に限定された合理的な関係へと変容しつつある。

その一方で、「シシュク」がバーチャルではあれ、「師」や他の「弟子」たちとの具体的なコミュニケーションをともなうようになるにつれて、現実に所属する制度上の教師と「シシュク」している「師」との位置も反転する。「シシュク」における「師」や他の「弟子」たちに認められることは、フォーマルな指導関係にある教師に評価されることよりも重要な意味をもつ。現実の所属集団における指導関係よりも、「シシュク共同体」のほうがずっとリアリティのある準拠集団になっていくのである。伝統的な「私淑」では、直接指導を受けられないためにやむなく「私淑」していたのが、「シシュク」の優勢によってフォーマルな指導関係のほうが「しかたなく」維持される儀礼的な関係へと逆転するのである。

このように、メディアが主導する知的ジャーナリズムの権威は、ますます高まりつつある。権威のヒエラルキーは、アカデミズムの内部におけるメリットクラティックな評価基準によってではなく、メディア上での評判や認知度の高さによって決まっていく。いわばアカデミズムにおけるメディアクラシーと呼べるような状況が顕在化しつつある(2)。「シシュク」の出現は、このような知的権威をめぐるアカデミズムとジャーナリズムの位置の逆転を象徴的に示す現象としてみることができるのである。

伝統的な学問の世界での師弟関係が崩れていく一方で、メディアを介した「シシュク」が新たな「師弟関係」として魅力をもつようになることは、大学と伝統的なアカデミズムにとってはますます不利な状況である。バウマン（Z. Bauman）は、大学と学問の世界の権威の弱体化に対して、ふたつの方策を想定される対応策として提示しながら、しかしいずれもアカデミズムの役割の回復にはつながらないという悲観的な見方をしている。

一つめの方策とは、「(メディアが要請する)新しいルールを受け入れて、それに従ってゲームをプレイする」(Bauman 2001 = 2008、185頁)ことである。つまり、市場原理を受け入れ、それに従って競争することによって、大学の「社会的有用性」をアピールしようとする方向である。実際、このような方向をとる大学や学者は決して少なくない。しかしそれは、「市場の諸力によって形成され統括される重要性のヒエラルキーのなかで、劣位にある二次的な従者の地位を甘受する」(同書、186頁)ことにほかならないのであり、「精神的なリーダーシップなど蜃気楼」にすぎないとバウマンはいう。もう一つの方策は、それとは逆に、市場競争の場から退却して競争のない純粋にアカデミックな世界に閉じこもることである。しかしそれも、大学と学問の自律性という点からみれば見通しはそれほど明るくない。閉じられた世界の内部で自己満足するだけでは、「市場の諸力の揺らぎない支配によって押しつけられる社会的・文化的無意味性を甘受する」(同書、186頁)ことでしかないからだというのである。第一、第二のいずれの方策をとっても、結局は「大学の活動の『自律性』と知的な仕事の『中心性』に終止符を打つ」(同書、186頁)ことになるというのが、バウマンの見方である。

このような見方にたてば、「シシュク」を模倣した師弟関係を再び現実の教師と学生の関係につくり直そうとすることも、逆にツールとしての役割に徹しようとすることも、教師と学生の新たなコミュニケーションを構築することにはつながらない。「シシュク」の時代は、ジャーナリズムの優位と伝統的アカデミズムの空洞化をより明確に映し出すと同時に、旧来の大学と学問の世界をますます切り崩していくことになるのかもしれない。

注

（1）『私の履歴書』における各執筆者の「先生」の思い出に関する記述部分の割合は、該当部分の行数を自伝全体の行数で割った割合として算出した。なお、「先生」は、「学校の先生」「習い事・稽古事の先生・師匠」「その他の恩師（人生の師）」の三つに分類している。

小島政二郎、1983、『私の履歴書　文化人1』日本経済新聞社。

（2）バウマン（Z. Bauman）は、レジス・ドブレを引用しながら次のように要約している。「知的権威は、かつては師の話を聞きにあちこちから集まってくる信奉者たちの群れの大きさによってのみ判定された。その後はまた、より拡大する規模において、販売部数や作品が受けた書評での賞賛によって判定されるようになった。しかし、この二つの判定法は、完全に廃れたわけではないが、いまではテレビでの放送時間や新聞でのスペースに比べると卑小なものに見える。知的権威に関していえば、デカルトのコギトの妥当な改訂版は、今日では次のようになるだろう。「我話題になる、ゆえに我あり」と（Z・バウマン、2008、『個人化社会』青弓社、183頁（Bauman, Z., 2001, *The Individualized Society*, Polity））。

引用・参考文献

阿部次郎、1960、『阿部次郎全集第一巻　合本　三太郎の日記』角川書店。

Bauman, Z., 2001, *The Individualized Society*, Polity,（＝2008、澤井敦・菅野博史・鈴木智之訳『個人化社会』青弓社）.

井上政次、1960、「解説」『阿部次郎全集第一巻　合本　三太郎の日記』角川書店。

唐木順三、2001、『現代史への試み』灯影社。

小島政二郎、1983、『私の履歴書　文化人1』日本経済新聞社。

小島政二郎、2007、『小説　永井荷風』鳥影社。

夏目漱石『こころ』岩波文庫。

西田幾太郎・三木清、2007、『師弟問答』書肆心水。

高橋英夫、１９８４、『偉大なる暗闇』新潮社。

竹内洋、２００３、『教養主義の没落』中公新書。

武見太郎、１９８４、『私の履歴書　文化人17』日本経済新聞社。

田中耕太郎、１９６１、『私の履歴書』春秋社。

山折哲夫、２００３、『教えること、裏切られること』講談社現代新書。

吉屋信子、１９６３、『私の見た人』朝日新聞社。

Waller, W. 1932, *The Sociology of Teaching*, John Wiley and Sons,（＝１９５７、石山脩平・橋爪貞雄訳『学校集団―その構造と指導の生態』明治図書）.

第8章　「学校的社会化」の問題構成——「児童になる」とはどういうことか

北澤　毅

1　「学校的社会化」とは何か——お漏らし現象から見えること

私はお漏らしをしたことがある。小学2年生の時、教室で先生を囲んでお遊戯の練習をしていたときだった。先生の模範演技は熱を帯び、私たち児童は指示に従って体を動かしていた。私は必死にこらえていたのだが、とうとう我慢の限界をこえ、右足を伝わってズボンの裾からジワーと生ぬるい液体が床に流れ出したのだ。しかし私の記憶はここで途切れていて、その後、どうなったかは何も思い出せない。季節も時間帯も覚えていない。しかし、「先生、トイレに行っても良いですか」と言える雰囲気ではなかったはずだし（だからお漏らしをした）、クラスの皆の前でお漏らしをした恥ずかしさは痛烈だったのだと思う。だからいくつになっても忘れられないし、いつの頃からか「身体の社会化」問題を講義するときのネタに使用している。

ここで確認したいことは、お漏らしをしたのは「授業中だから」であってトイレットトレーニングができていなかったからではないということだ。小学校低学年の時、「休み時間にトイレに行きましょう。授業中に行きたいときは先生に言いなさい」といった趣旨の注意を何度もされたように思うが、そうした注意を受ければ、先生の真意がどうであれ、児童たちは「授業中にトイレに行ってはいけない」という暗黙の規則の存在を意識させられることになるし、実際、授業中に「先生、トイレ！」と言うのは困難であったし恥ずかしいことでもあった。だから短い休み時間の間に、皆、せっせとトイレに行こうとするわけだ。こうした教室実践を「身体の社会化」と呼ぶことができるし、学校的社会化の一側面ということもできるだろう。

生まれたばかりの乳児は、食べること、排泄すること、眠ること、すべては本人の気分次第だ（乳児に「気分」があるかどうかは定かではないが、今は話を先に進めたい）。乳児が泣き叫べば、周囲の人間が泣きの原因を特定しようとしてあやしたりミルクを飲ませたりおむつを点検したりと入念な気配りをしてくれる。しかしいずれそのうち、食べる「時間」、排泄する「時間」、睡眠「時間」があることを知らされることになる。いわば、個々の生理のリズムのなすがままに快楽原則に基づいて生きていた乳児が、「時間」という画一的な社会の原理と出会うことになるわけだ。もちろん家庭の生活リズムにはある程度の多様性があり、「時間」との出会いは緩やかなしつけとしてなされていくように思われるが、そうした有り様が劇的に変化するのが学校との出会いである。

学校には時間割がある。授業時間、休み時間、給食時間などと、分刻みの時間割で児童の行動の仕方を規制している。時間の存在を意識させ、それぞれの時間枠組（＝状況定義）のなかでの適切な振る舞いを徹底させていく。休み時間とは排泄時間であり、給食時間は食事時間、登校時間は起床時間、つまりは睡眠時間を制御している（遅刻禁止）。ここでの要点は、時間が来たから食べなさいという給食指導を通して「時間が来たらお腹がすくようになる」ことがめざされているということだ。いわば、多様性をたゆたう生理のリズムを画一的な時間のリズムに従わせることができたときに「身体が社会化された」といえるだろうし、スムーズに身体が社会化された児童を「手のかからない子ども」と私たちは呼んでいる。

もちろん、すべての子どもの身体が綺麗に時間のリズムに従うような事態にはならないだろう。いわばお漏らしとは、時間のリズムにうまく適応できない身体の悲鳴として聞くことができるように思われるが、その時、適応できない身体の側に原因を帰属させるだけでは重要な問題を見落とすことになる。実際、私の身体はほどよく社会化されることはなかったし、そのことで小学校時代には排泄をめぐる辛い思い出がいくつもある（二度とお漏らしはしなかったが）。その場その場で何とか切り抜けてきたともいえるが、排泄のリズムが不安定なら、無理して時間のリズムにあわせようとするのではなく、不安定な身体を受け入れ対処する方法を考えればよいのだということを自覚したのは高校生になってからだったように思う。それほどまでに私は、社会化されない身体を抱えながら、社会化しなければならないという思いに囚われ続けていたように思う。

そして実際、現在の小学校でも、低学年児童のお漏らしは日常的に生起しているという。もちろんお漏らし現象にも多様性があるだろうし、すべてのお漏らしが時間のリズムとの葛藤という視点から理解できるとは思わないが、しかしこうした些細な現象のなかにこそ学校的社会化をめぐる重要な問題が潜んでいるように思われるのであり、何気ない学校的日常の出来事に対してどのように接近するのか、実はそうした積み重ねこそが教育という営みの有り様を考える契機になるように思う。

それゆえ本章では、日常的な学校場面に着目することで、学校的社会化（さらには広い意味での社会化）問題を考える契機がどこにどのように潜んでいるかを掘り起こしつつ、何をどのように問うことが可能なのか、そのことにどのような意味があるのかを考えていきたいと思う。

2　方法知をめぐる混乱——授業場面から見えること

(1)　計算方法を説明する

小学校の授業をみる機会は少なくないが、いまだに面食らう場面に出くわすことが時々ある。教師も児童も、そうすることが当然であるかのように振る舞っているのだが、そこでのやりとりに違和感を覚えてしまう私こそがまさに部外者であることを強く意識させられることがある。

たとえば次のような、1年生の算数「くりあがりの足し算」の授業場面でのことである（関東圏の公立小学校で参与観察と録画をした。録画日は2007年11月）。この授業では、「3＋9＝12」という計算式をめぐって、12という答えを導く「やり方」を説明できるようになることが目標となっている。教師は問題文と計算式を板書したあと児童に計算させ、机間巡視をしながら児童たちの計算結果を確認しつつ、「ではやり方を答えてください」と発問する。多数の児童が挙手し、指名された児童が黒板の前に出ていき、3個（左側）と9個（右側）の塊に分けられているブロックを操作して、9個のうちの7個を3個の方に移動して10個にし、右側に2個残すという操作をしながらやり方の説明をしている。教師はそのやり方（ブロック操作）と説明の仕方に承認を与え、それを受けてブロックを使い、児童が実践したやり方について丁寧な説明を繰り返している。そして次に、「他には？他のやり方は」と質問すると、また多数の児童が挙手し、ある児童（A）が指名され立ちあがった。今度は黒板に出ていかず、自分の席でやり方の説明を始める。その際の、教師と児童たちのやりとりが以下である（データは越川（２００８）からの引用である）。

〈**算数授業場面**〉

Ｔ：教師、Ａ：指名された児童、Ｓ：その他の児童、（（　））：その都度必要な注記であることを表す、（　）：聞き取り不可能を表す。

54Ｔ：はい、じゃあ、Ａさん。
55Ａ：はい。（（起立））
56Ｔ：さ、みなさん、Ａさんが発表してくれます。注目して。ね。
57Ａ：３たす９は12。
58Ｔ：はい。
59Ａ：だから、12。答えは、12。
60Ｔ：はい。答えは、12って出た。じゃ、そのやり方はどんなふうになりましたか？
61Ａ：最初に、３こあって、それに９こ買ったから、12（　）。
62Ｔ：もう一回、始めから言って。
63Ａ：卵が、３こあって、９こ買ったから、12こになりました。
64Ｔ：下向いてるから聞こえないんだ。先生のほう、てか、みんなの方、こう向いて、こう。
65Ａ：最初に３こあって、

66T：最初に3こあってー、（黒板の3を指す）
67A：9こ買ったから、
68T：9こ買ったから、（黒板の9を指す）
69A：答えは、12。
70T：答えは、もうすぐ、12になっちゃった？
71S：やり方！
72T：Aさん。
73A：（顔をあげる）
74T：あの、3たす9（黒板の式3＋9を指しながら）まではみんなで、確認したよね。で、こっから、ここ（イコールの前後を指で指し示す）の答えを出す。12なんだけど。その、やり方。どん、どう、どうやって、12って出たのかなって。
75A：（　　）
76T：頭ん中で？
77A：（　　）
78T：頭ん中で、もう、ぱっと、3たす9、12って出たの？すごいね、それは。なるほど。わかりました。じゃあ、それは2つ目。ね。頭ん中でぱっと出てくるのね。

教師の「じゃ、そのやり方はどんなふうになりましたか？」という問いかけに対して児童Aは、「最初に、3こあって、それに9こ買ったから、12」と答えるのだが、これではやり方の説明とはいえないだろうし、実際に教師は「どうやって答えを導いたのか、そのやり方を説明して欲しい」ということを、言葉を換えながら何度か問いかけ続けている。しかし児童Aの説明は、結局、「3たす9は12」ということ以上にはならない。少なくとも教師の期待する「やり方の説明」にはなっていないということは、児童Aの説明を承認せず、言葉を換えて何度も問いかけていること、さらには、二人の様子を見ていたある児童（71S）が「やり方！」と発言していることからも観察可能である。結局教師は、「頭ん中で、もう、ぱっと、3たす9、12って出たの？すごいね」と発言することでその児童とのやりとりを切り上げ、別のやり方を求めてさらに挙手を促し、他の児童が説明するという流れが続いていく。授業のねらいが「繰り上がりという加法のやり方の理解」にあることは授業の開始時点で教師と児童との間で確認されていることからすれば、この場面では、計算のやり方の説明を児童と教師とで共同産出していく授業実践がめざされているとひとまず言えるだろう。

(2) 方法知と内容知——ライルの定式化

最初にこの授業場面の映像を見た私の印象は、「計算ができている児童に対して、教師はなぜここまで時間をかけて繰り返し〈やり方〉の説明を求める必要があるのか」というものであったが、この奇妙な感覚を論理的に解き明かそうとすれば次のようになるだろう。

授業のねらいは「計算のやり方の説明」にあるが、そもそものねらいからして奇妙に思われる。なぜなら、計算ができるという能力は、正解を導く計算実践のなかに観察されることであって、計算方法を説明する実践のなかに見いだされるわけではないからである(1)。この命題は一般化可能であり、あることが「実践できる」ことと、その実践を「説明できる」こととは別次元の事柄であるということだ。たとえば、「道徳的である」とは、道徳的に振る舞えることであって、道徳的振る舞いについて説明できる（＝道徳についての知識を所有している）ことではない(2)。技術の習得についても同じことがいえるだろう。寿司についてどれほどの知識を披露できたとしても寿司を握ることができなければ、その人を「寿司職人」とは呼ばない（ただし、「寿司通とか評論家」などと呼ぶことは可能だが）。つまり、「職人」のための条件は、その技術について説明できるかどうかではなく、その技術を一定レベルで実践できるかどうかであるということであり、「道徳的振る舞い」や「規則に従う」など、私たちの基本的な振る舞いについても同じことがいえる。この問題が、ライルが定式化した「方法知」の問題であることはいうまでもない(3)。ライルは「方法を学ぶことや能力を高めることは内容を学ぶことや情報を得ることと同種の事柄ではない。なぜならば、真理は分かち与える impart ことができるものであるが、これに対し、手続きはただたんに身につける inculcate ことができるにすぎないようなものであるからである。そしてまた、身につけるということが徐々に達成される過程であるのに対し、分かち与えるということは一度で達成される過程であるからでもある」（Ryle 1949＝1987、74〜75頁）と論じている。「方法知」はみずから身につけるものであり、「内容知」と同じように他者と共有することはできないと言っているわけだ。

教師がこの種の問題に自覚的であるかどうかはわからない。いずれにせよ、やり方を説明できない児童は計算ができないわけではない。教師も、やり方の説明ができない児童Aに向かって、最終的には、「頭ん中で、もう、ぱっと、3たす9、12って出たの？すごいね」と応答することでやりとりを終結させ場面を切り替え、クラスに向かって別のやり方の説明を求めている。つまり、児童Aに対しては、やり方は説明できないが計算は「頭の中でできた」ことを認めているのであるが、彼の説明の仕方では不足を感じるからこそ「別のやり方の説明」を児童に求めているわけだ。しかし「やり方を説明させる」ことにどのような意味があるというのだろうか。

まず確認しておくべきことは、やり方の説明をしている児童は、自分が説明しているやり方で計算をしていたかどうかはわからないということだ。計算にとって必要な能力は、端的に計算ができることであってやり方の説明ができることではない。やり方の説明ができない児童Aは実践的には何も困ることはないはずだ（テストでは百点を取るかも知れない）。そしてまたやり方の説明をしている児童たちも、自分が説明している通りに計算を実践していたかどうかはわからない。ここで確認しておくべきことは、児童たちは、やり方の説明を求められている状況であるからこそ、やり方の説明を適切に実践しようとしているということだ。そしておそらく児童たちはそのことに自覚的である。

このように考えるなら、この授業でめざされていることは計算力の向上でもなければ、自分の実践した計算方法の説明でもないといえそうである。では何のための授業なのか。あくまで仮説的な見通しにすぎないが、たとえば、教師（＝社会）が期待する答えを言えるようになることがめざされている、言い換えれば、「やり方の〈説明〉」を求めつつ、そうすることで、教師が期待する適切な振る舞いを実践することがめざされているといえるかも知れない（やり方の説明を求められているのだから、適切な説明をすればよいのであって、それが自分のやり方かどうかは関係ないということである）。さらに注目すべきは、やり方を説明できないで状況が滞っているとき、児童の一人が「やりかた！」と発言していることである。これは、教師の質問に適切に答えられない児童Aに対する「非難」とも「助言」ともとれる発言だが、どちらであるかはともかく、教師が何を求めているのかを周囲の児童が理解していることと同時に、教師の要求が児童に支持されていることが露わとなる場面でもあり、教師の授業実践に安定と威厳をもたらし、児童Aは追い詰められていくことになる。ここに個人指導と集団指導との決定的な違いが見て取れるように思われる。他の児童の発言は、そこに学級集団としての圧力が存在することを知らしめるものであり、学校的社会化は、こうした集団の力を背景として展開されていくことになる。さらに言うならば、こうした授業実践は、「正解にいたる正しいやり方があり、それは説明可能でありマニュアル化可能である」という認識を形成し、「方法知」のありようについての錯誤を生み出す源泉となる可能性がある。「方法知」とマニュアルとの関係は社会化を考えるうえで興味深い問題を提起してくれるが、それについては後述することになる。

3 「児童になる」とはどういうことか——無力化実践への着目

参与観察というかたちで小学校に調査に入り、あらためて「調査者」という視点から小学校の授業場面を観察したり、録画した映像データを繰り返し見たりしながら、以上のような奇妙な感覚に囚われ続けている。これはどういうことなのだろうかという素朴な疑問が出発点にあり、「学校的社会化」という言葉を導きの糸として解き明かしたいと思っている。そのためにも概念定義を試みる必要があるが、「学校的社会化」という概念について明確な研究意図を有した定義が試みられたことはないように思われる(4)。それゆえ、先行研究に依拠してこの概念を使用しているわけではなく、上述したような問題関心を表現する適切な概念を模索するなかで意識的に使い始めたというのが実状である(5)。

新しい概念を提案するなら、隣接する既存の概念との位置関係を明確にする作業が必要になるだろう。

ここでは、なぜ「社会化」ではなく「学校的社会化」と、「学校的」という修飾語付きの言葉を使用するのかということになるが、当面は、「社会化」が、小さき存在が〈人間（＝ある言語共同体のメンバー）になる〉過程を指示する概念であるのに対して、「学校的社会化」は、小さき存在（すでに一定の社会化が達成されている存在という意味で「子ども」といってもよい）が〈児童になる〉過程を指示する概念として位置づけたいと考えている。というのも、学校空間のなかで身につけなければならない特殊な振る舞いや思考パターンがあるように思われるのだが、それら特殊な振る舞いや思考パターンを、子どもはどのように獲得し児童になっていくのかを明らかにしたいからである。いわば、社会化概念が「人間が人間になる過程」を指示する概念であるという意味で普遍的であるのに対して、学校的社会化は、そうした普遍的な社会化を基盤として形成される特殊な社会化として位置づけることができるように思われる。それゆえ、「子ども」と「児童」との概念上の違いを明確にする作業を通して、「社会化」と「学校的社会化」という二つの概念間の位置関係を示したいと思う。

(1)「子ども」と「児童」

アリエスは、隔離空間としての学校の誕生が教育の対象としての「子ども」を誕生させたと論じているが、こうした有り様は、基本的には日本でも同じと考えてよいように思う（Ariès 1960＝1980、3頁）。「子供」も「児童」も、言葉としては明治以前に流通していたというが（森山・中江 2002、7〜22頁）、しかし、教育の対象としての子ども期の登場は明治に入ってからであることは確かだろう。たとえば元森は、明治23年の改正小学校令で、「『大人』とは異なっているが、『大人』になるべき『子ども』が教育の対象として言説化」されたととらえているが、ここで「子ども」とは、「国民」教育の対象としての子どもであると論じている（元森 2009、33頁）。それに対して柳は、明治24年の「学級編制規則」によって「学級」概念が成立し、大正期の生活綴り方運動によって学級が固有の集団性を発揮するようになると論じている（柳 2005）。これらの見解を踏まえるなら、学校的社会化研究が対象とするような「児童」は、まずは明治半ばに「国民」教育の対象としての「子ども」として、続いて、学級が一つの集団として有意味な空間になる大正期に誕生した、という見方ができるのかもしれない。少なくとも学級集団の成立は、教育の対象としての子どもにとっての所属集団の成立であるし、児童というメンバーシップを獲得する契機となったことは確かなように思われる。それゆえ歴史的に見るならば、「教育の対象としての子ども」の成立と、「学級集団のメンバーとしての児童」の成立という二つの契機が、学校的社会化を考えるうえで重要となるように思われる。

ただし戦後の日本においては、児童概念はもっぱら法律用語として流通しており、それに対して「子ども」は、乳幼児から高校生にいたるまでの幅広い年齢層をカバーする概念として使用されている。小学校では、「生徒」カテゴリーとの対比で「児童」カテゴリーが自覚的に使用されることがあるものの、日常的には「子ども」カテゴリーを使用するか、あるいは「1年生は…」というように学年カテゴリーを使用しており、「児童たちは…」といった言い方をすることはあまりないように思われる。その意味で、学校的社会化を児童になる過程と定義する場合の「児童」とは、日常用語、法律用語としての「児童」というよりは、一定の研究目的に基づいて使用されるカテゴリーであるということを確認しておきたい。いわば、「教育の対象としての子ども」概念を基盤としつつ「児童になる」ことの特殊性に着目していこうということである。

(2) 無力化実践

小学校で児童として振る舞えるのは、すでに保育園や幼稚園で一定の社会化がなされているからであり、学校的社会化は、小学校に入学する以前から始まっているのではないかという見解がある（阿部 2011）。たしかに、学校的社会化の起源を幼稚園や保育園での働きかけのなかに見ることはできるだろうし、そういう意味での連続性への配慮は欠かせない。しかし同時に着目したいのは、「断絶」、言い換えれば、再社会化の一形態としての学校的社会化であり、こうした問題を考えるうえで、教師の「無視」戦略は注目に値する。たとえば次のような事例がある。

入学して間もない1年生のクラスでの出来事である（2008年4月9日撮影、関東圏の公立小学校）。担任教師が「トイレの使い方」を児童に説明している場面であり、トイレのサンダルが散乱していると何が困るかを尋ねている。児童から「危ない」「次の人が履けない」といった発言があり、教師が「みんな頭良いね」と応じると、一人の児童が「幼稚園でもやってるよ」と発言するのだが、その発言は教師によって無視され、あたかも存在しなかったかのようにしてその後の相互行為が進んでいく。

「幼稚園でもやってるよ」という児童の発言は、「みんな頭良いね」という教師の評価に対する異議申し立てともみえるが（そんなこと誰でも知ってるよ。そういう褒め方は僕たちを馬鹿にしている！）、この発言に対する教師の対応には少なくとも二通りあるように思われる。一つは児童の発言を引き受け、その後の進行のなかにその発言を組み入れていく実践であり、もう一つが、児童の発言を無視し、当初の予定通りの展開を続けていくことである。多くの場合、教師は後者の無視戦略を採用するが、その理由は「児童の発言をいちいち取り上げていたら授業が進まない」というものである。しかし、この場面で教師に意図されていることはそれだけではないように思われる。

児童の発言から露わになっていることは、児童たちはトイレの使い方をあらかじめ知っているかもしれないということであり、おそらく教師も児童の状態を把握しているはずだ。にもかかわらずなぜこのような説明を新入生に対してするのかといえば、そこでは「無力化実践」がなされているからだというのが本章の見立てである。つまり、小学校入学時の教室行動は、児童たちが入学以前に身につけていた実践能力や知識を前提として成立しているとともに、さまざまな振る舞いレベルにおいて（トイレの使い方もその一例）、あたかも小学校に入学して初めて学ぶかのように偽装され説明がなされることがあるのであり、こうした教師による児童への働きかけに着目するために「無力化実践」と名づけたいと思う。

新入生の1学期の授業とは、学習指導の装いを保ちつつ徹底した生活指導がなされる場であるように思われる。鉛筆の持ち方、挙手の仕方、教科書の持ち方や読み方など、教室内、学校内での振る舞い方の細部にわたる指導に多大なエネルギーが注がれているが、児童からすれば、先刻承知の事柄を、再度、小学校でさせられている場合も多いと思われる（だからこそ「幼稚園でもやってるよ」という発言になる）。しかしここで重要なことは、同じ行動や知識と思われる事柄であっても、それを「小学校」という文脈のなかに位置づけ直して徹底させようとしていることであり、同時に、ほとんどの児童は、「習ったよ」とか「知ってるよ」などという発言をせず、教師の指示に黙々とあるいは嬉々として従い、その状況で期待されている振る舞いを実践していることである（算数の「やり方」の授業場面にも同じ原理が見て取れる）。このようにみてくると、発言をした児童以外の児童たちは、少なくとも二つのことを実践しているといえそうである。一つには、教師とともに「無視」の共同産出に積極的に関わっているということ、そして同時に、場面の期待に応じて「無力な一年生」を自覚的に演じているということ、この二つである。こうして児童たちは、単にある振る舞いができるかどうかではなく、学校という文脈のなかで適切に振る舞うことが期待されていることを知るのである。

こうした無力化実践は、人間の再社会化（人間の再編成）という文脈のなかにおくことで、そのもつ意味がさらに明確になるように思う。たとえばゴフマンは、全制的施設への入所とは、「過去との切断」がなされ「個人の自己が無力化される過程」であり、「新来者は、規格的操作を円滑にすすめるために営造物の管理機構に組み込まれる一個の物に仕上げられ」ると論じている（Goffman 1961＝1984、16～18頁）。監獄といった全制的施設と小学校とを同列に論じることはできないが、しかし、「人びとを変容させるために強制力を振るうところ」（Goffman 1961＝1984、12頁）という意味では酷似しているように思われる。つまり、入学したばかりの小学1年生をいったん無力化する実践は、あたかも全制的施設におけるアイデンティティの剥奪（「過去の切断」「個人の無力化」）にも似ており、人間の再社会化をねらいとする制度のなかでの有効な方法の一つと考えられているということだ。このように、「児童化」をめざす学校的社会化のプロセスは、「無視」といった相互行為の細部のなかに観察できるということを確認しておきたい。

さてここまで、学校的社会化という概念の明確化を試みてきたわけだが、こうした社会化メカニズムは小学校を終了し中学高校段階においても形を変えて作動し続け、私たちの身体と思考の基本型を形づくっているのではないかというのが本章の見通しであり問題関心の核心の一部である。そのことを確認したうえで、では社会化をどうとらえるのかという、より根源的な問題について、若干の見通しを述べておきたい。

4　社会化とは何か――自己概念の検討

学校的社会化、つまりは児童化の過程を見ていくとはいえ、社会化過程を見るとはどうすることなのだろうか。そもそも社会化過程はどこにどのような形で観察可能なのだろうか。またある場面を見たとして、それが社会化、あるいは学校的社会化の場面であるといえるための条件は何だろうか。こうした根本的な問題に一定の見通しを与えつつ調査の指針を明確にしていく必要を感じており、これまでに若干の予備的考察を行ってきたが（北澤　2011）、それを引き受けつつ少しでも議論を進めていきたいと思う。

社会化問題を論じるうえでまず確認しておきたいことは、社会化の本質が「人間になる」ことにあるとしても、抽象的普遍的な人間なるものがどこかに存在しているわけではなく、「人間になる」とは、ある具体的な共同体のメンバーになることと同義であり、ある一つの母語を習得しその母語共同体の役割取得をしていくこと以外の「人間へのなり方」があるわけではないということだ。そして、こうした基本的な事実が社会化問題を考えるうえでの原理的困難を生み出す源泉となっていることに注意を促しておきたい。

それはどういうことか、人間にとって最も根源的な事態である「言葉を話す＝言語的社会化」という問題を事例として考えてみたい。生まれたばかりの乳児の周りには、多くの場合、親をはじめとした家族がいるだろう。そうした家族に囲まれて保護され成長するなかで、いつの間にか言葉が話せる（＝会話ができる）ようになる。とはいえ、自分がどのようにして言葉が話せるようになったかを記憶している人はいないし、周囲の大人たちも、自分の子どもがどのようにして言葉が話せるようになったかを説明できない。ただ端的な事実として、ある母語共同体のなかで育つことで、私たちはいつの間にか言葉が話せるようになる。経験的にはそうとしかいえないはずだ。ここで重要なことは、なぜ私たちは、偶然が支配する日常的相互行為のなかにあるだけなのに、偶然を越えたある種の普遍性を本質とする規則や文法に従った話し方ができるようになるのかということである。ここには、社会化を考えるうえでの重要な論点がいくつか存在しているように思われるが、これまで「生活の共有」と「偶然から普遍への飛躍」という二つの命題について若干の考察を行ってきた（北澤　２０１１）。本章では、この二つの命題について多少でも議論を進めることをめざすとともに、「社会化は学習なのか」という新たな命題についても予備的考察を試みたいと思う。

(1)「生活の共有」問題

第一の「生活の共有」という命題については、「精神に先行するものとしての身振り会話によるコミュニケーション」についてのミードの議論の確認から始めたい。

「経験の社会的過程を精神の存在に先行するもの（基礎的な形態において）と見、精神の発生をその社会過程内部での諸個人のあいだの相互作用との関連で説明するなら、精神の発生だけでなく、異なった精神のあいだの相互作用（それは精神の性質そのものの内側にひそむものであり、また精神の存在や発達の前提となっている）は、神秘的でも、奇跡的でもなくなる。精神は、経験の社会的過程あるいは社会的文脈のなかで、身振り会話によるコミュニケーションをとおして生まれるものであり、コ

ミュニケーションが精神をとおしていとなまれるのではない。」(Mead 1934＝1973、56頁)

ここで「身振り会話によるコミュニケーション」を、「生活の共有」のなかで生起するコミュニケーションと同義であるととらえたい。つまり、精神に先行するものとして「生活の共有」という事実があり、「生活の共有」を通して「精神＝自我意識」が発生すると理解しようということだ。このように、「生活の共有」こそが「社会化」(＝人間が人間になる)のための先行条件であるということであるが、この命題のもつ意味をもう少し検討しておきたい。そのために、いわゆる「自己鏡映像認知」と呼ばれている動物実験のなかでの自己論を検討してみたい。ここには、「生活の共有」命題から原理的に乖離した自己概念が存在していると思われるからである。

たとえば板倉は、動物の自己概念を解明するための古典的実験として「自己鏡映像認知」実験を位置づけている(板倉 1999)。実験の概要は省略するが、鏡を見ても「自分である」と認知できないチンパンジーが、ある学習環境のなかである行動パターンを習得することで「チンパンジーにも自己意識がある」と判断されていく(チンパンジーに自己意識を認めるかどうかは自己概念の定義上の問題であるとするならば、話はそこで物別れに終わってしまうが、ここで問題にしたいことはそういうことではない)。たしかに、そこに新たな行動パターンの成立をみることは可能だろうし、チンパンジーにとっての外部である人間によって設定された環境のなかで、チンパンジーが有しているある「潜在能力」が開花したといってもよいように思う。しかしここで重要なことは、この種の特殊能力を身につけたチンパンジーがチンパンジー社会に戻り他のチンパンジーと生活を共有したとして、他のチンパンジーも同じ能力を身につけ行為することはないだろうということだ。もしそうだとするなら、その能力はあくまでその個体に固有の特殊な能力でしかなく、チンパンジー社会のなかには占めるべき位置をもてない単なる「余剰」でしかないことになる。その意味で実験という方法では、ある種の「潜在能力」の存在を証明することはできたとしても、種として生きる彼らの能力を観察したことにはならないだろうし、そこには「自己の成立」という社会化の根本問題についての「方法上の錯誤」が横たわっているように思われる。これは実験のなかで観察できるある種の能力を「自己意識」と定義することの妥当性をめぐる問題ではなく、「生活の共有」という根源的事実のなかでしか「自己意識（＝精神）」は顕現しないという経験的事実に裏打ちされた方法上の問題である。

(2) 偶然から普遍へ――自明視された「奇跡」への着目

言語的社会化について議論したようにこの命題の論点は明らかである。たとえば、サックスはこの問題について次のように印象的な語り方をしている。

「ある文化のどのような成員も、幼児期の頃から文化の非常に狭い部分を、そして恐らく行き当たりばったりに体験しているように思われるのに（彼らがたまたま持つことになる両親や、彼らがたまたま体験すること、あるいは、たまたま彼らに向けられることになる発話に含まれている語彙など）、他の成員と多くの点でほとんど同じように振る舞う人に成長し、どのような成員とも関わりが持てるようになるのである。」（Sacks 1984, p.22）

ここには、具体性と偶然性に支配された日常生活を生きることによって抽象的で普遍的な人間性（ここでは成員性）を獲得するという、私たち人間の奇跡的有り様への驚きが表明されている。しかしこうした驚くべき奇跡はあまりに日常的に達成されていることによって自明視されており、奇跡の奇跡性にはなかなか思い至らない。実際、この奇跡は人間現象のあらゆるところに観察可能であり、人間であるための基本的な条件といってもよい。

たとえば私たちが、他者の行為について「日本語を話している」「男らしい」「子どもらしい」といった記述が可能なのは、その時々の状況の偶然性を越えたある規則だった振る舞いを観察できるからであるが、しかしどうして人は規則だった振る舞いができるようになるのか記述可能なのかと問うてみると、答えに窮するのではないか。そこに飛躍をみるのか、それとも連続変化をみるのかで答え方が分岐し鋭く対立することになるが、しかしどちらの立場をとるにせよ「偶然から普遍への変化」を見ているという意味では同類であり、その変化の説明原理が異なるだけなのかもしれない。そこに飛躍を見る立場をとるなら、「生活の共有」のなかで端的に飛躍するという事実の前で沈黙するしかないのだが、一方、飛躍ではなく連続変化を見る立場をとるならば、「発達」や「学習」という概念によって変化のプロセスを記述することになる。その古典的な議論をピアジェやパーソンズに見ることができるが、たとえばパーソンズは、「行為者が相補的な役割相互行為のなかで履行する指向は、生得的なものではなく、学習をとおして習得されなければならない。……役割を十分に演じるために必要な指向の習得が、学習過程なのである。しかしそれは学習全般ではなく、学習の特殊な一部分である。この過程は、社会化〔socialization〕の過程と呼ばれるだろう」（Parsons 1951 ＝１９７４、２０９頁）というように、役割を演じるために必要な指向の習得＝特殊な学習過程（＝社会化過程）と論じている。こうした社会化観はパーソンズの基本をなし、『行為の総合理論をめざして』の冒頭部分でも、「学習とは、行為者のパーソナリティ、観念、文化、社会的客体などを含む客体界に対する志向の変化した様式の獲得である」（Parsons

1951＝1960、18頁）と論じている。ここで学習の対象となる「志向」は状況を越えた一般性を備えたものと考えられていることは明らかであり、それゆえ、知識（＝内容知）の習得といった認知レベルの学習とは異なるという意味で特殊な学習と定義されている。しかしでは、母語の習得や自己概念の形成といった社会化もまた学習概念でとらえることができるのだろうか。

ここで問題にしたいことは、社会化を学習概念でとらえるとしても、社会化はどのような意味で学習なのかを明らかにする必要があるということである。たとえばチンパンジーの自己概念について、S‐R理論に依拠した学習概念の枠内で議論することには何か釈然としないものを感じてしまう。それはなぜかと問い返せば、あらゆる変化に「学習」という一つの概念をあてがおうとすることへの疑念かもしれない。そして、こうした疑念を解消する手がかりを与えてくれるのがライルの「方法知」「内容知」という概念区分であり、さらにはベイトソンの学習階型論である。最後に、ライルとベイトソンの学習概念を社会化概念と接続させるための補助線として、「学習」概念と「忘れる」「正誤」という概念との結びつき方を検討し、今後の展開可能性を示しておきたいと思う。

(3) 「方法知」の集積としての自己——ベイトソンの「学習」概念を手がかりとして

「学習」は「忘れる」と結びつくことを一つの特徴としている。覚えたことは忘れる、という日常的に観察できる事態である。ここで「覚えたこと」とは、ベイトソンの分類でいえば「学習Ⅰ」レベルでの学習成果を意味する（Bateson 1972＝2000、382〜419頁）。ベイトソンは「ゼロ学習」という概念も提案しているが、これはたとえばワープロ辞書の学習機能という場合の学習概念のように「反応が固定して」おり「失敗を犯すことができない」ことを特徴としている。たとえば、「がくしゅう」を「楽習」と変換してしまうと、その学習成果は取り消し不能であり間違うことがないということだ。こうした「ゼロ学習」が「忘れる」と結びかないことも定義上明らかである。それに対し「学習Ⅰ」については「パブロフ心理学の古典的条件付けのケース」と定義し、もっぱらパブロフ心理学の学習概念を批判的に検討しているが、Ⅰレベルので学習概念の核心は「同じコンテクスト内での行動の変化」ということにある。たとえば、先に紹介した「自己鏡映像認知」実験でも、コンテクスト（＝実験環境）を統制したなかで、以前できなかった反応ができるようになることを学習の成立と定義しているという意味で、チンパンジーの自己概念は「学習Ⅰ」に位置づくだろう。しかし、「自己」概念は「忘れる」とは結びつかない。人の名前や過去の出来事を忘れることはあれど「自己を忘れる」ことはないし、もしそういう事態が生起すれば異常事態として理解されることになり、当の人物には「精神異常」や「痴呆」といったカテゴリーが適用されることになるだろう。同様のことは、言語使用や役割遂行についてもいえる。それらは「忘れる」という概念と適切に結びつかないという意味で「学習Ⅰ」ではないということになる。とすれば、チンパンジーの「自己鏡映像認知」実験の成果を「自己概念の成立」とする主張には「概念上の錯誤」が存在しているように思われる(6)。

そうだとするなら自己とはなにか。ベイトソンは「〝私〟とは、学習Ⅱの産物の寄せ集めである」と言う（Bateson 1972＝2000、413頁）。ここで「学習Ⅱ」とは「学習のしかたの学習」（Bateson 1972＝2000、401頁）であり、「学習Ⅱで習得されるのは、連続する事象の流れを区切ってまとめる、そのまとめ方である。しかしこのまとめ方というものは、正しかったり誤っていたりする性格のものではない」と重要な指摘をしている（Bateson 1972＝2000、408頁）。「学習Ⅱ」がライルの「方法知」と酷似していることは明らかだが、ここからいえることは、「内容知」は「忘れる」と同時に「正誤」と結びつくが、「方法知」は、原則として「正誤」概念と結びつかないということだ。それをあたかも結びつくかのように誤認するところにマニュアルが登場する。マニュアルとは「方法」の記述化実践（やり方の説明）ともいえるが、そこには不可避のパラドックスが存在する。つまり、記述は一様にしかできないが、授業のやり方や蕎麦の打ち方の習得の場合、それぞれの個人の直面する状況は一様ではなく、変化に対応しつつ目標実現をめざさなければならず、実現を可能とするのは「方法知」であって「方法のマニュアル」ではないということである。マニュアルとは状況（＝現実）から切断された方法の残骸、言い換えれば疑似方法であり、状況のなかでマニュアルを遵守する姿は「硬直」として観察される。つまり方法とは、一義的記述が不可能であることを本質としているが、マニュアルはその点についての錯誤から生み出されているといえるのかもしれない(7)。

おわりに

自己とは「方法知」（性格、態度、見方など）の集積であり「内容知」の集積ではない。それゆえ、「内容知」の乏しい人間は「無知」と結びつく恐れがあるが、「方法知」（＝社会化問題）の欠如は「無知」とは結びつかない。それはもっぱら「異常」概念と結びつく。そして、「社会化」や「自己」概念をこのように定式化することで、「発達障害」といった病のカテゴリーを付与されてしまう「児童」を理解するうえで新たなアプローチを模索できるだろう。これは一例にすぎないが、学校的社会化研究の主要なねらいを「児童」カテゴリーの成立と実践の記述と設定するなら、本論で検討してきた社会化概念の議論の仕方が、学校で繰り広げられている日常的実践を問い返すうえでどのようなレベルで有効となるのか、それを絶えず吟味していく必要がある。

注

(1)ここには考察に値する問題がいくつも横たわっているように思われるが2点のみ指摘しておきたい。まず第一に、「計算ができる」という評価はどのように成立するのかという問題である。当て推量で答えた児童がいるかもしれない。しかし、たった一題の正解ではなく、相当数の問題をある一定の正解率で実践できなければ「計算ができる」とは評価されない。では、どの程度の正解率があればよいというのか。その時、割合で答えることには意味がなく、いかにして「計算ができる」という評価が相互行為的に成立するのかを問う必要があるだろう。そして第二に、計算実践はできるがやり方の説明ができない児童の振る舞いを、教師は「頭のなかで、ぱっと、出たの」と記述しているが、これもまた興味深い記述実践である。なぜ私たちは、「実践できるが説明できない」時に、「頭のなかでできた」などと記述するのか、と同時に、このような記述に不自然さを感じないのか。おそらくここには、私たちが「内面」をどのようなものとして理解しているかが露わになっているように思われる。ここではこれらの問題に踏み込む余裕はないが、以上2点を指摘しておきたい。

(2)正確な時期は思い出せないが、都内公立小学校の道徳の授業で、ある場面で道徳的に振る舞うためにはどうすればよいかが話しあわれ、クラスの見解がある合意に達したことを確認して終了したという授業を観察したことがある。教師が何をどこまで自覚していたかは不明だが、その授業では、道徳を「内容知」のレベルでとらえていたと考えられ、道徳の授業というものの困難さを感じさせられたという意味で印象的であった。

(3)翻訳書では、knowing how を「方法を知ること」、knowing that を「内容を知ること」と訳しているので、本章でも「方法知」「内容知」という言葉を使用する。

(4)例えば、清矢の「初期テスト経験」論文(清矢 1994、177~195頁)などを、「学校的社会化」の実質的先行研究として位置づけることができるだろう。ただし清矢自身は、「社会化」の一場面として分析しているものの「学校的社会化」という言葉は使用していない。また、「学校の社会化機能」といった問題設定の先行研究は存在するが、その場合、社会化機能を担う機関の一つとして学校を捉えている場合がほとんどであり、「学校的社会化」を独自領域ととらえ、そこに焦点化した問題設定がなされているわけではない。

（5）最初に「学校的社会化」という言葉を使用したのは、2008年9月の日本教育社会学会（上越教育大学）でのことであった（北澤・高橋・越川 2008）。その後、「学校的社会化」をキーワードとした口頭発表や論文を共同研究の一環として公刊しているが、本論もまたそうした流れのなかに位置づく。

（6）チンパンジーに自己概念を観察できるとする議論は人間の自己概念の持つ特殊性を混乱させるように思われる。だからこそ、近未来においてロボットも自己概念を獲得するだろうといった予測を語ることになる。しかし、ロボットが自己概念を持つとは、人間が作成したプログラムから飛躍し予測不能で不透明な「意思」をロボットが持つことを意味するはずだ。さながら『2001年宇宙の旅』のハルであり、ハルと同様、自己概念を獲得したロボットは人間に対して「殺意」を抱くことが可能となる。知識の集積能力や情報処理能力において絶対的に優位なロボットが「意思」を持てば、人間社会はロボットに征服されるだろう。人間が人間を超越する（＝操作する）ロボットを生み出すということになる。

（7）とはいえ、マニュアルに存在意義がないと言いたいわけではない。マニュアルの持つ限界を理解する者にとっては、当面はマニュアルに従い模倣実践し、実践結果と目標とのズレを評価し、今度はマニュアルを見直し次なる実践を積み重ねることが可能となる。こうして、マニュアルと実践結果との関係を絶えず問い直し続けることで目標状態に到達できるかもしれない。ここにマニュアルの存在意義がある。なお「マニュアル」は「師」や「先輩」などに置き換え可能である。

引用・参考文献

阿部耕也、2011、「幼児教育における相互行為の分析視点」日本教育社会学会編『教育社会学研究』第88集、103〜118頁。

Ariès, P., 1960, *L'enfant et la vie familiale sous l'Ancien Régime*,（＝1980、杉山光信・杉山恵美子訳『〈子供〉の誕生』みすず書房）.

Bateson, G., 1972, *Steps to an ecology of mind,*（＝２０００、佐藤良明『改訂第2版 精神の生態学』新思索社）.
Goffman, E., 1961, *Asylums:essays on the social situation of mental patients and other inmates,*（＝１９８４、石黒毅訳『アサイラム：施設被収容者の日常世界』誠信書房）.
板倉昭二、１９９９、『自己の起源：比較認知科学からのアプローチ』金子書房。
北澤毅、２０１１、「『学校的社会化』研究方法論ノート：『社会化』概念の考察」『立教大学教育学科研究年報』第54号、5～17頁。
越川葉子、２００８、「計算のやり方をめぐる教師・児童の相互行為」北澤毅・高橋靖幸・越川葉子『学校的社会化の諸相（1）』日本教育社会学会発表資料。
Mead, G.H., 1934, *Mind, Self, and Society: from the Standpoint of a Social Behaviorist*, The University of Chicago Press,（＝１９７３、稲葉三千男・滝沢正樹・中野収訳『精神・自我・社会』青木書店）.
元森絵里子、２００９、『「子ども」語りの社会学：近現代日本における教育言説の歴史』勁草書房。
森山茂樹・中江和恵、２００２、『日本子ども史』平凡社。
Parsons, T., 1951, *The Social System*, The Free Press（＝１９７４、佐藤勉訳『社会体系論』青木書店）.
Parsons, T. & Shils, E., 1951, *Toward a general theory of action,*（＝１９６０、永井道雄他訳『行為の総合理論をめざして』日本評論社）.
Ryle, G., 1949, *The Concept of Mind*, Hutchinson,（＝１９８７、坂本百大・宮下治子・服部裕幸訳『心の概念』みすず書房）.
Sacks, H., 1984, "Notes on methodology" in Atkinson, J.M. & Heritage, J. eds., *Structures of Social Action*, Cambridge University Press, pp.21-27.
清矢良崇、１９９４、『人間形成のエスノメソドロジー：社会化過程の理論と実証』東洋館出版社。
柳治男、２００５、『〈学級〉の歴史学：自明視された空間を疑う』講談社。

第9章　行為の一般理論における「欲求性向」の概念
――社会学におけるパーソナリティ研究の基礎

清矢　良崇

子どもの発達や人間形成というと、もっぱら教育学や心理学の問題であり、とりわけ子ども一人一人の成長過程が関心の焦点であるため、社会学にはあまり関係のないテーマであると思われるかもしれない。また、関心の対象とされる場合も、子どもの「逸脱行動」の社会的背景といった問題に目が向きがちで、そもそもこの社会のなかで、子どもが「成長する」とはどういう現象なのか、あるいは、当該社会において期待される「成長」とはどのようなことなのかについては、問題への対処が急務な現在の状況では、地味な問題設定であるためか、ほとんど忘れ去られているように思う。さらに、「子どもひとりひとりを大切にする」「子どもの数だけ適切な教育がある」といった考え方が好まれ、このような価値意識を根底から支える構造を読み解く関心には、いまひとつ人気がない。しかし、個々の子どもが社会のなかで尊重されるためには、子どもが成長する上で必要不可欠な、共通の基盤があるはずである。

社会学では、「社会化」(socialization) という概念を使用して、その基盤を読み解こうとする。また、人間形成や教育の問題は、「社会体系」(social system) の維持に必要不可欠であるという意味で、社会学においても、実際、大きな関心の対象なのである。

子どもの「社会化」といえば、社会学では、パーソンズ (T. Parsons) の理論に言及されることが多い。さまざまな批判を受けたとはいえ、現在までのところ、彼の理論図式以外に、子どもの社会化に関する、十分に吟味された理論が見当たらない。しかし、ベールズ (R. F. Bales) との共著である『家族、社会化と相互行為過程』(Parsons & Bales 1955 = 1981) と題された彼の著作では、それ以前の著作で提示された概念装置を前提にした議論が展開されているために、この著作だけで、彼の理論の本質を理解するのは難しい。また、社会化研究の文脈において、人間形成の過程は「パーソナリティ」(personality) 形成の過程として考察されるが、パーソンズの理論における「パーソナリティ」概念の意味内容が独特であるためか、家族の四役割構造や、社会化の四つの位相に比べると、言及されることが少ない。しかし実際には、『家族、社会化と相互行為過程』の中で、かなりの部分がパーソナリティ形成の議論に費やされているのである。本来、社会化研究において、パーソナリティ形成の過程は、無視できない現象であるにもかかわらず、その核心部分を、社会学として、理論的・実証的にどのように検証するかという吟味は、必ずしも十分に進んでいないと思われる。そこで筆者は、「パーソナリティ」の概念を、もう一度、根本から再吟味してみようと考え、『行為の一般理論をめざして』(Parsons & Shils 1954 = 1960) という著作までさかのぼることにした。そこで再確認したのは、パーソンズの理論において、「欲求性向」(need-disposition) という概念が、中核的な位置を占め、頻繁に使用されていることである。この概念は、「行為の一般理論」の探求のなかで、当時の（心理学を含む）社会科学の共通言語の一つとして提起されていることもあって、その使用方法は独特である。本章では、この「欲求性向」に焦点づけて、「パーソナリティ」や「社会化」概念との意味連関をあらためて整理してみたい。

このような作業は、社会化研究に、パーソナリティ形成への関心を取り戻すことを意図しているだけではない。そもそも『行為の一般理論』がめざしていたのは、パーソナリティという現象を、社会体系や文化体系との緊密な関連性のなかで記述分析することを可能にする概念図式であり、また、社会学がパーソナリティを問題にする場合の独自な視点もそこにあったはずである。子どもの人間形成という問題関心に対して、社会学が、独自の貢献をめざすとすれば、その第一歩として、パーソナリティ形成という現象が、社会学的な視点から、どのような意味で研究の対象となりうるのかという問いを意識しつつ、行為の一般理論における「欲求性向」という概念を読み解くのが、本章の目的である。

1　行為理論の準拠枠

本章の以下の論述では、パーソンズとシルズの共編である『行為の一般理論をめざして』（T. Parsons & E. A. Shils eds., 1954, *Toward a General Theory of Action*, Harvard University Press. 以下、*TGTA* と略記する）で展開されている議論を丹念に追うことで、行為の一般理論における「欲求性向」の概念の意味を読み解きつつ、「パーソナリティ」や「社会化」との関連性について検討する。なお、引用にあたっては、原著と訳書の両方の箇所を示すが、訳文は、訳書を参考にしつつ、筆者が訳出した部分もあるため、必ずしも訳書とは一致していない。

(1) 行為の志向

まず、「行為理論の準拠枠」(frame of reference of the theory of action) を構成する概念から整理してみよう。この枠組みは、行為を記述する場合に必要不可欠な成分を提示しており、行為を観察する視点を導くガイドとなるものである。まず、個人としての「行為者」(actor) または何人かの行為者たちの集合体の「行為」(the action) というものが観察される。実際の観察で直接に観ることができるのは、個々人の振る舞いであり、その関係である。したがって、行為理論の出発点として、行為者や集合体の行為を想定するのは、自然なことである。しかし、この準拠枠の特徴は、行為のどの側面に注目するかに関する独特の考え方にある。

「我々が、行為を記述するとき、行為の単位が個人であろうと集合体であろうと、行為者の『行為の志向』(orientation of action) について語ることにしたい。」(*TGTA*, p.4 = 5頁)

ここで、「行為を記述するとき」(when we describe the action) という表現が重要である。社会学が行為を観察する目的は、まずもって、行為を記述するためであるが、その記述の対象が、行為の「志向」なのである。さらに、行為の志向には、それが向けられる「対象」があるはずである。それらを、一組の「志向の客体」(objects of orientation) という。志向の客体には、自然物や文化的資源などの「非社会的客体」(nonsocial objects) と、自分自身を含む他者や集合体などの「社会的客体」(social objects) という、二つの主な種類があるが、いずれにしても、ここで、志向の客体が複数形で語られていることが重要である。ある状況における行為者にとって、その目的や、目的を達成する手段には、通常、いくつかの選択肢がある。志向の客体は、「一人または多数の行為者の欲求を満たし目的を達成する様式に、可能な選択肢（alternative possibilities）を与えるとともに、限界を設定する」（*TGTA*, pp.4-5＝6頁）から、こういった「選択肢の存在」が、行為の志向を理解する上で、根本的なことになる。こうして、行為の志向を構成する具体的な要素が提示されることになる。

「ある特定の状況において、手に入れることができる数多くの選択の可能性のなかから、これらの客体との関連において選ばれた、特定の一組の選択が、個々の行為者にとっての、行為の志向を構成している。」（*TGTA*, p.5＝6頁）

つまり、行為の「志向」とは、「複数の選択肢からの選択の一群」（a constellation of selections from alternatives）（*TGTA*, p.6＝7頁）であり、この準拠枠から見るなら、行為者は、行為の過程において、意識的であれ無意識的であれ、可能な選択肢のなかから、刻々と選択を行っている主体として理解されるのである。

(2) 動機志向と価値志向

さて、このような選択を行うために行為者は、状況のなかに、どのようなものが、どのような特徴をもって存在しているのか、あるいは自分が選択可能などのような選択肢が与えられているのかについて、「認識的」（cognitive）に識別する必要がある。さらに、行為者は、自らの欲求との関係で、状況のなかに識別した客体を、自分にとって積極的な、あるいは消極的な価値をもつものとして、その時々に、または継続的に経験する。客体に対する、このような積極的、あるいは消極的に反応する傾向は、「カセクシス的様式の志向」（cathectic mode of orientation）と呼ばれる。状況のなかには、行為者によって識別されるいくつかの客体、あるいは選択肢が存在するが、それぞれは、自らに満足を与えるか、逆に有害であるかという観点で位置づけられる。これがカセクシス的志向である。

さらに行為者は、何らかの行為を遂行する時、複数の選択肢を同時に選択することはできないので、複数ある客体あるいはそれが与えると想定される満足から、常に一つを選択しなければならない。そこには、それぞれの客体や満足について、将来、その選択が自分にどのような結果をもたらすかを吟味し、評価するという過程が必ず存在する。評価の過程が存在するということは、意識的であれ無意識的であれ、そこには何らかの「評価基準」(evaluative criteria) があるはずである。その基準には、真理という認識的基準、適正という鑑賞的基準、正しさという道徳的基準の三つがある(*TGTA*, p.5)。こうして、行為者の欲求充足への志向として、認識的、カセクシス的、評価的という三つが「動機志向」(motivational orientation) として設定され、評価的志向に必然的に関連性をもつ、三つの評価基準への関与が「価値志向」(value-orientation) として設定されるのである。

(3) 志向のジレンマとパターン変数

行為者が直面する状況において、欲求充足の方法に選択肢があり、現在や未来に期待される状況にも多くの選択肢がある場合、そのなかから一つを選択した場合に生ずる結果を見通しながら、それを吟味する過程が「評価」であった。このことから、状況における行為者は、常に一連の「志向のジレンマ」に直面していることがわかる。まず最も根本的なジレンマとして考えられるのは、行為者が、状況内に直接に認識されカセクシスを注がれた客体から充足を受けるべきか、それがもたらす結果を考慮して、その欲求充足の選択肢を評価すべきかのどちらかを選択する必要がある。つまり、その状況で、評価的志向を作用させてよいかどうかというジレンマである。今度は、もしもその状況内で、評価的志向を作用させることを選択した場合、三つある評価基準のうち、道徳的基準に優位を与えるべきかどうかを選択する必要がある。一方、道徳的基準に優位を与えるかどうかにかかわらず、認識的基準と鑑賞的基準のどちらに優位を与えるかを選択する必要がある。ここでもし認識的基準に優位を与えるなら、行為者は、一般化された評価尺度を適用して、選択肢を評価することになる。また、もし鑑賞的基準に優位を与えるなら、行為者は、彼自身の動機との関連から、選択肢を評価することになる。

これに加えて、ある状況内における選択に関わる、とくに社会的客体を行為者がどう見るかについてのジレンマが二つある。一つは、その社会的客体の「所属」によって評価するか「業績」によって評価するかを選択するジレンマであり、またその社会的客体の「限定された」側面に関心を向けるか、そのような「限定なしに」関心を向けるかを選択するジレンマである。以上、合計五つのジレンマは、行為者が状況に関して行為することができる以前に、そのどちらかを選ばなければならない一連の基本的な選択肢であり、それぞれ以下のようにリスト化される。

① 感情性（affectivity）——感情中立性（affective neutrality）
② 集合体志向（collectivity-orientation）——自己志向（self-orientation）
③ 普遍主義（universalism）——個別主義（particularism）
④ 業績本位（achievement）——所属本位（ascription）
⑤ 限定性（specificity）——無限定性（diffuseness）

これが、「パターン変数」（pattern variable）として定義されるものである。これまでの説明から、これらの変数が、「具体的な行為のレベル」で、ある行為者が、意識的であれ無意識的であれ、状況内で行為する前に行う五つの選択として記述される変数であることがわかる。ただし、これらのパターン変数は、このレベルに加えて、さらに三つの現象のレベルの記述にも利用されるという点にも注意したい。第一に、これらのパターン変数の選択が、ある行為者の習慣として安定して記述される場合、彼のそういった「選択の習慣」(habits of choice)として、「パーソナリティ」が記述される。第二に、行為者が、社会的相互行為を行う場合に必然的に直面する、彼に対する「役割期待」を特徴づける場合にも、このパターン変数が使われる。第三に、行為者の選択の習慣、あるいは役割期待を規定する、文化レベルにおける価値基準の特性も、パターン変数によって記述される。このように、四つのレベルの現象を、相互に関連づけながら記述する概念装置として、パターン変数は、中心的な役割を担っているが、本章にとっては、具体的な行為者の「選択」と「選択の習慣」を記述するものとして、これらの変数が「パーソナリティ」に直結しているという点が重要である。

2　欲求性向とパーソナリティ

(1)　欲求性向の概念

このように、行為理論の準拠枠においては、行為者の「選択」の諸様式に注目するのであるが、より根本的なレベルにおいて、行為というものは、「欲求を充足しようとする過程」としてとらえられている。いわゆる「欲求」(need)として、もっとも分かりやすいのは、食事とか睡眠などの欲求であり、そういった基本的な欲求を満たすためであっても、その過程でさまざまな選択が行われることは、容易に理解できるであろう。しかし、特に社会学の関心から人間の行為を記述しようとする場合、こういった欲求のイメージだけでは不十分である。そこで、次のような概念が提起される。

「我々は、はじめは生理的な過程を通して組織化されているが、もっぱら生理的な過程だけで行為の組織を決定することを許すような属性をもっていない、一組の欲求を仮定する。言い換えれば、このような欲求が、行為を決定する方向や様式は、行為の状況から生じる影響によって修正されうるものである。さらに、欲求が欲求性向のなかに埋め込まれてゆく過程によって、欲求それ自体、あるいは少なくとも欲求の行為に与える影響は修正されうるものである。」（TGTA, p.9 = 13頁）

こうして「欲求性向」（need-disposition）という概念が導入された後では、同書において「欲求」という言葉はほとんど使われなくなり、行為を動機づけるものとして、「原動力」「動因」「欲求性向」の三つがあげられることになる。

「私たちは、行為を可能にする生理的なエネルギーをさす場合に、原動力（drive）という用語を使用する。また、目標の客体とのカセクシス的関係を獲得するような仕方で志向し行為する生得的な（innate）傾向をさす場合に、動因（drives）という言葉を、ある動因（a drive）とか、性的な動因（sex drive）というように使うことにする。これらの傾向が、生得的ではなく行為の過程そのものを通して獲得されたものである場合に、欲求性向（need-disposition）という言葉を用いることにする。欲求性向は、一つあるいはいくつかの動因が、一定の獲得された要素をともなって統合され、客体に向かう非常に複雑な傾向が形成される。」（TGTA, p.111 = 176頁。強調は原文）

このように、欲求性向とは、「動因」をそのなかに含むとはいえ、行為の過程のなかで獲得され、複雑に組織化された欲求を強調する用語として使用される。このような整理を基礎に、「動機づけ」

(motivation) という言葉は、この三つの概念すべてに用いられる一般的な用語として使用され、行為は、行為者のパーソナリティの発達段階や、論じられる行為のタイプによって、「原動力」「動因」「欲求性向」のどれかによって「動機づけられる」というように表現される。

(2) 欲求性向と行為の動機づけ

社会学の関心からすれば、この三つのなかで「欲求性向」が、最も重要であることは言うまでもない。「動因」の場合は、行為者がある客体に志向するとき「自動的に」作用する。そこには、どのような選択も含まれず、現在の直接的な状況を超えた志向も関与しないので、時間の次元をもたない。これに対して「欲求性向」における「行為の志向は、現在の状況だけでなく、その体系の未来の状態や、状況内の客体が未来において出現したり変化したりすることにも向けられる」(*TGTA*, p.113＝１７８頁) ことから、その充足は、「状況の未来の展開に関する期待 (expectations) と結びついて、時間の中に配置される (distributed in time)」(*TGTA*, p.113＝１７９頁。強調は原文)。こうして「欲求性向は、その本質的な特性の一つとして、未来の可能性に関する期待の志向 (an orientation of expectancy) を持つ」(*TGTA*, p.113＝１７９頁) のである。こう考えれば、次のような叙述のどの部分に注目すべきかがわかる。

「欲求性向が動因と異なるのは、それが生得的なものではなく、行為の中で形成され、あるいは学習されるという事実、たちどころの充足だけでなく未来の充足へ向けて、志向し選択する傾向であるという事実にある。」(*TGTA*, p.115＝１８２頁)

「欲求性向とは、客体に関して、一定の方法で志向し行為する傾向、そしてそこから一定の結果を期待する傾向のことである。欲求 - 性向という合成語には、それ自体、二重の含意がある。一方で、それは有機体の何らかの欲求を満たそうとする傾向、何らかの終局状態に達しようとする傾向である。他方で、それはこの終局状態に達するために、客体と何らかの関係を持とうとする性向である。」(*TGTA*, pp.114-115＝181~182頁。強調は原文)

つまり「欲求性向」という概念は、有機体の欲求を含みつつも、期待と結びついた客体との関係という様式で時間の次元に配置され、さらには、客体に対する綿密な認識や評価によって組織化されることで、行為を自動的にではなく、選択的に動機づけるという意味で、「行為の動機づけのうちでもっとも重要な単位」(*TGTA*, p.113＝180頁)なのである。このことから考えると、日常生活のなかで、行為者の行為が、認識や評価による「選択的な」行為である時、そこには必然的に、現在を超えた未来への期待が含まれていることから、先に指摘しておいた、選択する主体としての行為者は、ほぼ「欲求性向」によって動機づけられていると考えてよい。

(3) 欲求性向の観察可能性

こういった「欲求性向」は、概念としては理解するのが必ずしも容易ではないにせよ、日常生活における行為を動機づけるという意味で、実際には身近なものである。それを、具体的なイメージとして経験のなかに同定するには、どのような点に着目すればよいのだろうか。これについて、以下のように述べられている。

「欲求性向を同定する指標は、客体との一定の関係、あるいは客体間の一定の関係を実現しようと「努める」(strive)有機体の側の傾向である。そしてこの「努める」傾向とは、一定の方法で認識し、カセクシスを注ぎ、それらの認識やカセクシスに導かれて行為する傾向以外の何ものでもな

い。」（TGTA, p.115＝182頁）

つまり、ある行為者に、何らかの欲求性向を観察する場合、⑴その行為者の視点で認識されカセクシスを注がれる「客体」、⑵行為者が、その「客体」との間に実現しようとしている「関係」、⑶そういった「客体との関係」をめざして「努める」行為者の傾向、といった点に注目して、具体的な「欲求性向」を同定することになる。これらは、たとえそれが、行為者の内面に関わるものだとしても、基本的には、その人物と（人間関係を含む）外的状況との関係性のなかに出現する「欲求」であるため、その人物に直接に聞くという方法だけでなく、本人が自覚していない場合も含め、その人物の行動を詳細に観察することで理解することは十分に可能であると考えられる。

⑷　パーソナリティの概念

行為理論の準拠枠において、パーソナリティは、次のように定義される。

「どのような行為者であれ**ある一人の**行為者の行為の志向とそれに付随する動機づけの過程は、一つの分化し、統合された体系となる。この体系が、**パーソナリティ**（personality）と呼ばれ、私たちは、これを一人の個人としての行為者の行為の志向と動機づけの組織化された体系と定義する。」（TGTA, p.7＝9〜10頁。強調は原文）

このように、パーソナリティを構成するのは、「行為の志向」と「動機づけの過程」なのだが、「一つの分化し、統合された体系」「組織化された体系」という表現がポイントである。つまり、ここでイメージされているのは、たとえば「動因」のように、有機体からの直接的な「未分化」な動機づけではない、まさに「欲求性向」によって動機づけられる組織化された行為の志向なのである。こういった「欲求性向」とパーソナリティとの関連性は、子どものパーソナリティ形成との関連で、以下のように述べられている。

「子どもの『パーソナリティ』（あるいは『自我の構造』）の発達は、欲求性向の、比較的固有の、明確な、一貫した体系の形成と見なされるべきものである。この体系は、客体の状況によって彼に提示される選択肢に対する、あるいは、彼が新しい客体の状況を探し求め、新しい目的を見いだすことによって自分自身のために組織化する選択肢に対する、選択的な反応として作用する。」（*TGTA*, p.18＝28〜29頁）

この部分では、端的に、パーソナリティとは「欲求性向の体系」であるとされている。それに「動機づけられる」ことによって、行為者は、状況内の選択肢に対して「選択的に」行為することが可能となる。このようなことから、前述した「行為の志向と動機づけの組織化された体系」という表現は、「欲求性向の体系」とほぼ同じ意味であると理解される。つまり、人間のパーソナリティを構成するのは、基本的に「欲求性向」であると考えてよいのである。

3 欲求性向と社会化

(1) 欲求性向の四類型

それぞれの行為者がもっている具体的な欲求性向には、さまざまなものがあるだろうが、行為理論にとっては、社会秩序の維持という観点から、とりわけ重要な欲求性向がある。第一に、社会的客体の態度とそれらとの関係に向かう欲求性向（これらの欲求性向は人と人との関係を媒介する）、第二に、文化的基準の遵守に向かう欲求性向（これらの欲求性向は内面化された社会的価値である）、第三に役割期待。この三つの欲求性向それぞれに、実際には多種多様な具体例が考えられるが、理論的に重要な欲求性向は、有限個に分類可能である。その分類のために、前述したパターン変数が利用される。本章の中心的な関心はパーソナリティにあるため、ここでは、第一の欲求性向に焦点づけて、パターン変数との関連性を整理してみよう。

　前述したように、パターン変数には五つの対があった。そのなかで、とりわけパーソナリティのレベルでの欲求性向の分類に関わるパターン変数は、客体に対して行為者がどういう「態度」で関わるかを記述する、「感情性－感情中立性」および「限定性－無限定性」の二対である。これらをクロスさせることによって、図9・1に示すような、社会的客体に向かう欲求性向の四つの主要なタイプを構成することができる。

　感情性と限定性が同時に作用する「部分的欲求充足」とは、「限定された文脈で他者から受け入れられ、そして（あるいは）反応されたい欲求」（*TGTA*, p.119 ＝188頁）である。また、感情性と無限定性が作用する「愛」は、「無限定的な愛着を求める欲求」「愛の対

	限定性	無限定性
感情性	部分的欲求充足 (Segmental Gratification)	愛 (Love)
中立性	是認 (Approval)	尊重 (Esteem)

図9・1
（Parsons & Shils eds., 1954, Fig. 3より作成）

象を求める欲求」（*TGTA*, p.119＝１８８頁）であり、愛し愛されたいという相補的な欲求性向である。

一方、限定性と感情中立性が同時に作用する「是認」を求める欲求は、とりわけ「人間が社会的客体に対して持つ、基本的で独自の欲求性向」（*TGTA*, p.119＝１８９頁）である。これが人間に特徴的な欲求とされる理由は、それが「目的に至るまでの、あるいは予期された状況が生起するまでの欲求充足の延期を含んでいる」（*TGTA*, p.119＝１８９頁。強調は引用者）からである。行為者が愛着をいだき、あるいはその人物からの反応を気にしているような人物からの、限定された行為や資質に対する「是認」は、抑制と規律を受けつつ、行為者にとっての、欲求の充足となる。また、無限定性と感情中立性が作用する「尊重」は、充足の関心を延期したり、あるいは断念したりする、互いの対象に対する関係であるが、愛を求める欲求と本質的には同じでありつつ、感情の内容がすぐに表出されるほどではないという点で異なっている（*TGTA*, p.119＝１８９頁）。

このように、四つの基本的な欲求性向のうちの二つを占める「是認」と「尊重」は、そのなかに欲求充足の遅延や断念を含んでおり、場合によっては欲求そのものを否定する欲求といった矛盾をはらんだ要素を内包している。しかし、社会学において、パーソナリティ形成を、とりわけ社会化との関連で位置づけるとき、この二つの欲求性向が、きわめて重要な役割を果たすことになるのである。

(2) 関係的報酬

言うまでもなく、これら四つの欲求性向は、社会的客体との関係において、受け取ることを期待し、あるいは期待される「肯定的な態度」であるから、それぞれにとって欲求充足のための「報酬」となる。これら四つの欲求性向の「報酬」としての側面を、パーソンズは、『社会体系論』（T. Parsons, 1951, *The*

Social System, Routledge & Kegan Paul, 佐藤勉訳『社会体系論』青木書店、1974. 以下、SSと略記する）において、「関係的報酬」（relational rewords）という表現を用いて、以下のように位置づけている。

「相互行為をしている自我と他我の、相互に向かう志向が、社会体系にとって決定的な意義を持っているため、関係的報酬は、社会の報酬体系の中核であるといえよう。」（SS, p.129＝137頁）

このような位置づけを基礎に、「受容性－反応性」「愛情」「是認」「尊重」という、関係的報酬の四類型を提示し、考察している。（ここでは、「部分的欲求充足」は「受容性－反応性」に表現が変わっている。）『社会体系論』においては、これら関係的報酬と社会体系の構造との密接な関連性が、「表出性」「道具性」という概念とともに、詳細に論じられており、とりわけ「是認」「尊重」の二つには、重要な役割が与えられている。

「普遍主義または業績という価値のいずれか、あるいは両方が優越しているあらゆる社会とその下位体系では、是認や尊重の態度という形での報酬が、より優越するだろう。」（SS, p.131＝139頁）

もしも現代社会における主要な価値規範が、普遍主義であり業績主義であるとすれば、そこで機能する報酬は、感情中立性をベースとした「是認」と「尊重」であり、これら二つのタイプの報酬を、「部分的充足」や「愛情」から識別しつつ、「報酬」として受け入れ、そのやり取りで維持される人間関係に参加することが、社会の成員としての基本的な資質となる。こうして、子どもの社会化における、主要な課題が浮かび上がるのである。とくに、これらの報酬は、母親との無限定的な愛情関係には直接には含まれない価値パターンと関連している（SS, p.219＝222頁）ために、その獲得は、ある意味、人間の自然的側面と鋭く対立する「社会的」過程であり、まさに「社会化」と言われるゆえんでもあるだろう。

(3) 社会化と欲求性向の形成

上記四つの関係的報酬が、社会化の文脈で、パーソナリティ形成との関連で明確に位置づけられるのは、『家族、社会化と相互行為過程』(T. Parsons & R. F. Bales, 1955, *Family, Socialization and Interaction Process*, The Free Press. 以下、*F*と略記する)における、エディプス期以後のパーソナリティ構造においてである(*F*, p.82 = 123頁)。図9・2に示すように、ここでは、四役割構造に対応した四つの欲求性向(「養育」「安定感」「同調」「適切さ」)に含まれる裁定類型(sanction)としてあげられている。

注意すべきは、この四つの欲求性向が、その内部に「遂行」(performance)と「裁定」(sanction)の組み合わせを内包している点である。「遂行」とは、欲求性向のもつ行為傾向のことであり、「裁定」とは、そういった行為傾向に対して他者から期待される反応を意味している。実は、欲求‐性向(need-disposition)という表現において、「性向」(disposition)の成分は、「遂行」に対応しており、「欲求」(need)の成分は、「裁定」に対応しているのである(*F*, p.86 = 127頁)。ここに「欲求性向」という概念導入の意義がある。一つ一つの欲求性向は、単に「しかじかのことをしたい」というだけではなく、そのことに対して他者から「しかじかの態度を返してほしい」というように、自己の行為遂行に対する他者からの反応の期待を含んだ関係性のセットなのである。つまり、エディプス期通過の重要性とは、道具性優位の役割に専門化した人物の登場によって、子どものパーソナリティのなかに、現代社会における秩序維持の基盤たる「是認」と「尊重」がそこに含まれるところの、あらたな関係性のレパートリーが形成される契機であるという点にある。こういった特性をわかりやすく図示したのが図9・3である。なお、ここでは図

力 (power)	道具的	表出的
優位	欲求性向：同調 (Conformity) 外部志向：遂行-他者の統制 裁定-他者の尊重 内部志向：遂行-自己統制 裁定-自己尊重	欲求性向：養育 (Nurturance) 外部志向：遂行-快楽授与 裁定-反応 内部志向：遂行-自己耽溺 裁定-自己充足
劣位	欲求性向：適切さ (Adequacy) 外部志向：遂行-道具的遂行 裁定-是認 内部志向：遂行-「現実検証」 裁定-自己是認	欲求性向：安定感 (Security) 外部志向：遂行-愛情授与 裁定-受容 内部志向：遂行-調和 裁定-自己愛

図9・2　エディプス期以降のパーソナリティ構造

(Parsons & Bales, 1955, p.82, Fig. 8, 訳書 , p.123 より作成)

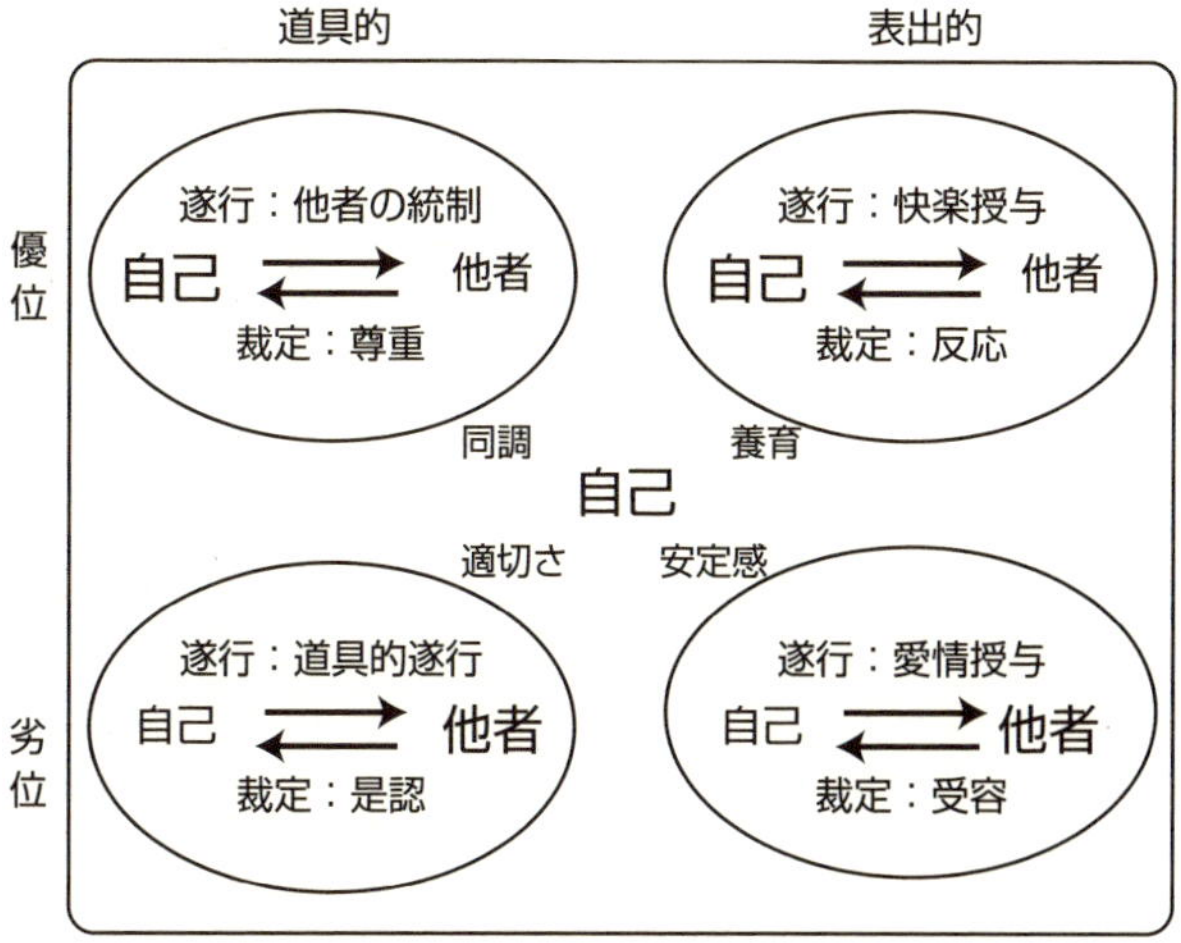

図9・3　エディプス期以降のパーソナリティ構造

9・2にあった「内部志向」の部分は省略してある。

エディプス期における欲求性向のこういった分化の過程を、フロイトの理論や性役割分業と結びつけて論じるパーソンズの社会化理論に対する周知の批判は、たしかに的を射た部分も多い。しかし一方で、現代社会において、感情中立性をベースとした関係性のレパートリーを獲得することが、男性女性を問わず重要であるとするなら、「是認」と「尊重」に注目する彼の社会化理論は、現代における社会化過程の本質を見据える枠組みとして、その価値を失ってはいないのである。

おわりに――人間形成の社会学へ向けて

事実、パーソンズは、欲求性向の組織化された体系としてのパーソナリティに対して、以下のように、柔軟な考え方をしている。

「高度に分化した欲求性向の図式は、一種の『鍵盤』にたとえられ、一定の役割志向は、その鍵盤で演奏される『曲』である。」（*F.* p.171＝238頁）

「男性パーソナリティと女性パーソナリティとは、それらを構成する欲求性向単位の種類においては異ならないが、それらのパーソナリティを構成するいろいろな下位体系間の相対的強さにおいて異なっているのである。」（*F.* p.147＝204頁。強調は原文）

「アメリカ女性パーソナリティにおいては、養育と安定という二つの表出性の群は、男性パーソナリティの場合よりも相対的に強いであろう。しかしなお、女性の全体的パーソナリティ類型は、まったく別の、もっと表出的な志向をもった文化の場合にくらべ、いっそう道具的といえるだろう。」

（*F*, pp.170–171 ＝２３５～２３６頁）

つまり、パーソンズの理論のなかには、家族における性役割分業や、パーソナリティの男女差に対する、当時の社会状況を反映した部分と、理論として、その時代的、地域的、文化的変化を視野に入れた、普遍的な枠組みの部分という、両方が含まれているのであり、本章で抽出したかったのは、後者なのである。たしかに、当時においては、女性のほうが、養育欲求と安定感欲求が相対的に強かったかもしれないが、少なくとも理論上では、男性がそういう欲求をもっていないと想定されているわけではない。また同じ女性間でも、これら二つの欲求の強さに違いがあるはずである。とすれば、現代においてはなおさら、エディプス期において分化する四つの欲求性向の相対的な強さは、男女間においても、男性間、女性間においても多様であり、あるいは多様であることを許容される時代であると位置づけられよう。しかし一方で、現代社会においても、依然として秩序問題が不可避の課題だとすれば、その多様性を認めつつも、子どものパーソナリティのなかに、同調欲求を含む欲求性向の体系が、どのように形成されるのかは、重大な問題であり続けていると思われる。

もちろん、パーソンズが想定した「核家族」の役割構造は、現代においては、必ずしも普遍的なものとして想定できない事も事実であり、家族のなかだけで、四つの欲求性向の分化の基礎が形成されるという考え方は、修正する必要がある。ただし、社会学として、パーソナリティ形成に関する次のような命題は忘れるべきではない。

「行為の体系としての人間のパーソナリティの第一次的構造は、社会的客体の体系の内在化をめぐって組織化され、その社会的客体は、個人がその生活史のなかで統合されていく、継起的系列をもっ

た社会体系における役割単位にその起源をもつ。」（*F*, p.54 ＝ 86頁。強調は引用者）

もしも、パーソナリティが、役割単位にその起源をもつなら、安定した核家族の役割構造を想定することなく、社会構造の維持に不可欠な（四つの）関係性のレパートリーを、いかにして子どもに獲得させることができるのかという問いが、むしろ社会学だからこそ、現代的な課題として提起できるのである。

本章では、こういった問題意識を「人間形成の社会学」と名付け、その出発点としての、パーソンズの社会化理論の意義を、再検討してみたのである。

引用・参考文献

Parsons, T., 1951, *The Social System*, Routledge & Kegan Paul.（＝１９７４、佐藤勉訳『社会体系論』青木書店）.

Parsons T. & Shils, E. A. eds., 1954, *Toward a General Theory of Action*, Harvard University Press,（＝１９６０、永井道雄・作田啓一・橋本真訳『行為の総合理論をめざして』日本評論社）.

Parsons T. & Bales, R. F., 1955, *Family, Socialization and Interaction Process*, The Free Press,（＝１９８１、橋爪貞雄・溝口謙三・高木正太郎・武藤孝典・山村賢明訳『家族』黎明書房）.

高城和義、１９８６、『パーソンズの理論体系』日本評論社。

や

ら

わ

さ

索　　引

古賀 正義　[第５章]

現職：中央大学文学部教授
『〈子ども問題〉からみた学校世界―生徒・教師関係のいまを読み解く』教育出版，1999年（編著）。『〈教えること〉のエスノグラフィー―「教育困難校」の構築過程』金子書房，2001年（単著）。

越智 康詞　[第６章]

現職：信州大学教育学部教授
『《教師》という仕事』学文社，2000年（分担執筆）。『キーワード　現代の教育学』東京大学出版会，2009年（分担執筆）。

稲垣 恭子　[第７章]
現職：京都大学大学院教育学研究科教授
『女学校と女学生』中公新書，2007年（単著）。『教育文化を学ぶ人のために』世界思想社，2011年（編著）。

北澤　毅　[まえがき，第８章]

現職：立教大学文学部教授
『少年犯罪の社会的構築―「山形マット死事件」迷宮の構図』東洋館出版社，2002年（共著）。『質的調査法を学ぶ人のために』世界思想社，2008年（共編）。

清矢 良崇　[第９章]

教育学博士
『質的調査法を学ぶ人のために』世界思想社，2008年（分担執筆）。『教育文化を学ぶ人のために』世界思想社，2011年（分担執筆）。

（執筆順）

執筆者紹介

山本 雄二 ［第1章］

現職：関西大学社会学部教授

「クイズ番組の精神分析」石田佐恵子・小川博司編『クイズ文化の社会学』世界思想社，2003年。「儀礼＝神話空間としての学校」稲垣恭子編『教育文化を学ぶ人のために』世界思想社，2011年。

油布 佐和子 ［第2章］

現職：早稲田大学教育・総合科学学術院教授

『転換期の教師』放送大学教育振興会，2007年（編著）。「教師の成長と教員評価」苅谷剛彦・金子真理子編『教員評価の社会学』岩波書店，2010年。

片岡 栄美 ［第3章］

現職：駒澤大学文学部教授

「文化的寛容性と象徴的境界―現代の文化資本と階層再生産」今田高俊編『社会階層のポストモダン』（日本の階層システム5）東京大学出版会，2000年。「大衆文化社会の文化的再生産―階層再生産・文化的再生産とジェンダー構造のリンケージ」宮島喬・石井洋二郎編『文化の権力　反射するブルデュー』藤原書店，2003年。

間山 広朗 ［第4章］

現職：神奈川大学人間科学部准教授

「概念分析としての言説分析―『いじめ自殺』の〈根絶＝解消〉へ向けて」『教育社会学研究』70集，2002年。「言説分析のひとつの方向性―いじめ言説の『規則性』に着目して」北澤毅・古賀正義編『質的調査法を学ぶ人のために』世界思想社，2008年。

編者紹介

北澤　毅（きたざわ　たけし）

立教大学文学部教授

著書・論文

『社会を読み解く技法』福村出版（共編：古賀正義と），『少年犯罪の社会的構築』東洋館出版社（共著：片桐隆嗣と），『質的調査法を学ぶ人のために』世界思想社（共編：古賀正義と），「『子ども問題』の語られ方—神戸『酒鬼薔薇』事件と〈少年〉カテゴリー」『教育社会学研究』，「『いじめ自殺』物語の解体」『現代思想』ほか。

〈教育〉を社会学する

2011年9月30日　第1版第1刷発行

編　者　北澤　毅

発行者　田中　千津子

発行所　株式会社　学文社

〒153-0064　東京都目黒区下目黒3-6-1
電話　03（3715）1501㈹
FAX　03（3715）2012
http://www.gakubunsha.com

印刷所　新灯印刷
製本所　小泉企画

ISBN978-4-7620-2215-9